„Wir dürfen nicht im Ende des Krieges die Ursache für Flucht, Vertreibung und Unfreiheit sehen. Sie liegt vielmehr in seinem Anfang und im Beginn jener Gewaltherrschaft, die zum Krieg führte.“

Bundespräsident a.D. Richard von Weizsäcker
zum 8. Mai 1945

Holger Piening

Als die Waffen schwiegen

Die Internierung der Wehrmachtsoldaten
zwischen Nord- und Ostsee 1945/46

Westholsteinische Verlagsanstalt Boyens & Co., Heide

Titelfoto: Gefangengenommene deutsche Besatzungssoldaten auf ihrem Weg von Dänemark in die schleswig-holsteinischen Internierungsgebiete. Aufnahme vom 18. Mai 1945. (Foto: Seargent Smith. Rechte: Imperial War Museum)

ISBN 3-8042-0761-8

Umschlagentwurf: Günter Pump
Herstellung: Westholsteinische Verlagsdruckerei Boyens & Co., Heide
Printed in Germany

Inhalt

Einleitung

Wohl kein Jahr in der deutschen Geschichte verlief so dramatisch wie 1945. Vom „Großdeutschen Reich“ am Jahresanfang war zwölf Monate später nur ein in Besatzungszonen aufgeteiltes und von den Siegermächten kontrolliertes Rumpfdeutschland übriggeblieben. Auf den totalen Krieg war der völlige Zusammenbruch gefolgt. Der Wiederaufbau begann in einer Zeit täglicher Not. Die Gedanken der Menschen in Deutschland waren bestimmt von der Suche nach Angehörigen, Arbeit, Kleidung, Nahrung, Wohnung und Heizmaterial. Der Schwarzmarkt blühte. Von 100 lebendgeborenen Babys starben 1945 in Schleswig-Holstein 17 im ersten Lebensjahr – Ernährungskrise, Raumnot, Mangel an Babykleidung und Pflegemitteln, schlechte Hygiene und Seuchen trugen Schuld daran. Wenn Hilfe zu spät kam, lag dies oft an den zerstörten Verkehrswegen und Verkehrsmitteln.

Das Ende des Zweiten Weltkriegs in Deutschland hatte auf Schleswig-Holstein besonders einschneidende Auswirkungen. Vom militärischen Geschehen noch weitgehend unberührt, retteten sich seit Januar 1945 endlose Flüchtlingstrecks aus dem Osten Deutschlands hierhin in den Norden. Die Kriegsmarine evakuierte zudem laufend Deutsche über die Ostsee nach Kiel und Lübeck. Unter den Flüchtlingen waren überwiegend Frauen und Kinder. Aber auch kriegsmüde Deserteure machten sich nach Schleswig-Holstein auf, zur gleichen Zeit wie hochrangige NSDAP-Funktionäre und SS-Chargen. Letztere wollten in der Regel im noch unbesetzten Land ihr letztes Stündlein hinauszögern oder im allgemeinen Chaos untertauchen und so der Siegerjustiz entgehen[1]. *All dies machte Schleswig-Holstein zum bevorzugten „Flüchtlingsland“.*

So schwoll die offizielle Bevölkerungszahl in Schleswig-Holstein innerhalb der wenigen Monate von Februar bis Juni 1945 allein durch Flüchtlinge aus dem Osten und Evakuierte aus den luftkriegsgefährdeten Gebieten wie Hamburg von 1,6 Millionen auf 2,4 Millionen an[2]. *Binnen Jahresfrist strömten sogar – einer Völkerwanderung gleich – eine Million Menschen ohne nennenswerte Habe in das Land zwischen den Meeren[3]. Es waren so viele Soldaten gefallen, daß 123 Frauen auf 100 Männer kamen[4]. Das sind die amtlichen Zahlen. Doch Abertausende tauchen in den statistischen Erhebungen gar nicht auf: die 300.000 ehemaligen Zwangsarbeiter aus dem Ausland (Displaced Persons, kurz: DPs[5]), illegale Grenzgänger, die britischen Besatzungstruppen und die Militärregierung mit ihrer umfangreichen Zivilverwaltung, die deutschen Kriegsgefangenen[6] und – als größte Gruppe – die entwaffneten Soldaten der deutschen Wehrmacht. Sie wurden Auffangräumen zugeführt und dort – je nach Rang und Funktion in der Hierarchie des nationalsozialistischen Deutschland – mehr oder weniger lange festgehalten. So muß man davon ausgehen, daß Schleswig-Holstein bei Kriegsende mindestens 3,5 Millionen Menschen beherbergte: rund eine Million Einheimische[7], eine Million Flüchtlinge, Heimatvertriebene, Zugewanderte, Evakuierte und Zwangsarbeiter[8] und eineinhalb Millionen Soldaten und Verwundete[9].*

Die Soldaten verschärften die Wohnungsnot und den Nahrungsmangel der ersten Nachkriegszeit noch erheblich. Die britische Besatzungszone, die die späteren Länder

Im Mai 1945 lebten über 8000 Heimatvertriebene, meist Frauen und Kinder, in Heide. Das Bild zeigt eine Großfamilie in einer der elenden Wohnbaracken an der Meldorfer Straße. Manche konnten erst in den 1960er Jahren ihr trostloses Behelfsquartier verlassen. (Foto: Stadtarchiv Heide)

Schleswig-Holstein, Hamburg, Niedersachsen und Nordrhein-Westfalen umfaßte, hatte eine Million mehr Flüchtlinge aufgenommen als die amerikanische, so daß hier auf jeden Einwohner nur eine Wohnfläche von 6,5 Quadratmetern entfiel[10]. *Auch die Bevölkerungsdichte pro Quadratkilometer war hier am höchsten, während die britische Zone zugleich den geringsten Nahrungsmittelvorrat von allen aufwies[11]. Außerdem hatte sich die landwirtschaftliche Nutzfläche in der Zone gegenüber dem Vorkriegsstand um 184.000 Hektar verringert[12].*

Alle Wohnräume wurden von den Gemeindeverwaltungen erfaßt und belegt, alle Fremdenzimmer, guten Stuben und Kinderzimmer in Beschlag genommen. Alte Flakstellungen und Truppenunterkünfte wurden zu Wohnzwecken umfunktioniert, neue Baracken entstanden. In den Kreisstädten Husum und Heide und zum Beispiel in Kiel, Pöppendorf bei Lübeck, Neumünster und Cismar baute man halbrunde „Nissenhütten" für die Übergangszeit[13]. *In der zeitweiligen „Reichshauptstadt" Flensburg hatte sich die Einwohnerzahl von vorher 70.000 auf 350.000 erhöht[14]. In Neumünster wurden allein in den drei Turnhallen 2.500 Flüchtlinge untergebracht[15]. Auf Fehmarn wohnten in den Wochen vor Kriegsschluß 39.000 Menschen statt zuvor 12.000. Die Einwohnerzahl von Glinde ist von 4000 auf 7000 gestiegen. In Heide kamen auf 13.000 Einheimische 9.800 Flüchtlinge[16]. Das Kirchspiel Lunden (heute knapp 6.000 Einwohner) hatte zeitweise über 20.000 Menschen zu beherbergen. Flüchtlingsausschüsse sorgten sich in den einzelnen Gemeinden um Quartiere und die Versorgung mit Kleidung und Decken. Die Landser kamen großenteils bei Bauern im Stroh unter. Es fehlte an sanitären Einrichtungen. Ständig bestand die Gefahr, daß Seuchen ausbrachen. Improvisation wurde großgeschrieben.*

Über die Anfangsphase der britischen Besetzung Schleswig-Holsteins ist noch wenig veröffentlicht worden[17]. *Die Internierung einer Million deutscher Soldaten in Sperrgebieten an Nord- und Ostseeküste hat die Forschung bisher fast gar nicht beachtet – ei-*

gentlich erstaunlich angesichts der einschneidenden Auswirkungen auf das Leben in den betroffenen Gebieten und auf die außenpolitische Ausstrahlung. Das vielleicht spannendste Kapitel der unmittelbaren Nachkriegsgeschichte birgt viele Überraschungen. Beispielsweise die, daß allein in Dithmarschen und Eiderstedt mehr Soldaten interniert waren als die gesamte heutige Bundeswehr umfaßt, und die, daß Wehrmachtsoldaten teilweise bis 1946 Uniform trugen und sich unter ihren alten Offizieren aus der Kriegszeit quasi selbst verwalteten.

Das vorliegende Buch unternimmt den Versuch, das Schicksal der Soldaten, aber auch der Einheimischen und Flüchtlinge in den Internierungsgebieten nachzuzeichnen. Ein Abriß der politischen, militärischen und sozialen Geschichte Schleswig-Holsteins 1945/46 geht der Schilderung der Lebensumstände in den Sperrgebieten voraus. Bewußt wurde dabei der 20. April 1945 als Einstiegsdatum gewählt, da sich an diesem Tag durch eine politische Entscheidung Hitlers das Weltkriegsgeschehen nach Schleswig-Holstein zu verlagern begann. Im letzten Kapitel wird erörtert, ob die geschlagene und internierte Wehrmacht eine „Schwarze Reichswehr" war, wie die Russen mutmaßten, oder ob sie als Churchills „Geisterarmee" auch wieder gegen den Osten marschiert wäre, wie der amerikanische Historiker Arthur Smith herausgefunden zu haben glaubt.

Es gibt keinen Zeitraum der neueren deutschen Geschichte, für den die Quellenlage ähnlich schwierig ist wie für die Zeit kurz vor und kurz nach der bedingungslosen Kapitulation des Deutschen Reiches am 8. Mai 1945. Es beginnt bei den Akten. Die Repräsentanten des nationalsozialistischen Regimes haben 1945 zahlreiche Papiere vernichtet, um belastendes Material loszuwerden. Kreistage und Gemeindevertretungen tagten noch nicht wieder, so daß auch deren für andere Zeiten so ergiebigen Protokolle als Quelle fehlen. Die Akten der ersten Nachkriegszeit sind, da Deutschland keine eigene Regierung mehr hatte, auf nachgeordnete Verwaltungen beschränkt, die wiederum meist nur britische Anordnungen ausführten. Die Akten der Kommunalverwaltungen (Städte und Gemeinden, Ämter und Kreise) sind, soweit noch vorhanden, zwar inzwischen weitgehend in öffentlich zugänglichen Archiven sicher deponiert, doch dem Benutzer offenbart sich häufig auf fatale Weise die damalige Materialnot. Es wurden teilweise schlechteste Papierqualität und verbrauchte Schreibmaschinenfarbbänder benutzt, so daß ganze Dokumente überhaupt nicht mehr lesbar sind.

Viele tausend britische Akten wurden bei Aufhebung der Dienststellen vernichtet oder gingen beim Transport nach Großbritannien verloren. Die Engländer scheinen das Kapitel „Besatzungszone" schon frühzeitig als abgeschlossen betrachtet zu haben. Im britischen Staatsarchiv, dem Public Record Office in Kew bei London, befinden sich die Unterlagen der Control Commission for Germany (British Element), des Foreign Office und des Control Office for Germany and Austria. Dies ist aber nur etwa ein Hundertstel des ursprünglich angelegten Aktenbestandes[18]! *Kaum ein Dutzend der 29.000 erhaltenen Akten berühren Vorgänge in den Internierungsgebieten Schleswig-Holsteins. Dagegen überdauerten so kuriose Akten wie „Deutscher Besitz auf den Kanarischen Inseln 1945" oder „Rückführung deutscher Diplomaten in die Vatikanstadt". Einzig ein paar Kriegstagebücher und Akten des War Office, ebenfalls im Public Record Office verwahrt, bieten einigen Aufschluß – sofern die Sperrfrist schon abgelaufen ist.*

Auch die 1945 erschienenen Zeitungen sind nur eingeschränkt brauchbar. Die nationalsozialistische Presselenkung, die vieles verschwieg und Tatsachen der Ideologie „anpaßte", war noch bis zur Kapitulation wirksam[19]. *Am 9. Mai stellten dann die meisten Verlage ihre Zeitungen ein. Was folgte, waren Zeitungen der britischen Militärregierung und lizensierte Ausgaben. Auch Flugblätter waren von der Besatzungsmacht verboten worden.*

Damit nicht genug: Viele Lehrer und Pastoren trauten sich angesichts der unsicheren Zeiten kaum, das aktuelle Geschehen in der gewohnten Ausführlichkeit in Schul- oder Kirchenchroniken festzuhalten. Auch private Aufzeichnungen sind selten, weil sich zahlreiche Deutsche mit der dunklen Vergangenheit 1933–45 und Geschichte überhaupt nicht mehr befassen mochten. Die tägliche Not forderte zudem die ganze Aufmerksamkeit und Kraft des Einzelnen.

Die meisten Zeitzeugen sind verstorben. Auch wohnen nur die wenigsten einst internierten Soldaten noch in Schleswig-Holstein. Neuere Dorfchroniken, die eigentlich eine ergiebige Quelle für die Nachkriegszeit sein sollten, klammern immer noch häufig diese mit negativen Erinnerungen behaftete Zeit aus. Auch Literatur zur Zeitgeschichte und Militärhistorie befaßt sich – bis auf zwei, drei Ausnahmen – stets nur am Rande mit der Entmilitarisierung Deutschlands 1945. Selbst Untersuchungen über die Potsdamer Konferenz gehen erstaunlicherweise anderen Fragen nach und berühren die der Entwaffnung und Entlassung der Millionen deutscher Soldaten höchst beiläufig.

So gestalteten sich die Recherchen schwierig. Die sparsamen schriftlichen Nachrichten, mühsam aus verschiedensten Archiven und Bibliotheken zusammengetragen, mußten durch Gespräche mit vielen Zeitzeugen mit Leben erfüllt werden.

Besonders ergiebig war das Aktenstudium im Militärarchiv des Bundesarchivs in Freiburg. Der hier aufbewahrte Schriftverkehr zwischen Wehrkreiskommando in Hamburg und den Korpsgruppen der Internierungsgebiete dokumentiert nicht nur die Umsetzung von Weisungen der Militärregierung, sondern enthält auch ganze Situationsbeschreibungen aus den Wochen nach der Kapitulation.

Nicht zuletzt wurden zahlreiche Zeitschriftenbeiträge und Bücher unterschiedlichster Provenienz herangezogen: heimatkundliche Aufsätze, zeitgeschichtliche Darstellungen mit Schwerpunkt Schleswig-Holstein, wissenschaftliche Publikationen und Memoiren von prominenten deutschen und englischen Entscheidungsträgern der damaligen Zeit. Hinzu kam die schon seit den 60er Jahren vorliegende wissenschaftliche Bearbeitung der Regierung Dönitz. In der deutschen Literatur gibt es – abgesehen von dem einzigen Artikel über die Internierung der Nordarmee in Eiderstedt und einigen Aufsätzen über den „Kral" in Ostholstein[20] – *neben der Arbeit von Arthur Smith nur eine philatelistische Bearbeitung dieses Themas. Alfred Menschenmoser konnte rund 300 Postkarten von Internierten auswerten, legte aber Hauptaugenmerk auf Stempelkunde und Postgeschichte. Viel Material enthält die unveröffentlichte Doktorarbeit von Hans Joachim Kaiser, Elmshorn. Sie wurde erst Ende 1994 fertiggestellt, konnte aber für vorliegende Arbeit noch ausgewertet werden. Ebenfalls konnte die gesamte Publizistik noch berücksichtigt werden, die im April und Mai 1995 anläßlich des 50. Jahrestages des Kriegsendes in Schleswig-Holstein erschien und viele bis dato unveröffentlichte Fakten und Einzelheiten auf den Tisch brachte. Die wesentlichen Ereignisse mit Schwerpunkt Westküste und Ostholstein sind so in diesem Buch erstmals zusammengestellt.*

Sehr dürftig sieht es mit Fotomaterial aus. „Das Mitführen oder der Gebrauch von Film- oder Photographenapparaten ist ständig verboten", lautete einer der ersten Befehle der Militärregierung in Schleswig-Holstein. Die Fotoapparate waren abzuliefern und wurden häufig auch nicht mehr von den Engländern zurückgegeben. Innerhalb der Wehrmacht waren Fotoapparate noch schwerer zu verbergen als bei der Zivilbevölkerung. Außerdem gab es so gut wie keine Filme und Chemikalien mehr in Deutschland. Keiner der vielen befragten „Ehemaligen" verfügt daher über Bilder vom Lagerleben. Bei den allermeisten öffentlichen Archiven heißt es für 1945 auch „Fehlanzeige". Fotografieren durften nach der Kapitulation einzig die britischen Kriegsberichterstatter und

MILITÄRREGIERUNG

VERBOT des GEBRAUCHES VON KAMERA, DOPPEL-FERNROHR und FERNROHR

1. DAS MITFÜHREN ODER DER GEBRAUCH VON FILM-ODER PHOTOGRAPHENAPPARATEN, DOPPELFERNROHREN UND FERNROHREN IST STÄNDIG VERBOTEN, ES SEI DENN, DASS VON DEN MILITÄRBEHÖRDEN EINE BESONDERE ERLAUBNIS ERTEILT IST.

2. DAS ENTWICKELN, DIE WEITERE BEHANDLUNG UND DAS FERTIGEN VON ABZÜGEN VON NEGATIVEN ODER POSITIVEN PHOTOGRAPHISCHER FILME ODER PLATTEN IST VERBOTEN, ES SEI DENN, DASS VON DEN MILITÄRBEHÖRDEN EINE BESONDERE ERLAUBNIS ERTEILT IST.

3. WER GEGEN DIESE BEKANNTMACHUNG ZUWIDERHANDELT, IST ZU VERHAFTEN UND MILITÄRGERICHTLICH ZU VERFOLGEN.

Im Auftrage
DER MILITÄRREGIERUNG

Notice MG/Spec/2

Eine der ersten alliierten Anordnungen: Fotografierverbot. Von keinem Jahr der neueren deutschen Geschichte gibt es weniger Fotos als von 1945.

beauftragte deutsche Fotografen. Das hier bekanntermaßen aufgenommene Material wiederum ist unzugänglich: Sowohl vom Nordmark-Filmarchiv wie auch vom Nachlaß des Kieler Fotografen Magnussen ist erst ein winziger Bruchteil registriert und damit benutzbar. Laut den zuständigen Archivaren sollen aber die Internierungsgebiete auch außerhalb des fotografischen Interesses gelegen haben, sprich: Das gesamte Fotomaterial gibt für die Sperrzonen so gut wie nichts her. Selbst das Imperial War Museum in London, das die Kriegsfotos der Engländer hütet, kann nur kümmerliche fünf, sechs Bilder von den Internierungslagern für die deutschen Wehrmachtsoldaten vorweisen (sie werden in diesem Buch erstmals veröffentlicht). Ein Londoner Archivar erklärte das dem Verfasser so: „Unsere Soldaten freuten sich über den Sieg und versuchten, es sich gut gehen zu lassen. An Fotografieren dachte man nicht. Vergessen Sie nicht, es waren Menschen.“

1 „Der Krieg ist verloren" (April 1945)

Berlin, **20. April 1945**. *Ein Freitag. Seit fast sechs Jahren tobt der Zweite Weltkrieg. Weite Teile des „Großdeutschen Reiches" sind von sowjetischen, amerikanischen und britischen Truppen bereits erobert. „Führer und Reichskanzler" Adolf Hitler, der sich im Bunker unter der Reichskanzlei verschanzt hat, genehmigt an seinem 56. und letzten Geburtstag die Verlegung des deutschen Hauptquartiers nach Westen. Minister und Staatssekretäre setzen sich daraufhin in den ostholsteinischen Raum um Plön und Eutin ab. Nur Propagandaminister Joseph Goebbels und Leiter der Parteikanzlei Martin Bormann bleiben mit Hitler in Berlin.*

Am **21. April** *werden sieben Helgoländer bei Cuxhaven hingerichtet, die im Verdacht stehen, daß sie den Briten eine kampflose Übergabe der deutschen Hochseeinsel anbieten wollten. Zuvor haben am 18. April 950 Flugzeuge der Royal Air Force Helgoland bombardiert, wobei 128 Menschen gestorben sind*[21].

Einen Tag später (**22. April**) *ruft Hitler bei der täglichen Lagebesprechung zum ersten Mal verzweifelt aus: „Der Krieg ist verloren!" Inzwischen sind die Reichsminister in Eutin eingetroffen, und der mit der Befehlsgewalt für die „Nordfestung" (Mecklenburg, Schleswig-Holstein, Dänemark und Norwegen) betraute Großadmiral Karl Dönitz hat Plön erreicht*[22] *. Er bezieht hier die Kaserne Stadtheide (heute Fünf-Seen-Kaserne) am Suhrer See, wo schon seit dem 1. April die Operationsabteilung des Befehlshabers der U-Boote untergebracht ist*[23]*. Das Hauptquartier bekommt den Tarnnamen „Lager Forelle". Es erhält ein aus etwa 200 Offizieren und 450 Mann bestehendes Wachbataillon „Dönitz" (Marinesturmbataillon I).*

Letzte Kräfte werden mobilisiert. In Itzehoe stellt man den Lehrbetrieb für U-Boot- und Torpedospezialisten ein. Das Personal wird mit Schiffsbesatzungen aus Kiel zu Marinegrenadier-Regimentern zusammengefaßt. Die Jugendlichen der Jahrgänge 1928 und 1929 werden in Wehrertüchtigungs- und Panzerfaustschulungslager einberufen[24]. *Schulen, Jugendherbergen und Gastwirtschaften werden in Lazarette umfunktioniert. In einer Baracke im Husumer Marienhofweg entsteht ein Sonderlazarett nur für SS-Angehörige (nach der Kapitulation von den Briten streng bewacht und isoliert, im Sommer 1945 nach Schwabstedt verlegt). Insgesamt befinden sich 7.000 Soldaten in Husum. In Husum-Schauendahl starten bis zum April Me 163-Raketenflugzeuge*[25]*. Die Husumer NSDAP-Leitung läßt am 22. April Panzersperren aus Möbelwagen und Ziegelsteinen errichten an der Marktstraße, am Osterende, der Woldsenstraße und der Feldbergstraße. Ebenfalls bis April läuft der Unterrichtsbetrieb für Funkmeßbeobachtung (Vorläufer von Radar) im Barackenlager St. Peter-Böhl*[26]*. Der für die Küstenverteidigung zuständige „Seekommandant Nordfriesland", Kapitän zur See Aschmann, hat seinen Sitz in der Hermann-Tast-Schule in Husum, der „Gaueinsatzstab für den Friesenwallbau" dirigiert das Schanzen und den Panzergrabenbau vom Nissenhaus in Husum aus, wo sich auch das Wehrkreis-Kommando II einquartiert hat. Vor den Schleusen der „Festung" Brunsbüttel, in der 4.000 bis 5.000 Soldaten stationiert sind, liegt der schwere Flugabwehrkreuzer „Arcona". In Heide müssen an diesem Tag drei Menschen ihr Leben lassen, als eine Bombe auf das Haus Marschstraße 5 niedergeht.*

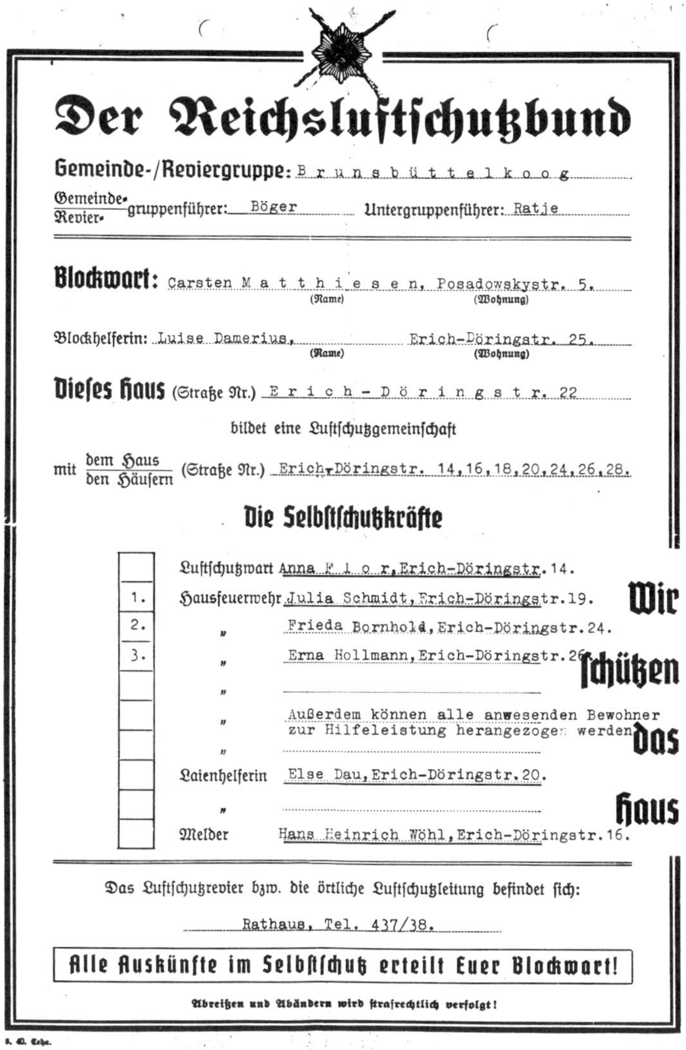

Der Reichsluftschutzbund

Gemeinde-/Reviergruppe: Brunsbüttelkoog

Gemeinde-/Revier-gruppenführer: Böger Untergruppenführer: Ratje

Blockwart: Carsten Matthiesen, Posadowskystr. 5.
(Name) (Wohnung)

Blockhelferin: Luise Damerius, Erich-Döringstr. 25.
(Name) (Wohnung)

Dieses Haus (Straße Nr.) Erich-Döringstr. 22

bildet eine Luftschutzgemeinschaft

mit dem Haus / den Häusern (Straße Nr.) Erich-Döringstr. 14, 16, 18, 20, 24, 26, 28.

Die Selbstschutzkräfte

	Luftschutzwart	Anna Flor, Erich-Döringstr. 14.
1.	Hausfeuerwehr	Julia Schmidt, Erich-Döringstr. 19.
2.	"	Frieda Bornhold, Erich-Döringstr. 24.
3.	"	Erna Hollmann, Erich-Döringstr. 26.
	"	
	"	Außerdem können alle anwesenden Bewohner zur Hilfeleistung herangezogen werden.
	"	
	Laienhelferin	Else Dau, Erich-Döringstr. 20.
	"	
	Melder	Hans Heinrich Wöhl, Erich-Döringstr. 16.

Wir schützen das Haus

Das Luftschutzrevier bzw. die örtliche Luftschutzleitung befindet sich:

Rathaus, Tel. 437/38.

Alle Auskünfte im Selbstschutz erteilt Euer Blockwart!

Abreißen und Abändern wird strafrechtlich verfolgt!

Der Zivilschutz war in den letzten Kriegsmonaten fast vollständig in die Hand von Frauen gelegt, wie dieses Dokument im Heimatmuseum Brunsbüttel belegt.

Am **24. April** *greifen 110 englische Lancaster-Flugzeuge die Eisenbahnanlagen in und um die nicht auf Luftangriffe vorbereitete Stadt Bad Oldesloe an. Etwa 700 Menschen sterben.*[27] *Auf Sylt werden zwei Marinesoldaten, die Proviant gestohlen und sich nach Dänemark abgesetzt hatten, durch Erschießung hingerichtet. Insgesamt werden im April drei vom Gericht des „Seekommandanten Nordfriesland" ausgesprochene Todesurteile auf dem Richtplatz südlich von Westerland vollstreckt. Heinrich Himmler trifft sich im schwedischen Konsulat in Lübeck geheim und auf eigene Faust mit Graf Folke Bernadotte, dem Vizepräsidenten des Schwedischen Roten Kreuzes. Mit der Friedensverhandlung versucht der „Reichsführer SS" vergeblich, seinen Kopf zu retten für die Zeit nach der Niederlage.*

DIE FÜHRUNGSSPITZE DER WEHRMACHT IM NORDRAUM I.
vom 20. April 1945 bis zum 23. Mai 1945

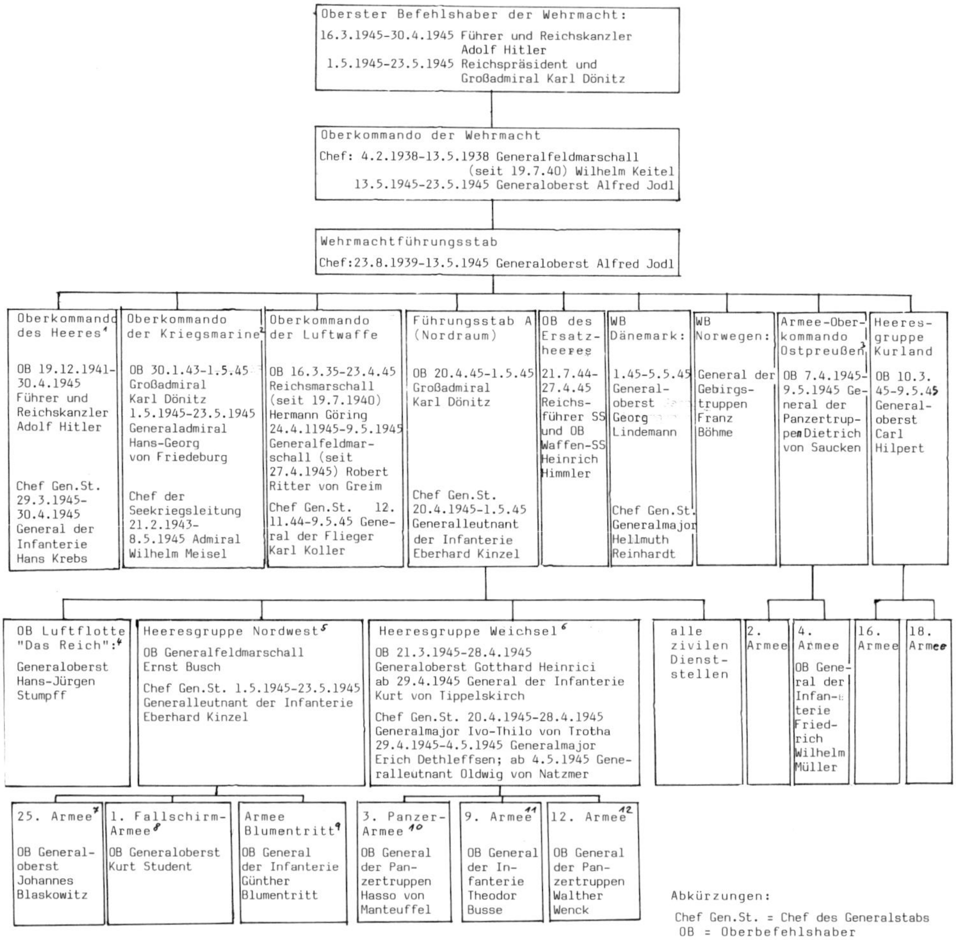

Abkürzungen:

Chef Gen.St. = Chef des Generalstabs
OB = Oberbefehlshaber
WB = Wehrmacht-Befehlshaber

Anmerkungen:

[1] Das Oberkommando des Heeres ging im "Gesamtstab OKW" auf nach Aufspaltung des deutschen Kriegsschauplatzes in einen Nord- und Südraum (25. April 1945), Unterstellung des Generalstabs des Heeres unter das OKW (28. April 1945) und endgültig nach dem Tod Hitlers (30. April 1945). Krebs blieb bis zum 30. April 1945 Generalstabschef des Heeres.
[2] zuletzt auf Sylt
[3] Weichselniederung und Halbinsel Hela
[4] auf Sylt
[5] Westfront
[6] Ostfront
[7] in Holland, nach dem 5. Mai 1945 zwischen holländischer Grenze und Weser
[8] zwischen Ems und Weser, nach dem 5. Mai 1945 zwischen Weser und Elbe
[9] Raum Schleswig-Holstein und Hamburg
[10] Raum Stettin
[11] südöstlich Berlin, Anfang Mai 1945 nordöstlich des Spreewaldes
[12] erst am 30. April 1945 der Heeresgruppe Weichsel unterstellt, zuletzt östlich Magdeburg

Zusammengestellt aus zahlreichen deutschen und britischen Akten sowie umfangreicher zeitgeschichtlicher Literatur

Die Führungsspitze der Wehrmacht im Nordraum zwischen dem 20. April und dem 23. Mai 1945. (Grafik: Piening)

In der „Nebelbaracke" an der Deichstraße in Brunsbüttel-Ort (unterhalb des Lokals „Strandhalle") wurden Nebelfässer gelagert. Bei Tieffliegeralarm nebelte man strategisch wichtige Ziele ein und ließ Fesselballons aufsteigen. (Foto: Heimatmuseum Brunsbüttel)

Im Keller des Rathauses in Brunsbüttelkoog in der Koogstraße befand sich die Luftschutzleitstelle, in der Meldungen über drohende alliierte Luftangriffe zusammenliefen. Von der Fluko-Leitstelle in Zweidorf (im Westen Brunsbüttels am Elbedeich) wurde Luftalarm gemeldet, im Rathaus wurde dann der Einsatz der Feuerwehr-Löschzüge koordiniert. Links Oberleutnant Peter Johanssen (als Leiter) und Luise Tagge, später verheiratete Jaeschke, rechts Polizeimeister Karl Scharf. (Foto: Heimatmuseum Brunsbüttel)

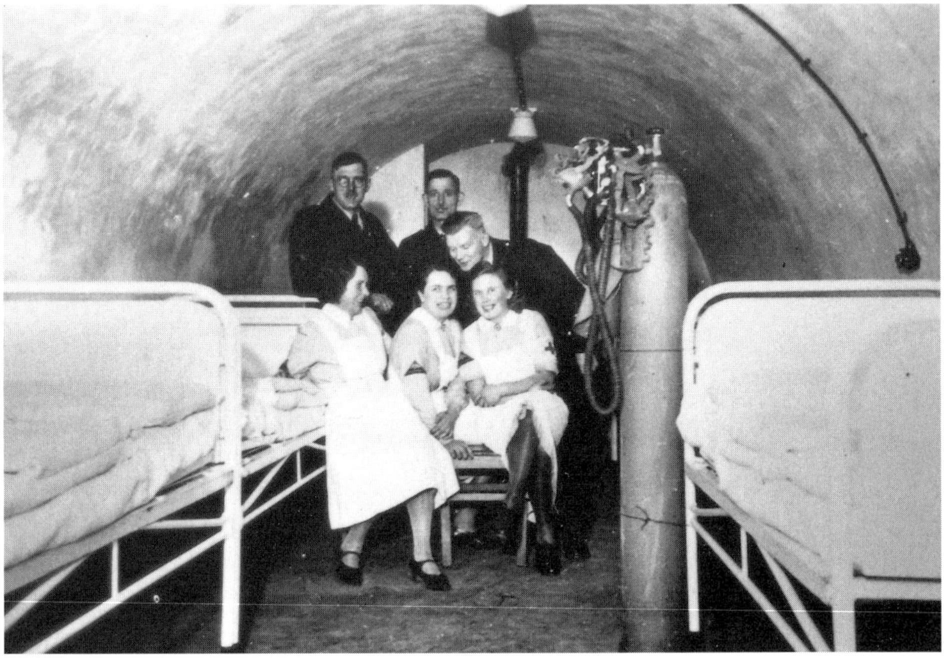

In der ehemaligen Schule an der Tiedemannstraße in Brunsbüttel richtete man eine Rettungsstelle des DRK ein. Die Kellerräume mit zehn bis zwölf Betten wurden auch als Lazarett für Angehörige der Luftschutzpolizei genutzt. Hier das Ärzte- und Schwesternteam. (Foto: Heimatmuseum Brunsbüttel)

Am **25. April** *wird die Reichshauptstadt von sowjetischen Truppen eingeschlossen. Russische und amerikanische Truppen treffen in Torgau zusammen. Deutschland zerfällt in einen nördlichen und einen südlichen Teil. Das Dritte Reich ist militärisch fast völlig am Ende. 15 Einwohner der Kleinstadt Marne verlieren bei einem Bombenangriff um 1 Uhr morgens ihr Leben. Vier Häuser in der Bahnhofstraße werden zertrümmert. Zwei Stunden später fallen Bomben auf Husum. Drei Erwachsene und ein Mädchen sterben.*

In der Nacht vom 25. auf den **26. April** *werden drei Luftminen über dem Dorf Wrohm in Süderdithmarschen abgeworfen. Acht Menschen finden dabei den Tod.*

Hitler bestimmt am **29. April** *in seinem politischen Testament anstelle des Reichsmarschalls Hermann Göring, von dem er sich hintergangen fühlt, Karl Dönitz zu seinem Nachfolger. Er soll als Reichspräsident regieren mit Goebbels als Reichskanzler und Bormann als Parteiminister, wünscht Hitler unter anderem. Himmler ist wegen seiner geheimen Friedensverhandlung als Verräter ausgeschlossen.*

Am gleichen Tag beginnen die Briten ihren Angriff über die Elbe. Die britische Aufklärung schätzt die deutschen Kräfte an der Elbe auf 6.000 Mann, die Garnison Hamburg auf 15.000 Mann und die übrigen einsatzfähigen Truppen in Schleswig-Holstein und Dänemark auf 79.500 Mann[28]. *Der Einbruch der deutschen Linien ist nur mehr eine Frage der Zeit, die Truppe nur noch ein matter Abglanz der sieggewohnten Wehrmacht. Der vorrückenden 21. britischen Heeresgruppe unter dem Oberbefehl von Field-Marshal Bernard Law Montgomery*[29] *stehen nur noch Splittergruppen aus Ersatzeinheiten der Wehrmacht gegenüber. Dazu gehören die Panzer-Ersatzbrigade „Großdeutschland" (früher zur Heeresgruppe Mitte gehörig) und die in den holsteinischen Elbmar-*

Field-Marshal Bernard Law Montgomery (1887–1976) führte als Oberbefehlshaber der 21. Heeresgruppe die britischen Truppen in Deutschland zum Sieg. (Foto: Deutsche Presse-Agentur)

schen liegende Panzergrenadier-Division „Feldherrnhalle"[30] *(früher zur 8. Armee gehörig) unter Kommandeur Pape, Teile der Waffen-SS, der Reichsarbeitsdienst (RAD) und Marinesoldaten, deren Schiffe fehlen*[31]*. Generalfeldmarschall Robert Ritter von Greim, Oberbefehlshaber der Luftwaffe, erreicht mit der Pilotin Hanna Reitsch den Führungsstab A (für die Nordfestung) in Plön. Er schickt die letzten Maschinen der Luftwaffe in die Schlacht um Berlin und stellt Himmler wegen dessen Verhandlungen zur Rede.*

Am Morgen des **30. April** *scheitert der letzte deutsche Gegenstoß an der Elbe bei Schwarzenbek, der den britischen Brückenkopf beseitigen sollte, um Flüchtlingen und den von der Ostfront kommenden deutschen Soldaten ein Schlupfloch nach Schleswig-Holstein offenzuhalten. Auch in Lufteinsätzen können die Deutschen die britischen Pionierbrücken über die Elbe nicht mehr zerstören*[32]*. Es gibt keine zusammenhängende deutsche Verteidigungslinie mehr. Kampfhandlungen ergeben sich zufällig*[33]*.*

Um sich vor dem Bombenterror aus der Luft zu schützen, flohen viele Großstädter auf das vermeintlich sichere Land, hier evakuierte Hamburger beim Eintreffen auf dem Heider Bahnhof. (Foto: Stadtarchiv Heide)

Währenddessen rennen die Berliner Zivilisten von Bunker zu Bunker, um sich vor den heranrückenden Russen zu retten. Am Nachmittag des 30. April begeht Hitler in der Reichskanzlei Selbstmord. Um 18.35 Uhr informiert Bormann Dönitz in einem Funkspruch nur, daß Hitler ihn als Nachfolger eingesetzt habe und gibt ihm Vollmacht für alle Maßnahmen, „die sich aus der gegenwärtigen Lage ergeben". Die Meldung vom Tod des Führers will Bormann persönlich überbringen, um einen womöglichen Staatsstreich des Verräters Himmler zu verhindern. Der provisorische Sitz der Reichsregierung wird vom Landratsamt in Eutin, wo das Rumpfkabinett ab 24. April getagt hatte, nach Mürwik verlegt[34].

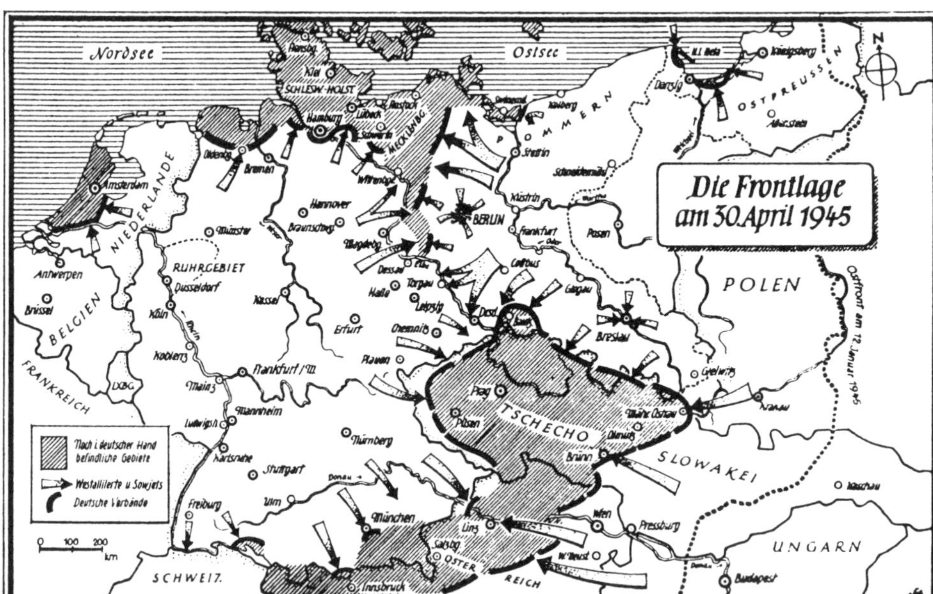

An dem Tag, an dem sich Hitler das Leben nahm, waren die Truppen der Wehrmacht bereits gespalten und der größte Teil des Deutschen Reiches von alliierten Truppen besetzt. (Foto aus: Schultz-Naumann)

2 Dönitz übernimmt die Regierung (Mai 1945)

Erst am nächsten Morgen (**1. Mai**) *wird Dönitz per Telegramm aus der Reichskazlei aufgeklärt: „Testament in Kraft". Bormann und Goebbels spielen noch auf Zeit, denn sie haben insgeheim General Hans Krebs zum russischen General Tschuikow geschickt, um einen Separatfrieden anzubieten. Dieser, so soll Krebs ausrichten, müßte von der Regierung Dönitz bestätigt werden. Dies wäre einer Anerkennung der neuen deutschen Regierung gleichgekommen. Nach Rücksprache mit Marschall Schukow besteht Tschuikow auf einer bedingungslosen Kapitulation. Krebs Mission scheitert. Am Nachmittag dieses 1. Mai teilt Goebbels Dönitz daraufhin den Tod Hitlers und die von diesem vorgesehene Aufstellung eines neuen Kabinetts mit*[35] *Generalfeldmarschall Ernst Busch, der sein Hauptquartier von Reinbek bei Hamburg nach Norden verlegt hat, erhält als Oberbefehlshaber der Heeresgruppe Nordwest den Auftrag, im „Nordraum" hinhaltenden Widerstand zu leisten. Sein Stabschef wird Generalleutnant Eberhard Kinzel, vormals Generalstabschef der Heeresgruppe Weichsel.*

Gegen 20 Uhr treffen Generalfeldmarschall Wilhelm Keitel, der Chef des Oberkommandos der Wehrmacht (OKW), und Generaloberst Alfred Jodl, der Chef des Wehrmachtführungsstabes, im neuen OKW-Hauptquartier in der Marinekaserne in Neustadt ein. Um 22.30 Uhr wird der Tod des „Führers" im Radio gemeldet.

Der Amtsantritt des Großadmirals Dönitz

Sendung des Norddeutschen Rundfunks mit der Ansprache und dem Tagesbefehl des Großadmirals Dönitz an die Wehrmacht vom 1. Mai 1945.

21.30, 21.42, 21.57 Uhr

Achtung, Achtung! Der Deutsche Rundfunk bringt eine ernste, wichtige Meldung für das Deutsche Volk. [Musik von Wagner und Bruckner]

22.26 Uhr

Wiederholung der Ankündigung

[Trommelwirbel] Aus dem Führerhauptquartier wird gemeldet, daß unser Führer Adolf Hitler heute nachmittag in seinem Befehlsstand in der Reichskanzlei bis zum letzten Atemzuge gegen den Bolschewismus kämpfend für Deutschland gefallen ist.

Am 30. April hat der Führer den Großadmiral Dönitz zu seinem Nachfolger ernannt. Der Großadmiral und Nachfolger des Führers spricht zum Deutschen Volk.

Dönitz: „Deutsche Männer und Frauen, Soldaten der Deutschen Wehrmacht! Unser Führer, Adolf Hitler, ist gefallen. In tiefster Trauer und Ehrfurcht verneigt sich das Deutsche Volk. Frühzeitig hatte er die furchtbare Gefahr des Bolschewismus erkannt und diesem Ringen sein Dasein geweiht. Am Ende dieses seines Kampfes und seines unbeirrbaren, geraden Lebensweges steht sein Heldentod in der Hauptstadt des Deutschen Reiches.

Sein Leben war ein einziger Dienst für Deutschland. Sein Einsatz im Kampf gegen die bolschewistische Sturmflut galt darüber hinaus Europa und der gesamten Kulturwelt.

Der Führer hat mich zu seinem Nachfolger bestimmt. Im Bewußtsein der Verantwortung übernehme ich die Führung des Deutschen Volkes in dieser schicksalsschweren Stunde. Meine erste Aufgabe ist es, deutsche Menschen vor der Vernichtung durch den vordrängenden bolschewistischen Feind zu retten. Nur für dieses Ziel geht der militärische Kampf weiter. So weit und so lange die Erreichung dieses Zieles durch die Briten und Amerikaner gehindert wird, werden wir uns auch gegen sie weiter verteidigen und weiterkämpfen müssen. Die Anglo-Amerikaner setzen dann den Krieg nicht mehr für ihre eigenen Völker, sondern allein für die Ausbreitung des Bolschewismus in Europa fort. Was das Deutsche Volk in dem Ringen dieses Krieges kämpfend vollbracht und in der Heimat ertragen hat, ist geschichtlich einmalig. In der kommenden Notzeit unseres Volkes werde ich bestrebt sein, unseren tapferen Frauen, Männern und Kindern, soweit dies in meiner Macht steht, erträgliche Lebensbedingungen zu schaffen. Zu all dem brauche ich Eure Hilfe. Schenkt mir Euer Vertrauen, denn Euer Weg ist auch mein Weg! Haltet Ordnung und Disziplin in Stadt und Land aufrecht! Tue jeder an seiner Stelle seine Pflicht. Nur so werden wir die Leiden, die die kommende Zeit jedem einzelnen von uns bringen wird, mildern und den Zusammenbruch verhindern können. Wenn wir tun, was in unseren Kräften steht, wird auch der Herrgott nach so viel Leid und und Opfer uns nicht verlassen".

[„Deutschland, Deutschland über alles" und „Horst-Wessel-Lied"]

22.33 Uhr

Es tritt nun eine Funkstille von drei Minuten ein.

22.36 Uhr

Als Oberster Befehlshaber der Wehrmacht richtet Großadmiral Dönitz folgenden Tagesbefehl an die Deutsche Wehrmacht:

„Deutsche Wehrmacht, meine Kameraden! Der Führer ist gefallen, getreu seiner großen Idee, die Völker Europas vor dem Bolschewismus zu bewahren, hat er sein Leben eingesetzt und den Heldentod gefunden. Mit ihm ist einer der größten Helden deutscher Geschichte dahingegangen. In stolzer Ehrfurcht und Trauer senken wir vor ihm die Fahnen.

Der Führer hat mich zu seinem Nachfolger als Staatsoberhaupt und als Oberster Befehlshaber der Wehrmacht bestimmt. Ich übernehme den Oberbefehl über alle Teile der Deutschen Wehrmacht mit dem Willen, den Kampf gegen die Bolschewisten fortzusetzen, bis die kämpfende Truppe und Hunderttausende von Familien des deutschen Ostraumens vor der Versklavung und der Vernichtung gerettet sind.

Gegen Engländer und Amerikaner muß ich den Kampf so weit und so lange fortsetzen, wie sie mich an der Durchführung des Kampfes hindern.

Die Lage erfordert von Euch, die Ihr schon so große geschichtliche Taten vollbracht habt, und die Ihr jetzt das Ende des Krieges herbeisehnt, weiteren, bedingungslosen Einsatz. Ich verlange Disziplin und Gehorsam. Nur durch vorbehaltlose Ausführung meiner Befehle werden Chaos und Untergang vermieden. Ein Feigling und Verräter ist, wer sich gerade jetzt seiner Pflicht entzieht und damit deutschen Frauen und Kindern Tod und Versklavung bringt.

Der dem Führer von Euch geleistete Eid gilt nunmehr für jeden Einzelnen von Euch ohne weiteres mir als dem vom Führer eingesetzten Nachfolger.

Deutsche Soldaten, tut Eure Pflicht! Es gilt das Leben unseres Volkes."

[Ernste Musik]

Aus: Der Prozeß gegen die Hauptkriegsverbrecher vor dem Internationalen Militärgerichtshof, Bd. XXXV, Nürnberg 1949, S. 116 ff.

Reichspräsident für 23 Tage: Großadmiral Karl Dönitz (1891–1980), dessen „Regierung" ihren Sitz für zweieinhalb Tage in Plön, dann in Eutin und zuletzt in Flensburg hatte.

Der neue Reichspräsident Dönitz erklärt in einer Rundfunkansprache über den Reichssender Flensburg, er halte es für seine erste Aufgabe, „deutsche Menschen vor der Vernichtung durch den vordrängenden bolschewistischen Feind" zu retten. Nur für dieses Ziel gehe der militärische Kampf weiter. „Soweit und solange die Erreichung dieses Zieles durch die Briten und Amerikaner behindert wird, werden wir uns auch gegen sie weiter verteidigen und weiter kämpfen müssen. Die Angloamerikaner setzten dann den Krieg nicht mehr für ihre eigenen Völker, sondern allein für die Ausbreitung des Bolschewismus in Europa fort." Ein Tagebuchschreiber aus Friedrichstadt notiert: „Die britischen Truppen sind an mehreren Stellen in Schleswig-Holstein eingedrungen. Viele Leute glauben, daß dies eine russische Invasion verhindern wird, was der Traum eines jeden von uns ist"[36].

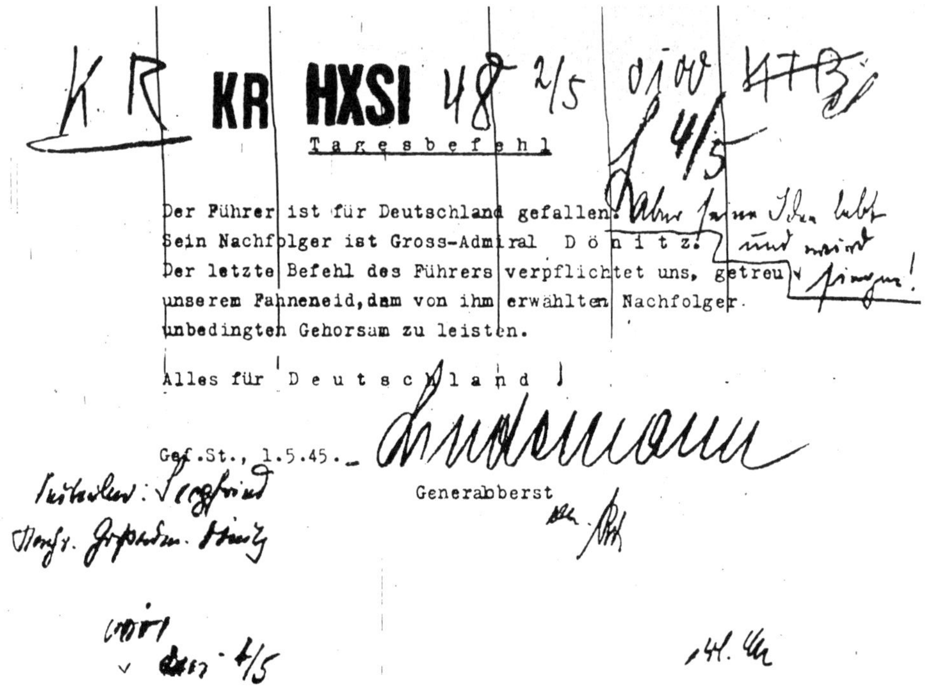

KR HXSI

Tagesbefehl

Der Führer ist für Deutschland gefallen.
Sein Nachfolger ist Gross-Admiral D ö n i t z.
Der letzte Befehl des Führers verpflichtet uns, getreu
unserem Fahneneid, dem von ihm erwählten Nachfolger
unbedingten Gehorsam zu leisten.

Alles für D e u t s c h l a n d

Gef.St., 1.5.45.

Generaloberst

Generaloberst Georg Lindemann, Wehrmacht-Befehlshaber in Dänemark, läßt im Tagesbefehl sofort verbreiten, daß der auf Adolf Hitler geschworene Eid auch für den vom Führer bestimmten Nachfolger Dönitz gilt.

Am **2. Mai** *kapituliert Berlin vor der Roten Armee*[37]*. Im Kriegstagebuch des OKW wird diese Niederlage erst zwei Tage später zugegeben und unverdrossen das „einmalige heroische Ringen“ von Wehrmacht und Volkssturm hochstilisiert, die „ihrem Fahneneid getreu bis zum letzten Atemzug Widerstand geleistet und ein Beispiel besten deutschen Soldatentums gegeben“ hätten*[38]*. Die Russen besetzen Rostock. In Norddeutschland rücken Montgomerys kanadisch-britische Verbände weiter vor: Die 1. kanadische Armee von Lieutenant-General Crerar steht zwischen Ems und Weser. Die 2. britische Armee unter dem Befehl von Lieutenant-General Miles Dempsey trifft bei Wismar erstmals sowjetische Soldaten. Zum Schutz vor dem anrückenden Feind befiehlt Dönitz, alle verfügbaren Kräfte sofort an den Kaiser-Wilhelm-Kanal (heute Nord-Ostsee-Kanal) hinzuführen. Die strategisch wichtige Schiffahrtsstraße soll unbedingt verteidigt werden, um Zeit für die Friedensverhandlungen zu gewinnen. Zudem wird ein vom Feind unbesetztes Gebiet als bessere völkerrechtliche Ausgangslage für Verhandlungen betrachtet. Der Stabschef der Panzertruppe, Generalleutnant Thomale, entsendet sein letztes Aufgebot von Süsel in der Holsteinischen Schweiz an den Kanal: ein Oberst mit einigen Männern auf einem „Jagdtiger“, einem „Jagdpanther“, einem „Königstiger“ und einem Panzer IV. Mehr konnte die deutsche Panzertruppe dem OKW nicht zur Verfügung stellen*[39]*. Dem Kampfkommandanten von Rendsburg wird eine Übergabe der Stadt verboten. Über Lautsprecher ertönt die Nachricht: „Rendsburg wird zur Festung erklärt! Alle Militärpersonen sollen sich sofort in den Kasernen melden.“ Viele Rendsburger folgen der Aufforderung des Landrats, vorübergehend auf das Land auszuwei-*

chen, da britische Bombardements infolge des Verteidigungsbefehls erwartet werden. Die Brücken über den Kanal sind mit allen Mitteln zu halten[40]*. Sie dürfen wegen des endlosen Flüchtlingsstroms nicht gesprengt werden, sind aber weitgehend dafür vorbereitet. General Hoffmann wird Kommandeur der „Verteidigungszone Kaiser-Wilhelm-Kanal". In der Mittelschule in Albersdorf/Süderdithmarschen werden derweil die „Volkssturmkinder" bei einem letzten Appell entlassen. Die Entscheidung über Verteidigung oder Übergabe fällt je nach den örtlichen Persönlichkeiten verschieden aus.*

Im Hinblick auf die ins Auge gefaßte Kapitulation der im Westen stehenden Kräfte gab der Großadmiral Dönitz, nachdem er die Funktionen des Staatsoberhauptes und Obersten Befehlshabers der Wehrmacht übernommen hatte, sogleich folgenden Befehl heraus (abgesetzt 2. 5., über Funk 21.20 Uhr):

Geheime Kommandosache. Der Großadmiral hat befohlen:

1. Hamburg ist nicht zu verteidigen, die Truppe aus der Stadt in den Raum nördlich Hamburg abzusetzen und diese Tatsache unverzüglich durch Parlamentär zur Vermeidung der angekündigten Bombardierung der Stadt mitzuteilen
2. Der Kampf im Gesamtbereich des OB Nordwest ist um Zeitgewinn zu führen. Dabei ist insbesondere ein rasches Durchbrechen auf und über den Kaiser-Wilhelm-Kanal zu verhindern, um der Reichsregierung die Zeit zu verschaffen, mit Montgomery über den nordwestdeutschen Raum zu verhandeln. Der Kaiser-Wilhelm-Kanal ist zu diesem Zweck unter einheitlicher Führung mit allen verfügbaren Kräften zu verteidigen, ohne die Übergänge zu unterbrechen oder zu zerstören. Alle aus Dänemark zufließenden Kräfte sind nördlich des Kanals auszuladen und zum Schutze des Kanals einzusetzen. Kiel ist in die Verteidigung des Kaiser-Wilhelm-Kanals einzubeziehen und entsprechend zu besetzen. Der weitere Rückstrom von Trecks über den Kaiser-Wilhelm-Kanal ist zu verhindern, und diese sind im Raum südlich des Kanals (von den Hauptstraßen abgesetzt) zu verteilen.
3. Die vorgesehene Übernahme des Befehls über die Heeresgr. Weichsel durch Feldmarschall Busch wird vorerst noch ausgesetzt.

I. A.
gez.: Jodl
Generaloberst

Die durch die Elbmarschen ziehenden Wehrmachtstruppen werden größtenteils nach Dithmarschen abgedrängt, einige lösen sich auch hier schon auf und tauchen unter Zurücklassung ihrer Ausrüstung unter[41]. *Das OKW beschlagnahmt im Hinterland alle noch verfügbaren Lautsprecherwagen der Staatspartei NSDAP, um die Verbände zur Verteidigung des Kanals aufzurufen. So ziehen sich zum Beispiel deutsche Einheiten aus Holland, die auf dem Weg nach Mecklenburg waren, hinter den Kanal zurück, um der Regierung in Flensburg Schutz zu gewähren*[42].

In Neustadt in Holstein wird die Situation am 2. Mai so beschrieben: Der Volkssturm ist aufgeboten, Auffangstäbe warten, Reste der HJ beteiligen sich am Sperrenbau, Versorgungsmagazine werden teilweise für die Bevölkerung geöffnet und hastig ausgeräumt. Truppenteile und zivile Flüchtlinge fluten seit Tagen in die Stadt. Überall sind die Hilfslazarette mit Verwundeten belegt. Die Auflösungserscheinungen unter den militärischen und zivilen Dienststellen nehmen rapide zu. Es kommt zu einzelnen standrechtlichen Erschießungen. Beginnend mit dem Sonnenuntergang versenken Marineeinheiten ihre Kriegsschiffe – vorwiegend U-Boote – in der Lübecker Bucht selbst oder

Johann Lutz Graf Schwerin von Krosigk (1887–1977) war im Mai 1945 als „Leitender Reichsminister" quasi der letzte deutsche Reichskanzler.

laufen in dänische Gewässer ab[43]. Auf dem Husumer Rangierbahnhof an der Maas werden an diesem Tag zwei Güterzüge voller Giftgasgranaten, darunter auch Gelbkreuz, entdeckt. Ein Bombentreffer hätte zu einer unvorstellbaren Katastrophe geführt.

Britische Truppen nehmen Reinfeld, Bad Oldesloe und Lübeck ein. Die feindlichen Panzerbesatzungen haben in Lübeck Widerstand erwartet und schießen auf Wehrmachtfahrzeuge und Soldaten. 42 Deutsche sterben[44]. *Schleswig-Holstein ist nun vom restlichen Deutschland abgeschnürt. Dönitz, der das „Tor zum Norden" so lange wie möglich offengehalten hat, leitet jetzt eine schrittweise Kapitulation ein. Am Abend läßt er Hamburg zur „offenen Stadt" erklären. Die in der Stadt befindlichen Truppen sollen sich nach Norden absetzen. „Radio Hamburg, der letzte Sender, den wir noch empfangen können, verbreitete dies und forderte seine Hörer auf, Disziplin zu wahren", notiert der Tagebuchschreiber aus Friedrichstadt[45]. Bei einem Bombenangriff auf Itzehoe-Sude sterben zwölf Menschen.*

Sämtliche Reichsminister reichen ihre Demission ein, um Dönitz die Kabinettsumbildung zu ermöglichen. Der Reichspräsidnet ernennt Lutz Graf Schwerin von Krosigk

Generalfeldmarschall Ernst Busch (1885–1945), der Oberbefehlshaber Nordwest, verlegte am 3. Mai 1945 sein Hauptquartier in das winzige Dorf Kollerup (heute zur Gemeinde Großsolt gehörig), wo er auf dem Christiansen-Hof residierte. Ihm unterstanden zuletzt alle deutschen Wehrmachteinheiten.

unter Vermeidung des Titels „Reichskanzler" zum Leitenden Reichsminister und Außenminister und den Tags zuvor zum Generaladmiral beförderten Hans Georg von Friedeburg zum neuen Oberbefehlshaber der Kriegsmarine. Rüstungsminister Albert Speer wird Wirtschaftsminister. Damit setzt sich Dönitz über Hitlers Kabinettsliste hinweg. Sie sei „überholt". Tatsächlich leben Goebbels und Bormann schon gar nicht mehr. Das deutsche Hauptquartier wird in der Nacht auf den 3. Mai von Plön nach Flensburg verlegt in die Marineschule im Stadtteil Mürwik. Die Regierung Dönitz will sich dadurch ihre Handlungsfähigkeit bewahren. Generalfeldmarschall Busch verlegt sein Hauptquartier von Hamburg-Bergedorf nach Kollerup bei Flensburg[46]. *Die Royal Air Force wirft in dieser Nacht 174 Tonnen Bomben auf Kiel ab. Der „Festung Deutschland" fehlt längst das abschirmende Dach, die Lufthoheit liegt ganz bei den Alliierten.*

Generalmajor Alwin Wolz übergibt Hamburg, die zweitgrößte deutsche Stadt, kampflos am 3. Mai 1945 an den britischen Brigadier Spurling. Das Foto zeigt die Szene vor dem Hamburger Rathaus, ganz links im schwarzen Anzug, als einziger Zivilist, Bürgermeister a. D. Dr. Wilhelm Burchard-Motz. (Foto aus: Simons)

Das 12. Corps der 21. britischen Heeresgruppe unter Lieutenant-General N.M. Ritshie rückt am **3. Mai** *in Hamburg, das nicht mehr verteidigt wird, ein. Der Stadtkommandant, Generalmajor Alwin Wolz, übergibt die zweitgrößte deutsche Stadt. Auch Bad Segeberg, Neumünster und Rendsburg kapitulieren.*

Unterdessen spielt sich in der Neustädter Bucht ein furchtbares Drama ab. Die mit 8.000 KZ-Häftlingen – vor allem aus den Lagern Neuengamme und Stutthof – völlig überfüllten Schiffe „Cap Arcona" und „Thielbek" werden bei einem Bombenangriff der Royal Air Force versenkt[47]. *Fast alle Häftlinge ertrinken qualvoll (darunter der ehemalige KPD-Stadtverordnete Erich Böhlig aus Heide), während sich die meisten SS-Bewacher, die die Schiffe ohnehin mit ihrer Menschenfracht hatten versenken wollen, noch retten können*[48]. *Nur zwei Stunden später rückt die erste englische Panzerabteilung in Neustadt ein. Der amtierende Bürgermeister Karl Möller muß auf ihren Befehl hin das Fernsprechamt außer Betrieb setzen. Die Angehörigen der Kriegsmarine in der U-Boot-Schule haben sich binnen einer Stunde ohne Waffen auf dem Marktplatz einzufinden und werden unter starker Panzerbegleitung in die Gefangenschaft abgeführt*[49]. *Die Überlebenden der Cap-Arcona-Katastrophe werden in Neustadt einquartiert.*

Die Royal Air Force fliegt am 3. Mai 905 Einsätze auf Ziele in Schleswig-Holstein[50]. *In Wesselburen sterben zwei Erwachsene und zwei Kinder den Bombentod. Field-Marshal Montgomery gibt nach den großen militärischen Erfolgen der letzten Tage einen Haltebefehl („No move forward"*[51]*). Die alliierten Streitkräfte stoppen ihr Vordringen*

Das von britischen Flugzeugen am 3. Mai 1945 in Brand geschossene Häftlingsschiff „Cap Arcona" sinkt vor Neustadt und reißt Tausende von KZ-Häftlingen mit in die Tiefe. (Foto: Stadtarchiv Neustadt)

am Abend und bleiben bis zum 5. Mai auf der Linie Neustadt – Bad Segeberg – Bargteheide – Ahrensburg stehen[52]*. Die Spitzen haben Plön, Kiel und das Gebiet um Eckernförde erreicht*[53]*.*

In Flensburg wird an diesem Tag eine letzte Bevorratung der Bevölkerung vorgenommen. Alle Verbraucher erhalten 500 Gramm Fleisch und eine Flasche Schnaps. Die in Warenlagern vorhandenen Lebensmittel sollen verteilt werden und nicht den Siegern in die Hände fallen[54]. *In der neuen „Reichshauptstadt" treffen Opfer und Täter des nationalsozialistischen Regimes ein. „Todesschiffe" mit Hunderten von KZ-Häftlingen, die verlegt oder nach Dänemark und Schweden entlassen werden sollen, dümpeln im Flensburger Hafen, während im wenige Kilometer entfernten Hüholz höchste SS-Führer und KZ-Kommandanten kampieren*[55]*. Auf dem Zerstörer „Paul Jacoby" werden drei Gefreite hingerichtet, die durch Beschädigung des Schiffskompasses ein Auslaufen verhindern wollten. Der Kommandant des Befehlssonderzuges von Dönitz erlaubt seinen Soldaten, den Zug zu plündern und entläßt sie eigenmächtig. Zwei Tage später wird er standrechtlich erschossen. In Kampen (Gemeinde Nützen/Kreis Segeberg) erschießen vermutlich flämische SS-Soldaten ohne jeden Anlaß zehn serbische Zwangsarbeiter.*

Von Friedeburg nimmt im Auftrag von Dönitz Verhandlungen mit Montgomery auf, um einen Waffenstillstand an der Westfront zu erreichen. Die Gespräche werden nicht öffentlich geführt, um keinen Argwohn in Moskau zu wecken[56]*. Das OKW gibt bekannt, daß Kiel und Flensburg zu „offenen Städten" erklärt worden sind*[57]*.*

Der Militärbefehlshaber für den Raum Friedrichstadt akzeptiert die Entscheidung zur

Der Trauerzug für die Toten der Cap-Arcona-Katastrophe in Neustadt wurde von den Briten angeführt. (Foto: Stadtarchiv Neustadt)

Am 3. Mai 1945 wurde letztmals Wehrmachtgut aus den Transportzügen an die Flensburger Bevölkerung verteilt, hier an der Ecke Brennereiweg/Standweg. (Foto: Stadtarchiv Flensburg)

In der Wasserslebener Bucht und vor Flensburg-Mürwik wurden die letzten Kriegsschiffe der deutschen Marine zusammengezogen. (Foto: Stadtarchiv Flensburg)

Die NSDAP-Kreisleitung von Süderdithmarschen war im Obergeschoß dieses Gebäudes in der Rosenstraße in Meldorf (heute Bücherei) untergebracht. Hier qualmte in den letzten Kriegstagen Tag und Nacht der Schornstein – belastende Akten wurden so aus der Welt geschafft. (Foto: Dithmarscher Landesmuseum)

Der erste Schritt zum Frieden: Montgomery (rechts am Tisch sitzend) liest am 4. Mai 1945 in seinem Hauptquartier in der Lüneburger Heide Konteradmiral Gerhard Wagner (links) und Generaladmiral Hans Georg von Friedeburg (Mitte) die Kapitulationsbedingungen vor.

kampflosen Übergabe der Städte nicht. „Es ist befohlen worden, Friedrichstadt bis zum Äußersten zu verteidigen. Es ist offenbar deshalb, daß die feindlichen Aufklärungsflugzeuge beschossen wurden“, so der Tagebuchschreiber[58]. *Bürgermeister Albin Rühling aber wiederholt, „daß in Übereinstimmung mit den Befehlen des Gauleiters Friedrichstadt nicht verteidigt würde. Unser Militärkommandant ist jedoch in diesem Punkt anderer Meinung, obwohl praktisch jedermann sein Auftreten mißbilligt. Admiral Dönitz hat ausdrücklich erklärt, daß anglo-amerikanische Streitkräfte nur dann angegriffen werden, wenn sie unseren Kampf auf Leben und Tod gegen den Bolschewismus behinderten“[59]. In Meldorf wird in der Kirchenchronik notiert: „Der Krieg nähert sich seinem Ende. Die letzten Tage vorher wurden in allen (?) Häusern die Hauptsicherungen entfernt, um das Hören des Radios zu verhindern. Gerüchte jagen sich. Auf der Kreisleitung, Rosenstraße [jetzt Bücherei[60]], gegenüber der Propstei [jetzt Parkplatz der Verbandssparkasse] herrscht emsige Tätigkeit. Fast Tag und Nacht raucht der Schornstein, um belastende Dokumente zu vernichten.*

Die ostholsteinischen Städte Neustadt, Oldenburg, Heiligenhafen, Eutin und Plön werden am **4. Mai** *nach kampfloser Übergabe besetzt. In Kiel schrillen zum 633. und letzten Mal die Alarmsirenen des Krieges. Eine Spezialeinheit der Royal Navy, befreit vom britischen Haltebefehl, erreicht Kiel und sichert dortige Marineanlagen[61]. 70 Prozent der Wohngebäude in der Provinzhauptstadt sind völlig oder erheblich zerstört. Aus den Trümmern (fünf Millionen Kubikmeter) könnten mehrere Pyramiden von der doppelten Höhe des Rathausturms erbaut werden. Husum erklärt sich zur „offenen Stadt“. Bei einem Flugzeugangriff auf Büsum fallen 16 Bomben und sterben neun Menschen[62].*

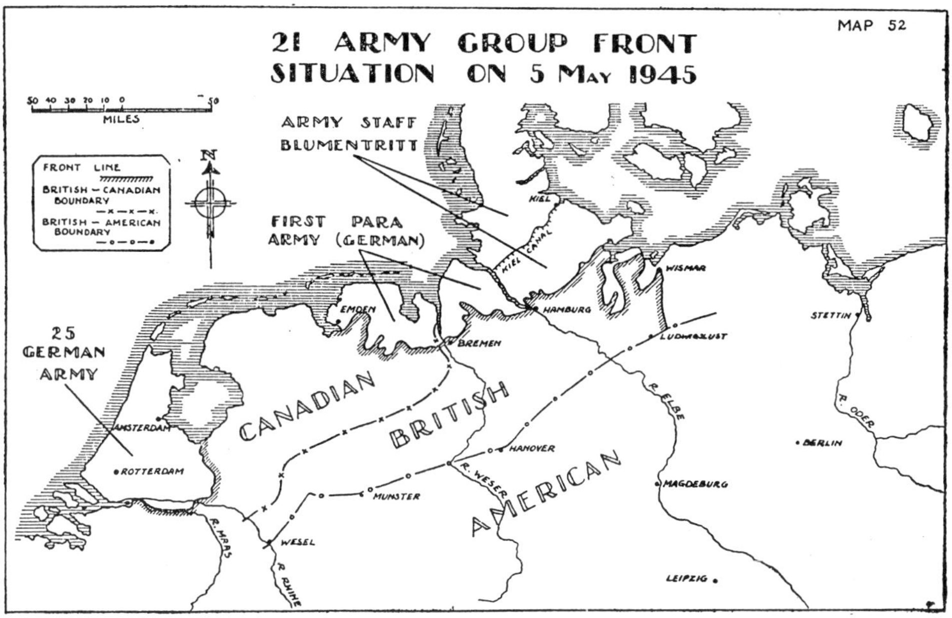

Der Frontverlauf am Tage des Waffenstillstands. (Karte aus: Guingand)

Vom Leuchtturm und aus mehreren Büsumer Häusern werden gegen den Protest einiger Offiziere weiße Fahnen gezeigt. Die Zivilbevölkerung Schleswig-Holsteins lebt mehr denn je in Angst. In Flugschneisen zu strategisch wichtigen Angriffspunkten werden manchmal 1.600 bis 1.700 feindliche Flugzeuge zugleich am Himmel gezählt[63]*. Den sicheren Sieg schon vor Augen, üben die Alliierten einen unbarmherzigen Luftterror aus, der sich teilweise gegen die Zivilbevölkerung richtet und damit gegen das Kriegsrecht verstößt.*

„De hebbt alln's ebenmokt", erinnern sich Zeitzeugen heute noch mit Schauern. Der Grund ist nicht allein der Wunsch nach Vergeltung. Ein Motiv ist auch, daß man die bedingungslose Kapitulation des nationalsozialistischen Deutschland möglichst schnell durchsetzen und damit letztlich weiteres Blutvergießen verhindern will. Die britischen Truppen haben den Zusammenzug der Wehrmacht in Schleswig-Holstein beobachtet. Den von dieser Ballung militärischer Stärke erwarteten Widerstand wollen sie von vornherein brechen. Daß dabei auch Zivilisten in großer Zahl getötet werden, zeigt die Verrohung der Kriegspraxis in jener Zeit[64]. *Daß der Kampf von den Briten noch auf schleswig-holsteinischem Boden mit unvermindertem Einsatz geführt wird, ist angesichts der unermüdlichen Durchhalte-Propaganda auf deutscher Seite so abwegig nicht. Tatsächlich proklamieren eingefleischte Nationalsozialisten Anfang Mai 1945 ernsthaft eine „letzte anständige Schlacht" auf dänischem Boden. Noch am 4. Mai betont auch die OKW-Führung: „Der Krieg ist heute noch nicht zu Ende. Der Kaiser-Wilhelm-Kanal ist zu verteidigen. Alle Kräfte sind dorthin zu bringen. Alle anderen Gerüchte sind falsch und mit Waffengewalt zu bekämpfen"*[65]*. Ein aufgrund der Gerüchte durch die Kriegsmarine in Kiel entwaffnetes Bataillon muß wieder mit Waffen versehen werden und wird nach Holtenau in Marsch gesetzt. Eine Bedrohung der britischen Truppen geht aber von den sich zurückziehenden deutschen Verbänden nicht aus. Das vielleicht wichtigste Mo-*

tiv für das rücksichtslose Vorgehen der Briten ist denn auch der Wettlauf mit den Russen. Montgomery, wie Churchill ein entschiedener Antikommunist, bittet dringend um amerikanische Hilfe, um den Vorstoß zur Elbe zu beschleunigen. Der Alliierte Oberbefehlshaber, US-General Dwight D. Eisenhower, unterstellt ihm daraufhin Ende April 1945 das 18. amerikanische Luftlandekorps. Für Eisenhower stellt das Verhalten der Wehrmacht in Dänemark, wo es bislang ruhig ist, einen Unsicherheitsfaktor dar[66]*. Größte Sorge der Briten ist es, daß die Russen, schon fast im Besitz Berlins, Dänemark erreichen und die Nordsee beherrschen könnten*[67]*. Ihnen soll der Weg zur jütischen Halbinsel abgeschnitten werden*[68]*.*

Ein deutscher Zerstörer auf dem Nord-Ostsee-Kanal vertreibt „aus allen Rohren feuernd" angreifende englische Jagdflugzeuge. Ein Bootsmann läßt am 4. Mai auf dem vor Laboe liegenden Tanker „Adria" den Schiffsingenieur wegen Verrats und Beleidigung des Führers erschießen (nach dem Krieg wird er zu sechs Jahren Haft verurteilt). Vermutlich am gleichen Tag meldet ein Dithmarscher Bauer Konteradmiral Engelhardt, daß ein Major aus Hamburg die Schleusentore in Brunsbüttelkoog mit Sprengladungen versehen hat. Engelhardt stürzt sofort ans Telefon und informiert den Oberbefehlshaber der Marine persönlich. Dieser weist ihn an, die brisanten Objekte zu entfernen. Zusätzlich stellt sich heraus, daß der Major auch die Hochbrücken über den Kanal sprengen soll und sich keine Panne wie bei der Rheinbrücke von Remagen leisten will. Der Oberbefehlshaber der Marine kann auch diese Pläne gerade rechtzeitig unterbinden.

Churchill erklärt am 4. Mai vor dem britischen Unterhaus: „Im allgemeinen haben die Deutschen ihr Land selbst zu verwalten, wir wollen uns damit nicht belasten." Damit gibt er schon die Richtung in der Besetzungspraxis der Briten in Deutschland vor. Von Friedeburg unterzeichnet in Montgomerys Hauptquartier die Kapitulation aller deutschen Streitkräfte in Holland, Nordwestdeutschland und Dänemark zum 5. Mai. Montgomery stimmt einer Teilkapitulation trotz anderslautender Weisung Eisenhowers zu, zumal die Briten gerade die (falsche) Meldung erhalten haben, die Russen wollten in Dänemark landen. So gibt es keine größeren Probleme bei den Waffenstillstandsverhandlungen. Mit der Teilkapitulation nur vor dem Westen wird Zeit gewonnen und auf diese Weise noch vielen deutschen Frauen und Kindern die Flucht vor der Roten Armee ermöglicht. Auch können dadurch zahlreiche deutsche Soldaten, die sich auf dem Rückmarsch den Westalliierten ergeben, der gefürchteten russischen Kriegsgefangenschaft entgehen. Allein 1,85 Millionen Soldaten und ungezählte Frauen und Kinder werden so gerettet[69]. *Das Verbot der Waffenzerstörung und Schiffsversenkung gibt Dönitz sofort an die Truppe weiter*[70]*. Es wird bis auf eine Ausnahme befolgt: Die Besatzungen vieler U-Boote vernichten ihre Boote in der Nacht vom 4. zum 5. Mai. „Sie glaubten mit diesem Tun dem wahren Willen ihres Admirals zu entsprechen", erinnert sich Schwerin von Krosigk später. So versanken in der Flensburger Förde 28, in der Geltinger Bucht 36, in Cuxhaven zwei und in Eckernförde ein U-Boot*[71]*. Vor dem Meldorfer Hafen werden bei der Aktion etwa acht bis zehn Schnellboote mit Spezialtorpedos versenkt. Ein im Hafenschlick zurückbleibender Torpedo explodiert 13 Monate später am 8. Juni 1946 (Pfingstsonnabend) durch Selbstzündung und zerstört fast die gesamte Meldorfer Fischereiflotte.*

Der Waffenstillstand mit der 21. britischen Heeresgruppe tritt am **5. Mai** *in Kraft. In Hochdonn in Süderdithmarschen wird ein deutscher Soldat noch in den letzten Kriegsminuten über den Nord-Ostsee-Kanal hinweg durch einen Kopfschuß von der englischen Seite getötet, heißt es unbestätigt. In Rendsburg, wo man noch nicht vom Waffenstillstand weiß, wird am 5. Mai noch ein neuer Kampfkommandant eingesetzt. Keitel tele-*

Eiderstedter Nachrichten

Nummer 54 | Garding, Montag, den 7. Mai 1945 | 82. Jahrgang

An die Einwohner des Kreises Eiderstedt

Der Regierungspräsident in Schleswig teilte mir durch Funkspruch folgendes mit:

„Ab 5. 5. 1945, 8 Uhr deutscher Sommerzeit, Waffenruhe gegenüber den Truppen des Feldmarschalls Montgomery. Umfaßt alle Verbände des Heeres, der Kriegsmarine, der Luftwaffe und der Waffen-SS im Bereiche der Niederlande, Friesland einschließlich der west- und ostfriesischen Inseln, Helgoland, Schleswig-Holstein und Dänemark. Truppe bleibt mit ihren Waffen in Stellung. In See befindliche Transportbewegungen der Kriegsmarine laufen weiter.

Keinerlei Zerstörungen, Schiffsversenkungen und Kundgebungen. Sicherung aller Vorräte. Gehorsam und Disziplin mit eiserner Strenge aufrecht erhalten.

Landräte, Oberbürgermeister und Polizeipräsidenten sorgen in ihrem Bereich mit allen zur Verfügung stehenden Mitteln für Aufrechterhaltung von Ruhe und Ordnung."

Der Ernst der Lage erfordert von allen Einwohnern absolute Ordnung und Disziplin. Wer hiergegen verstößt, ist im wahren Sinne des Wortes ein Schädling und gefährdet alle anderen. Deshalb wird schnell und schonungslos gegen Störfriede vorgegangen werden.

Stehlen und Plündern ist strengstens verboten und wird standrechtlich verfolgt.

Die Bevölkerung geht ihrer gewohnten Beschäftigung nach, das Wirtschafts- und Ernährungsamt ist weiterhin für die Versorgung und Ernährung der Einwohner tätig.

Wenn jeder seine Pflicht an seinem Platze tut und die zur Erhaltung von Ruhe und Ordnung bestehenden und noch ergehenden Anordnungen befolgt, dient er damit der Volksgemeinschaft und sich selbst. Darum bitte ich alle in dieser schweren Zeit.

Tönning, den 5. Mai 1945.

Der Landrat.

In Vertretung: Runge.

Bekanntmachung des Waffenstillstands durch die Eiderstedter Kreisverwaltung.

grafiert am frühen Morgen an alle Einheiten: „Ab 5.5.1945, 8 Uhr deutscher Sommerzeit, Waffenruhe gegenüber den Truppen des Feldmarschalls Montgomery. Sie umfaßt alle Verbände des Heeres, der Kriegsmarine, der Luftwaffe und der Waffen-SS im Bereich der Niederlande, Friesland einschließlich der west- und ostfriesischen Inseln, Helgoland, Schleswig-Holstein und Dänemark. Sofort an sämtliche unterstellten Truppen bekanntgeben. Eingang des Befehls nachprüfen. Truppe bleibt mit ihren Waffen in Stellung. In See befindliche Transportbewegungen der Kriegsmarine laufen weiter. Keinerlei Zerstörungen, Schiffsversenkungen und Kundgebungen. Sicherung aller Vorräte. Gehorsam und Disziplin mit eiserner Stärke aufrechterhalten." Ergänzend wird häufig befohlen, an allen Sperrobjekten wie Brücken, Straßensperren oder Minenfeldern die Zündungen zu entfernen und Sprengladungen auszubauen [72]. Ganz Schleswig-Holstein steht dem ungehinderten Einmarsch der britischen Truppen offen. Die Briten halten Ein-

MILITARY GOVERNMENT

1. With immediate effect all civilians must remain indoors until further order. Any person infringing this order is liable to be shot at without challenge.

2. After 24 hours civilians will be informed of the extent to which this order has been relaxed.

3. Householders will immediately exhibit on the outside of their street doors a list containing the full names, date of birth, sex and employment of each person within the premises.

4. The concealment or harbouring of any member of the German Armed Forces is an offence.

5. Any persons contravening these orders are liable to prosecution and upon conviction to any lawful penalty, including death.

BY ORDER OF MILITARY GOVERNMENT

MILITÄRREGIERUNG

1. Mit sofortiger Wirkung und bis auf Widerruf müssen alle Zivilpersonen in den Häusern bleiben. Auf Personen, die diesem Befehl zuwider handeln, kann ohne Anruf geschossen werden.

2. Nach 24 Stunden wird die Zivilbevölkerung über etwaigen Nachlaß dieses Befehls unterrichtet werden.

3. Hausvorstände müssen sofort eine Liste mit Vor- und Zunamen, Geburtsdaten, Geschlecht und Beschäftigung aller Hauseinwohner an ihren Haustüren anbringen.

4. Das Verbergen oder Beherbergen von Angehörigen der deutschen Streitkräfte ist eine strafbare Handlung.

5. Personen, die diesen Anordnungen zuwider handeln, können gerichtlich verfolgt und nach Schuldigerklärung zu jeder gesetzlichen Strafe, einschließlich Todesstrafe, verurteilt werden.

IM AUFTRAGE DER MILITÄRREGIERUNG

Ruhe und Ordnung aufrechtzuerhalten war auch das Ziel der englischen Obrigkeit in den ersten Tagen der Besatzung.

zug in Kiel. Über 70 Prozent der Wohnungen in der Provinzhauptstadt sind zerstört, fünf Millionen Kubikmeter Trümmer liegen auf den Straßen[73]. Einheiten der Royal Air Force besetzen gezielt die Flugplätze Neumünster, Kaltenkirchen, Kiel, Uetersen, Eggebek bei Tarp, Schleswig, Husum, Lütjenholm bei Bredstedt und Leck. Das 12. Corps soll dagegen nur bis 7. Mai langsam bis zum Nord-Ostsee-Kanal vorrücken.

Großadmiral Dönitz kommt es darauf an, der Besatzungsmacht für die Umstellung der Kriegs- auf Friedensverhältnisse und für die zu erwartende Notzeit das noch funktionierende Instrument einer zentralen Verwaltung zur Verfügung zu stellen. Er ist davon überzeugt, daß die Ernährung, der Verkehr, das Geldwesen nur zentral gesteuert werden können und daß bei einer Zerreißung in Zonen Hungersnot, Verkehrs- und Wirtschaftschaos die Folgen wären[74]. *Dönitz als Reichspräsident und seine Regierung als deutsche Zentralgewalt verkörpern noch die Einheit des Deutschen Reiches. Die Alliierten sollen eine Regierungsübernahme in Deutschland nicht damit rechtfertigen können, daß die deutschen Stellen weggelaufen seien[75]. So beruft der Reichspräsident eine „Geschäftsführende Reichsregierung", deren Gesamtleitung von Krosigk übernimmt. Wilhelm Stuckart, zuvor NSDAP-Staatssekretär im von Frick und später von Himmler geleiteten Innenministerium, wird Reichsinnenminister. Von ihm stammt der am nächsten Tag in vielen Zeitungen zu lesende Zusatz zur Kapitulationsnachricht: „Landräte, Bürgermeister und Polizeipräsidenten sorgen in ihrem Bereich mit allen zur Verfügung stehenden Mitteln für Aufrechterhaltung von Recht und Ordnung". In Achtrup/Nordfriesland erschießt ein Fahnenflüchtiger am 5. Mai einen Offizier. In der Nacht vom 5. auf den 6. Mai werden auf der Reede von Sonderburg elf junge Matrosen vom Minensuchboot M 612 wegen „militärischen Aufruhrs" standrechtlich erschossen. Sie hatten*

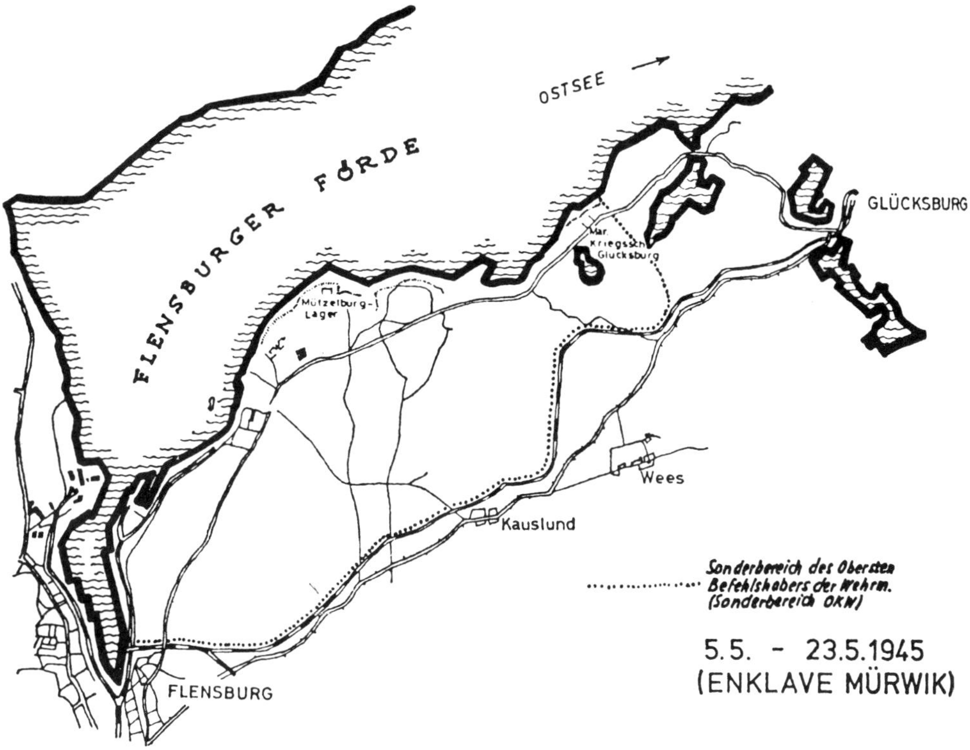

In der Enklave Mürwik hatte die Regierung Dönitz bis zum 23. Mai uneingeschränkt das Sagen. Das Refugium reichte fast bis Glückstadt. (Karte aus: Paul)

ihre Offiziere festgesetzt und Heimatkurs eingeschlagen. Noch nach dem 5. Mai verhängen deutsche Militärgerichte Todesstrafen gegen lettische Hilfswillige in Glücksburg. Diese werden erschossen[76]*.*

Auszug aus dem Kriegstagebuch des Kommandierenden Admirals Deutsche Bucht v. 7. 5. 1945.

12.00 Uhr geht Fernschreiben Seekriegsleitung 1059/45 Geheime Kommandosache ein, mit welchem der Text der Kapitulationsurkunde der gesamten deutschen Streitkräfte wie folgt bekanntgegeben wird:

1. Das Oberkommando der deutschen Wehrmacht erklärt sich einverstanden mit der Übergabe sämtl. deutscher Streitkräfte in Holland, in Nordwest-Deutschland einschließlich der Friesischen Inseln und Helgoland und allen anderen Inseln, in Schleswig-Holstein und in Dänemark an den Oberbefehlshaber der 21. H.-Gruppe. Diese schließt alle Schiffe in diesen Zonen ein. Diese Streitkräfte haben die Waffen zu strecken und sich bedingungslos zu ergeben.
2. Alle Kampfhandlungen auf dem Lande, zur See und in der Luft durch deutsche Streitkräfte in den vorgenannten Gebieten sind um 08.00 Uhr vormittags doppelte britische Sommerzeit am Sonnabend, den 5. 5. 1945 einzustellen.
3. Die betreffenden deutschen Befehlsstellen haben sofort und ohne Widerrede oder Kommentar alle weiteren Befehle auszuführen, welche durch die alliierten Mächte in jedweder Sache erteilt werden.

4. Ungehorsam in bezug auf Befehle oder Ermangelungen in deren Ausführungen werden als Bruch dieser Übergabebedingungen angesehen und werden von den alliierten Mächten laut den anerkannten Rechten und Kriegsgebräuchen behandelt.
5. Diese Übergabebedingungen sind unabhängig von, ohne Vorbehalt auf und werden überholt durch irgend welche allgemeinen Übergabebestimmungen, welche durch oder im Auftrage der alliierten Mächte gestellt werden in bezug auf Deutschland und die Deutschen Streitkräfte im ganzen.
6. Der Wortlaut dieser Kapitulationsurkunde ist in englischer und deutscher Sprache aufgestellt. Der englische Text ist der maßgebende.
7. Sollten sich irgendwelche Zweifel oder Dispute bezüglich der Auslegung oder Deutung der Übergabebedingungen ergeben, so ist die Entscheidung der alliierten Mächte die endgültige.

Hierzu hat OKW ergänzend befohlen:
Bei der Übergabe ist mit den örtlichen Befehlshabern der 21. engl. H.-Gruppe zu vereinbaren, daß die deutschen Offiziere und ein Teil der deutschen Truppen ihre leichten Waffen behalten, um die erforderlichen Maßnahmen zur Aufrechterhaltung der Manneszucht, Ruhe und Ordnung sicherzustellen. Feldmarschall Montgomery wurde gebeten, diese Zahl auf 10 % der besten Soldaten jeder Kampfgruppe, auf alle Offz. festzusetzen.

Am **6. Mai** *setzt Dönitz den Gauleiter Hinrich Lohse, den die Briten in einem Geheimdossier einen „kleinen Bourgeoise" nennen*[77]*, als Oberpräsidenten der Provinz Schleswig-Holstein ab. Ebenso enthebt er den „Reichsführer SS" Heinrich Himmler, der nach seinem Ausschluß durch Hitler aufgrund seiner Machtfülle weiterhin aktiv geblieben war und sich Dönitz angedient hatte, aller Ämter. Der Reichspräsident schickt Jodl zum Hauptquartier von General Eisenhower nach Reims, um Verhandlungen über eine deutsche Gesamtkapitulation einzuleiten. Eisenhower hat zuvor eine Teilkapitulation abgelehnt. Trotz all dieser Handlungen wird in Rendsburg an diesem Tag mit Oberst Carsten Christiansen noch ein neuer Kampfkommandant eingesetzt. Erst Stunden später trifft in Rendsburg die Nachricht vom Waffenstillstand auch in offizieller Form ein. In der Nähe von Lütjenhorn/Nordfriesland erschießt ein fanatischer Hilfspolizist einen russischen und zwei polnische Zwangsarbeiter sowie ein Ehepaar aus Achtrup, bei dem Waffen gefunden worden sind. Der Hilfspolizist muß dafür später neun Jahre Haftstrafe verbüßen. In Elmshorn wird NSDAP-Bürgermeister Siegfried Küster von 20 Männern des seit dem 4. Mai offen agierenden Antifaschistischen Gewerkschaftsausschusses abgesetzt und der Stadt verwiesen. Erst am 7. Mai kommen die ersten britischen Panzerverbände in die Stadt, empfangen von bewaffneten Deutschen mit roten Armbinden. Noch am 9. Mai müssen Elmshorner Antifaschisten einen SS-Trupp in Kiebitzreihe entwaffnen. Bis zum 10. Mai darf der Gewerkschaftsausschuß in Elmshorn frei schalten und walten. In der Nacht gibt Dönitz Jodl grünes Licht zur Unterzeichnung. OKW-Chef Keitel befiehlt den Truppen: „Es gilt, von allen Fronten gegen Ostgegner schnellstens die Truppen von Osten nach Westen zurückzuführen und notfalls durch die Sowjets sich durchzuschlagen. Jede Feindseligkeit gegen die Anglo-Amerikaner sofort einstellen"*[78]*. Die Royal Air Force besetzt den Flugplatz in Flensburg und entwaffnet bei dieser Gelegenheit die 3.000 Angehörigen der deutschen Luftwaffe*[79]*. Erste deutsche Truppen kehren aus Dänemark zurück*[80]*.*

Am **7. Mai** *besetzt eine polnische Panzerdivision Wilhelmshaven. Die Briten nehmen Cuxhaven in Besitz. In Schleswig-Holstein besetzt das 8. britische Corps am 7. und 8.*

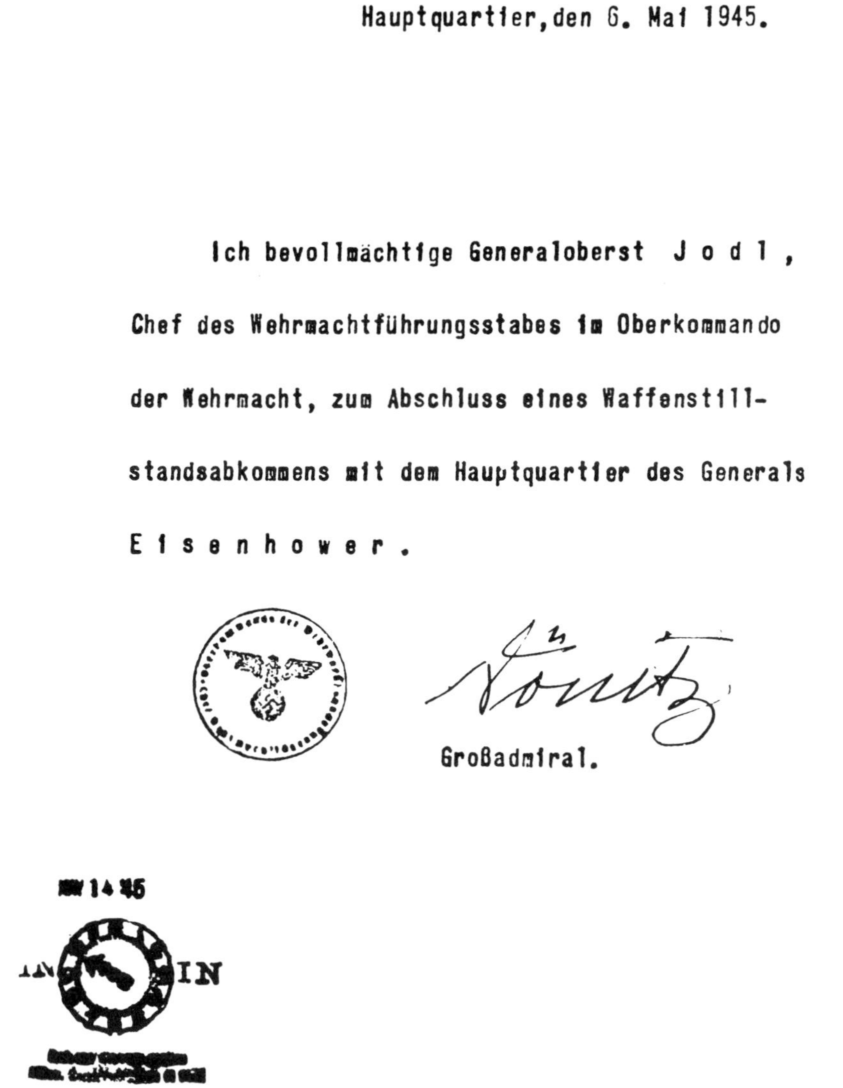
Hauptquartier, den 6. Mai 1945.

Ich bevollmächtige Generaloberst J o d l ,

Chef des Wehrmachtführungsstabes im Oberkommando der Wehrmacht, zum Abschluss eines Waffenstillstandsabkommens mit dem Hauptquartier des Generals E i s e n h o w e r .

Großadmiral.

Alfred Jodl sollte in Reims die Verhandlungen über eine deutsche Gesamtkapitulation einleiten.

Mai das restliche holsteinische Gebiet bis zum Nord-Ostsee-Kanal, an den im Westen das 12. Corps angelangt ist. Der Kanal wird nicht überschritten. Bei dem insgesamt großen Personalbedarf ist klar, daß eine sofortige Präsenz britischer Truppen und Zivilverwaltungsoffiziere zum Zeitpunkt des Kriegsendes nicht in ganz Schleswig-Holstein gewährleistet werden kann. Der „Kiel Canal" bietet sich als Begrenzungslinie auch aus einem anderen Grund an: Man will zur deutsch-dänischen Grenze Distanz wahren, bis die Dänen in eigener Souveränität eine Grenzkontrolle eingerichtet haben[81].

Ursprünglich – bereits 1943 in der Konferenz der „Großen Drei" in Teheran – haben die Alliierten auf Vorschlag von US-Präsident Roosevelt geplant, den Nord-Ostsee-Kanal internationaler Kontrolle zu unterstellen[82]. *1944 hat die britische Admiralität noch*

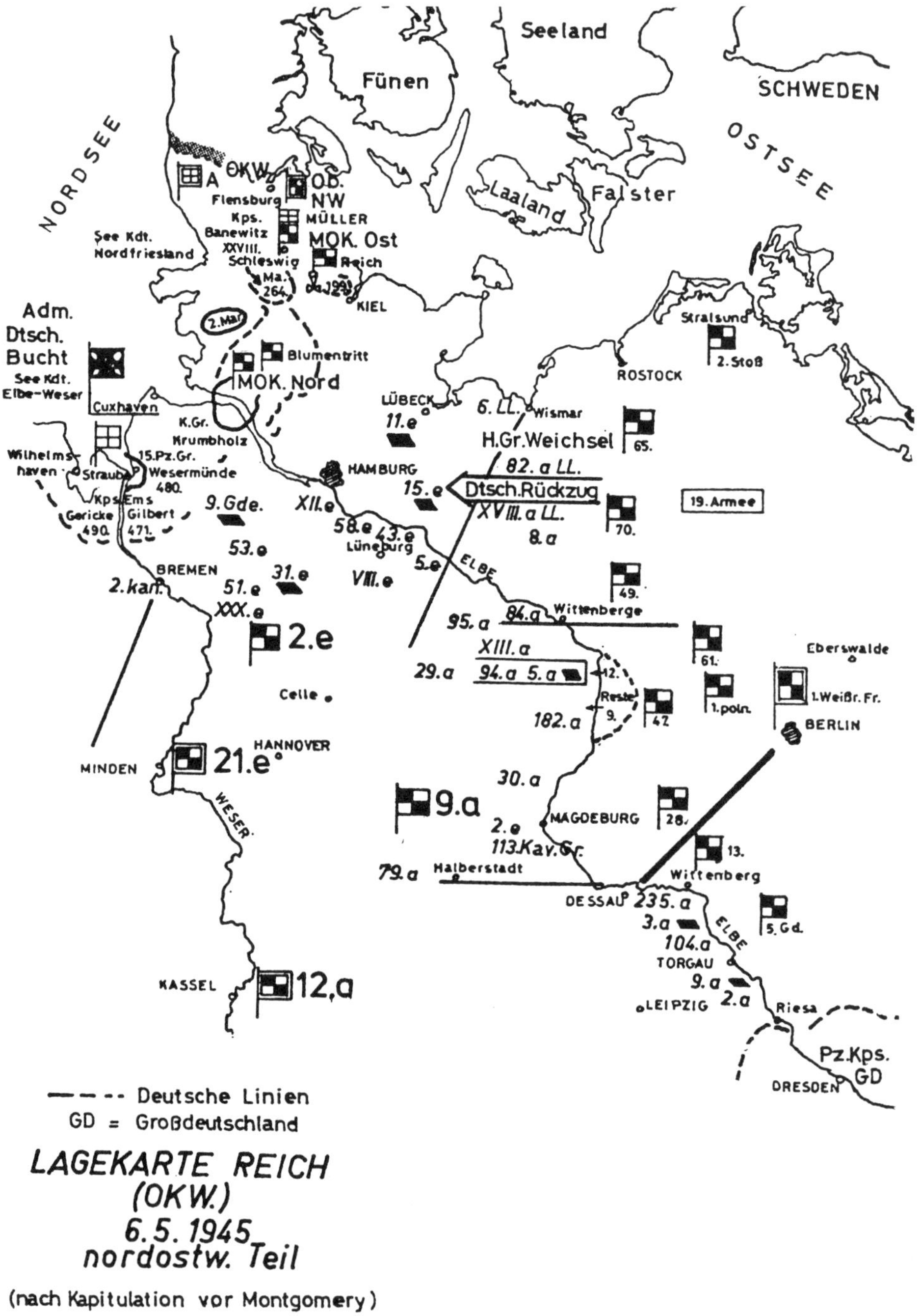

Die militärische Lage in Nordwestdeutschland am 6. Mai 1945. MOK = Marineoberkommando, a = amerikanische, e = englische. (Karte aus: Paul)

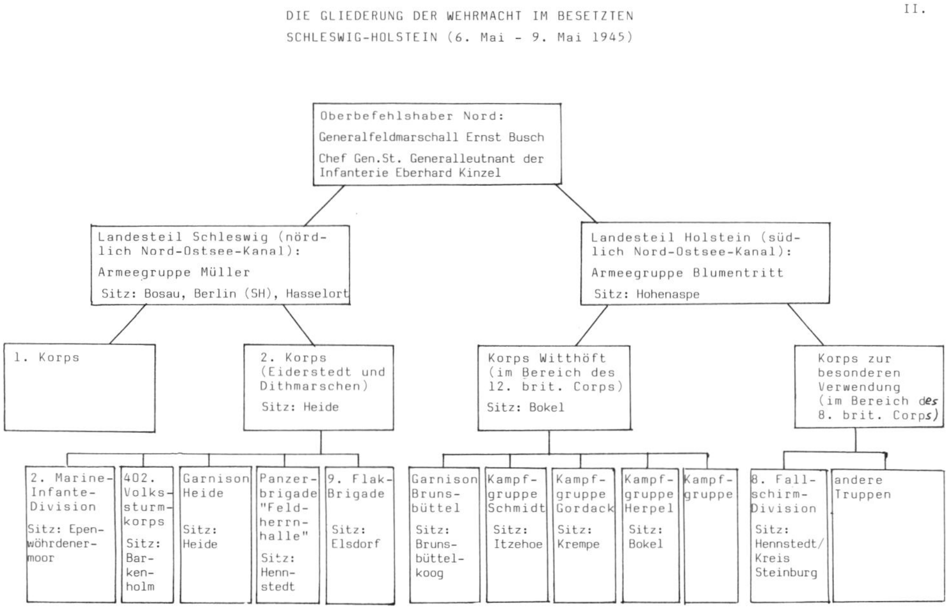

Die militärische Gliederung der Deutschen in Schleswig-Holstein zwischen dem 6. und 9. Mai 1945. (Grafik: Piening)

überlegt, den Kanal zuzuschütten, falls Rußland an der Kontrolle beteiligt werden muß. Doch dann setzt sich die Erkenntnis durch, daß die Befahrbarkeit des Kanals für die britische Besatzungsmacht von Vorteil wäre...[83]*. In der Potsdamer Konferenz wirft dann wider britisches Erwarten der neue US-Präsident Truman die Frage nach einer uneingeschränkten Schiffahrt auf dem Kanal auf. Sie wird an den Rat der Außenminister überwiesen*[84]*. Der politische Berater der britischen Militärregierung, William Strang, spricht sich noch im März 1946 für die Zerstörung des Kanals aus*[85]*. Im April 1946 fallen dann die Würfel: Der Kanal sei notwendig für den Erhalt der wirtschaftlichen Lebensfähigkeit der britischen Zone*[86]*.*

Entlang dem Kanal werden aber alle deutschen Bewegungen kontrolliert. „Schnell ging die Parole über die Dörfer, daß die Grünentaler Hochbrücke von den Engländern besetzt war, und weil keine Männer da waren, hatten wir Dorffrauen große Angst", erinnert sich Anita Gehre aus Sarzbüttel. In Leck wird ein junger Leutnant exekutiert, weil er sich unerlaubt von der Truppe entfernt hat. Die 12. deutsche Armee unter General Wenck – einst Hitlers letzte Hoffnung im eingeschlossenen Berlin – begibt sich bei Travemünde in britische Gefangenschaft. Jodl unterzeichnet bei Eisenhower die deutsche Kapitulation zum 9. Mai.

> *Militärische Kapitulationsurkunde (7. Mai 1945)*
> *Auf Weisung des Oberkommandos der Deutschen Wehrmacht wurde am 7. Mai 1945 in Reims die Kapitulationsurkunde unterzeichnet:*
>
> 1. Der Unterzeichnende, handelnd im Namen des deutschen Oberkommandos, erklärt hiermit die bedingungslose Kapitulation aller Streitkräfte zu Lande, zu Wasser und in der Luft, welche sich zu diesem Augenblick unter deutscher Kontrolle befinden,

gegenüber dem Obersten Befehlshaber der alliierten Expeditionsstreitkräfte und gleichzeitig gegenüber dem Oberkommando der Sowjettruppen.

2. Das deutsche Oberkommando wird sofort an alle deutschen Kommandostellen der Land-, See- und Luftstreitkräfte und an alle unter deutscher Kontrolle stehenden Streitkräfte Befehle erteilen, Kampfhandlungen um 23 Uhr 1 mitteleuropäischer Zeit am 8. Mai einzustellen und in den zu dieser Zeit besetzten Stellungen zu verbleiben. Kein Schiff, kein Fahrzeug oder Luftschiff darf unbrauchbar gemacht, noch darf dem Schiff- oder Flugkörper, dem maschinellen Teil oder der Ausrüstung irgendeine Beschädigung zugefügt werden.
3. Das deutsche Oberkommando wird sich sofort mit den in Betracht kommenden Befehlshabern in Verbindung setzen und die Ausführung irgendwelcher weiteren Anordnungen sicherstellen, die von dem Obersten Befehlshaber der alliierter Expeditionsstreitkräfte und von dem Oberkommando der Sowjettruppen erlassen werden.
4. Die Urkunde militärischer Übergabe präjudiziert nicht ihre Ersetzung durch ein allgemeines Kapitulationsinstrument, das von und im Namen der Vereinigten Nationen Deutschland und den deutschen Streitkräften in ihrer Gesamtheit auferlegt wird.
5. Falls das deutsche Oberkommando oder irgendwelche unter seiner Kontrolle stehende Streitkräfte nicht entsprechend dieser Kapitulationsurkunde handeln, werden der Oberste Befehlshaber der alliierten Expeditionsstreitkräfte und das Oberkommando der Sowjettruppen die ihnen geeignet erscheinenden Strafmaßnahmen ergreifen oder in anderer Weise vorgehen.

Gezeichnet zu Reims um 2 Uhr 41 am 7. Tage des Mai 1945. Frankreich.

Im Namen des deutschen Oberkommandos
Jodl
In Gegenwart von:
Im Namen des Obersten Befehlshabers der alliierten Expeditionsstreitkräfte
W. B. Smith
Im Namen des Oberkommandos der Sowjettruppen
Sousloparov
. *F. Sevez*
Generalmajor der französischen Armee (Zeuge).

Quelle: Jahrbuch für internationales und ausländisches öffentliches Recht 1948, S. 185 f.

Im „Heider Anzeiger“ vom 7. Mai erscheinen Verhaltensmaßregeln: „Wenn die Besatzungstruppen kommen, womit in den nächsten Tagen auch in Norderdithmarschen gerechnet werden muß, so sind die Anordnungen, die von den Behörden zur Aufrechterhaltung von Sicherheit und Ordnung erlassen werden, auf das genaueste zu beachten... Darüber hinaus ist unbedingt Würde zu wahren. Das Einrücken einer feindlichen Besatzung ist auch in der Zeit einer Waffenruhe auf keinen Fall als eine Art Schauspiel zu betrachten. Wer nicht durch besondere Pflichten abgehalten wird, bleibt daher zu Hause und vermeidet jegliche, nach außen hin sichtbare Kundgebung seiner Empfindungen.“ Der Landrat erklärt zur obersten Richtschnur: „Volksgenossen, bewahrt unbedingt Ruhe“. Am 8. Mai wird das situationsgerechte Verhalten noch genauer vor Augen geführt: „Eine Selbstverständlichkeit ist, daß jedes Mitglied unserer Volksgemeinschaft

Flensburger Nachrichten

Wehrmachtausgabe

Druck und Verlag: Flensburger Nachrichten Grenzverlag GmbH. Flensburg, Nikolaistr. 7 – Ruf 2999

Nr. 108 81. Jahrg. | Dienstag, den 8. Mai 1945 | Unverkäuflich

Bedingungslose Kapitulation aller kämpfenden Truppen

Sterne im Dunkel der Zukunft: Einigkeit, Recht, Freiheit

Reichsminister Graf Schwerin v. Krosigk an das deutsche Volk

Reichsminister Graf Schwerin von Krosigk hielt am Montag, 7. Mai, folgende Ansprache an das deutsche Volk:

Deutsche Männer und Frauen!

Das Oberkommando der Wehrmacht hat heute auf Geheiß des Großadmirals Dönitz die bedingungslose Kapitulation aller kämpfenden Truppen erklärt. Als leitender Minister der Reichsregierung, die der Großadmiral zur Abwicklung der Kriegsaufgaben bestellt hat, wende ich mich in diesem tragischen Augenblick unserer Geschichte an das deutsche Volk.

Nach einem fast sechsjährigen heldenmütigen Kampf von unvergleichlicher Härte ist die Kraft Deutschlands der überwältigenden Macht unserer Gegner erlegen. Die Fortsetzung des Krieges hätte nur sinnloses Blutvergießen und unnütze Zerstörung bedeutet. Eine Regierung, die Verantwortungsgefühl vor der Zukunft unseres Volkes besitzt, mußte aus dem Zusammenbruch aller physischen und materiellen Kräfte die Folgerung ziehen und den Gegner um Einstellung der Feindseligkeiten ersuchen.

Es war das vornehmste Ziel des Großadmirals und der ihn unterstützenden Regierung, nach den furchtbaren Opfern, die der Krieg gefordert hat, in seiner letzten Phase das Leben möglichst vieler deutscher Menschen zu erhalten. Daß der Krieg nicht sofort und nicht gleichzeitig im Westen und im Osten beendet wurde, erklärt sich allein aus diesem Ziel. Wir verneigen uns in dieser schwersten Stunde des deutschen Volkes und seines Reiches in Ehrfurcht vor den Toten dieses Krieges, deren Opfer unsere höchste Verpflichtung ist. Unsere Anteilnahme und Sorge gilt vor allem den Versehrten, den Hinterbliebenen und allen, denen dieser Kampf Wunden geschlagen hat. Niemand darf sich über die Schwere der Bedingungen hinwegtäuschen, die unsere Gegner dem deutschen Volk auferlegen werden. Es gilt, ihnen ohne jede Phrase klar und nüchtern entgegenzusehen. Niemand kann in Zweifel darüber sein, daß die kommende Zeit für jeden von uns hart sein und auf allen Lebensgebieten Opfer von uns fordern wird. Wir müssen sie auf uns nehmen und loyal zu den Verpflichtungen stehen, die wir übernommen haben. Wir dürfen aber auch nicht verzweifeln und uns einer stummen Resignation hingeben. Wir müssen uns den Weg durch das Dunkel der Zukunft durch drei Sterne erleuchten und führen lassen, die stets das Unterpfand echten deutschen Wesens waren: Einigkeit und Recht und Freiheit.

Aus dem Zusammenbruch der Vergangenheit wollen wir uns eines bewahren und retten: die Einigkeit, den Gedanken der Volksgemeinschaft, die in den Jahren des Krieges in der Frontkameradschaft draußen, in der gegenseitigen Hilfsbereitschaft in allen Nöten daheim ihren schönsten Ausdruck gefunden hat. Wir werden diese Kameradschaft und Hilfsbereitschaft in den kommenden Nöten des Hungers und der Armut ebenso brauchen wie in den Zeiten der Schlachten und der Bombenangriffe. Nur wenn wir uns diese Einigkeit erhalten und nicht wieder in streitende Klassen und Gruppen auseinanderfallen, können wir die künftige harte Zeit überstehen. Wir müssen das Recht zur Grundlage unseres Volkslebens machen. In unserem Volk soll Gerechtigkeit das oberste Gesetz und die höchste Richtschnur sein. Wir müssen das Recht auch als die Grundlage der Beziehungen zwischen den Völkern aus innerer Überzeugung anerkennen und achten. Die Achtung vor geschlossenen Verträgen soll uns ebenso heilig sein wie das Gefühl der Zusammengehörigkeit unseres Volkes zur europäischen Völkerfamilie, als deren Glied wir alle menschlichen, moralischen und materiellen Kräfte aufbieten wollen, um die furchtbaren Wunden zu heilen, die der Krieg geschlagen hat. Dann können wir hoffen, daß die Atmosphäre des Hasses, die heute Deutschland in der Welt umgibt, einem Geist der Versöhnung in den Völkern weicht, ohne den eine Gesundung der Welt nicht möglich ist, und daß uns die Freiheit wieder winkt, ohne die kein Volk ein erträgliches und würdiges Dasein führen kann.

Wir wollen die Zukunft unseres Volkes in der Besinnung auf die innersten und besten Kräfte des deutschen Wesens sehen, die der Welt unvergängliche Werke und Werte gegeben haben. Wir werden mit dem Stolz auf den Heldenkampf unseres Volkes den Willen verbinden, als Glied der christlich-abendländischen Kultur in redlicher Friedensarbeit einen Beitrag zu liefern, der den besten Traditionen unseres Volkes entspricht. Möge Gott uns im Unglück nicht verlassen und unser schweres Werk segnen!

Mit pathetischen Worten informiert Leitender Reichsminister von Krosigk die Soldaten über die Kapitulation und die Situation des deutschen Volkes.

Generalfeldmarschall Wilhelm Keitel (1882–1946) unterzeichnet im sowjetischen Hauptquartier in Berlin-Karlshorst am 9. Mai 1945 um 0.16 Uhr die (auf den 8. Mai datierte) Kapitulationsurkunde. Fünf Jahre zuvor hatte er die französische Kapitulation unterzeichnen dürfen . . . Am 13. Mai 1945 wurde der Chef des Oberkommandos der Wehrmacht von den Briten verhaftet.

Haltung und Würde bewahrt. Ein Stillesein, ein würdevolles Zurückhalten, ein stilles Zuhausebleiben und Vermeidung von Ansammlung – das ist eine Sprache, die auch der Gegner versteht"[87].

Dienstag, der **8. Mai 1945**, *ist der letzte Kriegstag in Europa*[88]. *Die Russen erobern an diesem Tag Dresden. In Deutschlands Städten liegen soviel Trümmer, daß man damit das Montblanc-Massiv auftürmen könnte. Nur der böhmisch-mährische Raum und Norwegen sind noch in deutscher Hand*[89]. *In den ebenfalls noch von deutschen Truppen besetzten Räumen Westholland, nördliches Schleswig-Holstein (Landesteil Schleswig) und Dänemark gilt ja bereits seit dem 5. Mai Waffenstille. Im südlichen Schleswig-Holstein und dem übrigen Nordwestdeutschland sorgt die 2. britische Armee für Ruhe. Generalfeldmarschall Keitel wird mit von Friedeburg und Luftflotten-Generaloberst Hans-Jürgen Stumpff nach Berlin-Karlshorst berufen, um dort auch vor dem sowjetischen Oberkommando die Kapitulation zu unterzeichnen.*

In Artikel 2 der Kapitulationsurkunde heißt es an die Soldaten, „jegliche Kampfhandlungen einzustellen, in den Stellungen zu bleiben, die sie im Moment innehaben und sich vollständig zu entwaffnen, indem sie ihre Waffen und Ausrüstung den örtlichen alliierten Befehlshabern oder den von den Vertretern der obersten alliierten Militärführungen bestimmten Offizieren übergeben." Im Artikel 3 wird ausgeführt: „Das Oberkommando der Deutschen Wehrmacht wird unverzüglich den ständigen Befehlshabern alle von dem Obersten Befehlshaber der Alliierten Expeditionsstreitkräfte und dem Oberkommando der Roten Armee erlassenen zusätzlichen Befehle weitergeben und deren Durchführung sicherstellen." Dafür braucht man noch die Wehrmacht-Spitze. Die deutschen Kommandostellen werden zu Befehlsempfängern der Briten, Befehlen ist „sofort und ohne Widerrede oder Kommentar" zu folgen. Die Befehle deutscher Offiziere zur Durchführung britischer Anordnungen sind rechtskräftig[90]. *Zur Gesamtkapitulation befiehlt das OKW ergänzend: „Bei der Übergabe ist mit den örtlichen Befehlshabern der 21. englischen Heeresgruppe zu vereinbaren, daß die deutschen Offiziere und ein Teil der deutschen Truppen ihre leichten Waffen behalten, um die erforderlichen Maßnahmen zur Aufrechterhaltung der Manneszucht, Ruhe und Ordnung sicherzustellen". In der Tat darf mancher Offizier seine Pistole weiter tragen[91]. Die Landräte fügen diesem Befehl noch unterschiedliche Anordnungen hinzu, der Eiderstedter Landrat etwa: „Stehlen und Plündern ist strengstens verboten und wird standrechtlich verfolgt". Der Husumer Landrat fordert „unbedingten Gehorsam gegenüber den Anordnungen der Obrigkeit".*

Die Briten erlauben das Durchschleusen von Flüchtlingstransporten über den Nord-Ostsee-Kanal nur noch bei Brunsbüttelkoog. Die Elbfähre Glückstadt – Wischhafen darf für dringenden militärischen Verkehr wieder in Betrieb genommen werden[92]. *Britische Marineinfanteristen in einer Stärke von 24 Mann übernehmen die Kontrolle über die Kanalschleusen in Holtenau und Brunsbüttel[93]. Rendsburg wird besetzt.*

Das OKW befiehlt die Wiedereinführung des militärischen Grußes (Anlegen der Hand an die Kopfbedeckung). Die Begründung lautet: „Die Engländer haben an verschiedenen Stellen den deutschen Gruß verboten und den früheren militärischen Gruß für die deutsche Wehrmacht angeordnet. Die Disziplin der Truppe erfordert eine einheitliche Regelung"[94]. *Zum Grüßen ist noch zu sagen, daß in der Wehrmacht der Deutsche Gruß mit erhobenem Arm in der NS-Zeit vorgeschrieben war, wenn keine Kopfbedeckung getragen wurde. Drei Tage nach dem Attentat auf Hitler vom 20. Juli 1944 machte Reichsmarschall Göring ihn der Wehrmacht zur ausnahmslosen Pflicht „als ein Zeichen unverbrüchlicher Treue zum Führer und engster Verbundenheit zwischen Wehrmacht und Partei".*

Ab **9. Mai**, *0.01 Uhr (23.01 Uhr mitteleuropäischer Zeit), ist Waffenruhe. Der letzte Wehrmachtbericht beginnt an diesem Tag mit den Worten: „Seit Mitternacht schweigen nun an allen Fronten die Waffen." Field-Marshal Montgomery verbietet deutsche Schiffsbewegungen auf dem Nord-Ostsee-Kanal. Unkontrollierte Bevölkerungsbewegungen, vor allem der früheren Zwangsarbeiter (DPs), sollen unterbunden und der Kanal für militärische Zwecke freigehalten werden[95]. So müssen viele Flüchtlinge auf den Schiffen in den völlig überfüllten Ostseehäfen bleiben[96]. Allerdings ist der Kraftwagen- und Eisenbahnverkehr in Schleswig-Holstein fast vollständig zum Erliegen gekommen. Colonel Phillipps Horny vom 8. Corps schreibt an diesem Tag „An die Herren Bürgermeister im Kreis Eiderstedt" folgendes: „Alle deutschen offiziellen Stellen sind nachdrücklich darüber zu unterrichten, daß sämtliche Geheimhaltungseide, die der früheren deutschen Regierung geleistet worden sind, nach den Bestimmungen der bedingungslosen Unterwerfung null und nichtig sind. Weiterhin, daß gemäß den Bestimmungen die deutsche Regierung aufgefordert wird zu befehlen, daß jede geheime und andere Kennt-*

Adolf Hitler im Kampf um Berlin gefallen

Der Führer ernannte Großadmiral Dönitz zu seinem Nachfolger

Britische Besatzungstruppen in Hamburg

Zuvor als offene Stadt erklärt

U-Boote stellen Kampfhandlungen ein

Tagesbefehl des Großadmirals Dönitz an seine U-Boot-Männer — „Ungebrochen und makellos legt Ihr nach einem Heldenkampf ohnegleichen die Waffen nieder"

Der Kampf gegen die Sowjets geht weiter

„Bedingungsloser Gehorsam, eiserne Disziplin"!

Dönitz an die gegen die Sowjets kämpfenden Truppen

„Ihr habt gekämpft wie die Löwen"

Keine Werwolf-Aktionen im besetzten Gebiet!

Der Großadmiral Dönitz richtete einen Erlaß an die Bevölkerung der besetzten Gebiete, wonach alle Aktionen des Werwolfs oder sonstige illegalen Kampfhandlungen zu unterlassen sind, da sie nur zur Schädigung unseres Volkes führen.

Im Kampf gegen den feindlichen Nachschub versenkte die Kriegsmarine im April 29 Schiffe mit zusammen 159 000 BRT., 4 Zerstörer, 1 U-Boot, 6 Sicherungsfahrzeuge und 5 Schnellboote. 1 Flugzeugträger, 2 Zerstörer und 7 Schnellboote wurden schwer beschädigt.

Generalfeldmarschall Busch gestorben

London, 14. September. Generalfeldmarschall Ernst Busch ist, wie jetzt amtlich bekanntgegeben wird, am 17. Juli im Alter von 60 Jahren in einem Kriegsgefangenen-Lazarett in England gestorben. Er wurde unter vollen militärischen Ehrenbezeugungen auf dem Militärfriedhof in Aldershot beigesetzt. Der Beisetzung wohnten Generalfeldmarschall von Rundstedt und eine Anzahl weiterer hoher Offiziere bei, die sich in englischer Gefangenschaft befinden.

Bedingungslose Kapitulation

Großadmiral Dönitz über das deutsche Schicksal

Wir haben alle einen schweren Weg vor uns

Begründung der Kapitulation — Keine Einheit mehr von Staat und Partei — Wirksamkeit der NSDAP. beendet — Anspornung aller Arbeit und Leistungskraft

Das Ende der nationalsozialistischen Gewaltherrschaft.

Aufgehobene Verordnung

Die Verordnung über Handhabung des Feiertagsrechtes vom 27. Oktober 1941 ist aufgehoben worden.

Wiedereinführung des früheren militärischen Grußes

Das Oberkommando der Wehrmacht gibt ferner bekannt:

Die Engländer haben an verschiedenen Stellen den deutschen Gruß verboten und den früheren militärischen Gruß für die deutsche Wehrmacht angeordnet. Die Disziplin der Truppe erfordert eine einheitliche Regelung. Daher wird für die deutsche Wehrmacht die sofortige Anwendung des militärischen Grußes befohlen.

Es wird gegrüßt:

a) mit Kopfbedeckung: durch Anlegung der rechten Hand an die Kopfbedeckung;
b) ohne Kopfbedeckung: durch Stillstehen oder Annehmen gerader Haltung;
c) Bei Meldungen der Truppe: mit „Heil Grenadiere, Pioniere usw.“;
b) Wehrmachthelferinnen: durch Neigen des Kopfes.

Das war Buchenwald

„Noch nie ist die Menschheit tiefer gesunken!“

Montgomerys persönliche Botschaft an die deutsche Bevölkerung

Politische Parteien dürfen neu erstehen

Zeitungsschlagzeilen zwischen dem 2. Mai und 15. September 1945. Entnommen „Heider Anzeiger“, „Eiderstedter Nachrichten“, „Flensburger Nachrichten“, „Husumer Nachrichten“ und „Kieler Kurier“.

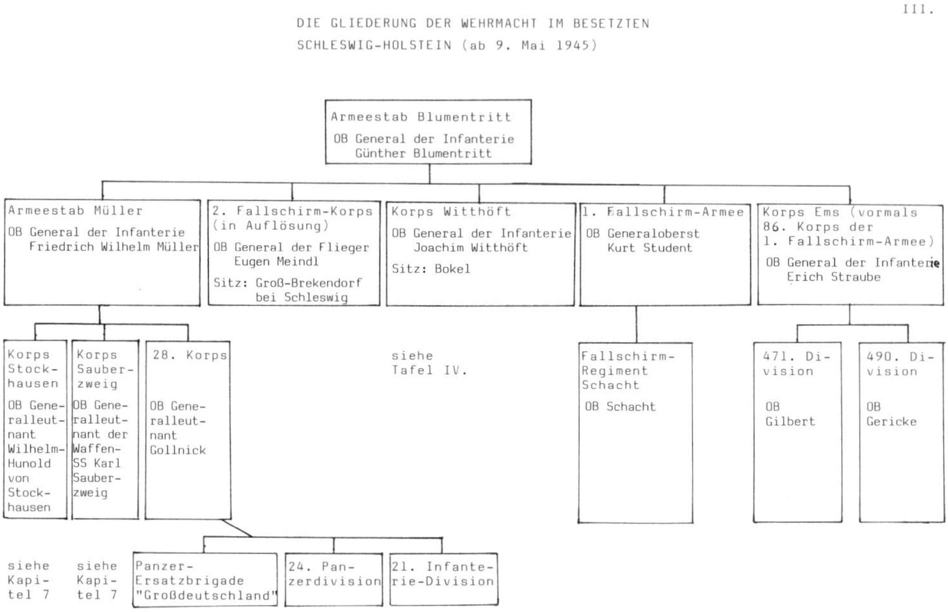

Die Gliederung der Wehrmacht in Schleswig-Holstein ab dem 9. Mai 1945. (Grafik: Piening)

nis von Verfahren, Hinrichtungen, die sich in den Händen von Einzelpersonen, Firmen und Anstalten befinden, vollständig und rückhaltlos den Alliierten Besatzungskräften zugänglich zu machen sind."

Vor Offizieren in Flensburg sagt Großadmiral Dönitz in einer Rede wörtlich: „Wir haben die eifrigsten Wächter zu sein über das Schönste und Beste, was uns der Nationalsozialismus gegeben hat, die Geschlossenheit unserer Volksgemeinschaft... Mögen wir auch manche Form des Nationalsozialismus selbst abschaffen oder mögen andere Formen vom Gegner abgeschafft werden, so ist doch der beste Inhalt des Nationalsozialismus, die Gemeinschaft unseres Volkes, unter allen Umständen zu wahren"[97]. *Ähnlich äußert er sich noch am 15. Mai lobend über „die durch den Nationalsozialismus geschaffene wahre Volksgemeinschaft" und gibt dem Offizierskorps den Satz mit auf den Weg: „Der Wahnsinn der Parteien wie vor 1933 darf nicht wieder Platz greifen"*[98]. *Dönitz gebraucht noch ganz die Begriffe einer Ideologie, in deren Bann er lange gestanden hat*[99].

Die 2. britische Armee hat seit dem 5. Mai bis auf einige gezielte Aktionen nicht den Nord-Ostsee-Kanal überschritten. Am **10. Mai** *erhält die 11. britische Panzerdivision den Befehl, auch das nördliche Schleswig-Holstein zu besetzen. Der Süden Nordfrieslands wird von der 7. Panzerdivision besetzt. Die 159. Brigade besetzt Flensburg, hält sich aber vom Sitz der Regierung Dönitz in Mürwik fern. Auf englische Weisung müssen die Deutschen lediglich die Reichskriegsflagge vor ihrem Kommandogebäude in Mürwik einholen. Die am 12. Mai festgelegte „Bannmeile" um das „Regierungsviertel"*[100] *beschränkt sich aber keinesfalls auf das Gebiet der Marineschule. Vielmehr umfaßt die Enklave unter deutscher Hoheit das gesamte Areal nördlich der Bahnlinie von Flensburg nach Glücksburg, mit Mürwik und Twedterholz. Im Norden reicht die Enklave Mürwik bis zur Flensburger Förde. Insgesamt können sich die Deutschen so auf einem Land-*

Vor dem deutschen Hauptquartier der letzten „Reichshauptstadt“ Flensburg in der Marine-Sportschule Mürwik standen noch bis zum 23. Mai 1945 nur deutsche Wachsoldaten.
(Foto: Stadtarchiv Flensburg)

streifen von etwa sieben Kilometer Länge und zwei Kilometer Breite ungehindert bewegen – der letzte unbesetzte Winkel des Reiches. Von den derzeit 350.000 Bewohnern Flensburgs sind 170.000 Wehrmachtsoldaten, so daß die „Reichshauptstadt“ den Eindruck einer starken deutschen Garnison vermittelt. – Drei Marinesoldaten werden von einem deutschen Erschießungskommando an Bord der „Buèa“ in der Geltinger Bucht wegen Fahnenflucht hingerichtet. Die Marinejustiz kennt keine Gnade, war doch nach damaliger Auffassung schon der Erste Weltkrieg durch eine Matrosenrevolution verloren gegangen. Die für die Todesurteile Verantwortlichen werden 1953 endgültig freigesprochen.

Die Rechtmäßigkeit der Regierung Dönitz wird hinter den Kulissen eingehend von den Briten untersucht, die Funksprüche aus der Reichskanzlei einer Analyse unterzogen[101]. Die Briten sprechen schlicht von der „Verwaltung Dönitz“. Churchills gewohnt plakative Begründung für ihr Fortbestehen: *„Wollen Sie einen Stock haben, mit dem Sie dieses besiegte Volk lenken können, oder wollen Sie Ihre Hände in einen aufgeschreckten Ameisenhaufen stecken?“*[102]. *Dönitz Kabinett behält eine minimale Funktionsfähigkeit, hat aber keine grundlegenden Entscheidungen mehr zu fällen. Dönitz seinerseits begründet das Ausharren seiner machtlosen Regierung damit, daß den Alliierten nicht durch das Fehlen eines deutschen Souveräns die Verantwortung für die Aufteilung Deutschlands abgenommen werden soll*[103]. *Geschickt nutzt die Regierung Dönitz erste Unstimmigkeiten zwischen Westalliierten und Sowjets, um die Unentbehrlichkeit einer deutschen Obrigkeit zu untermauern. Mit höchstem Interesse registriert die deutsche Re-*

Im übrigen Flensburg zeigten die Briten eine starke Präsenz, hier Field-Marshal Montgomery mit Vertretern der Alliierten Kontrollkommission beim Truppenbesuch. (Foto: Stadtarchiv Flensburg)

Deutsche Grenzer beobachten die britischen Truppen, die nach Kopenhagen fahren, an der deutsch-dänischen Grenze bei Flensburg. Im Hintergrund winkende dänische Grenzsoldaten. (Foto: Stadtarchiv Flensburg)

Als diese Flüchtlinge in Ostdeutschland an Bord gingen, gab es das Dritte Reich noch. Als sie in Flensburg wieder Land betraten, gehörte es der Vergangenheit an, ein britischer Posten empfängt sie. (Foto: Stadtarchiv Flensburg)

gierung den allmählichen Zerfall der Anti-Hitler-Koalition, um daraus Nutzen für die deutsche Position zu ziehen. Tatsächlich bröckelt das einzig durch den gemeinsamen Waffengang gegen NS-Deutschland zusammengehaltene Bündnis zwischen den westlichen Demokratien und der östlichen Diktatur zusehends. Am gleichen Tag leitet das OKW gemäß den Direktiven des Alliierten Oberbefehlshabers, General Eisenhower, die Durchführung der Kapitulationsbestimmungen ein. Als Oberbefehlshaber für den „Nordraum" wird im Einverständnis mit der Besatzungsmacht Generalfeldmarschall Busch eingesetzt. Montgomery hat schon im April 1945 geplant, die deutsche Heeresorganisation zu nutzen[104]*. Buschs Auftrag ist, „Ordnung und Disziplin sowie die Versorgung der Truppe und der Zivilbevölkerung auf allen Gebieten des öffentlichen Lebens sicherzustellen".*

Am **11. Mai** *nimmt die britisch-amerikanische „Alliierte Kontrollkommission beim OKW" den Kontakt zur Regierung Dönitz auf. Die Kontrollkommission soll die deutschen Aktivitäten überwachen. Leiter ist US-General Rooks. „Es gibt wenige Anzeichen einer alliierten Besetzung in der Stadt selbst. Bewaffnete deutsche Wachen sind vor dem Oberkommando der Wehrmacht postiert, und es gab sogar einen deutschen Wachmann am Eingang zu General Rooks Schiff dicht neben den alliierten Wachen", heißt es in einem britischen Bericht zur Lage in Flensburg*[105]*. „Der Verkehr wurde kontrolliert von Mitgliedern des Nationalsozialistischen Kraftfahr-Korps in feldgrauen Uniformen." Ein amerikanischer Journalist berichtet ähnliches von einer Fahrt durch Flensburg: „Der Krieg war schon mehr als zwei Wochen zuende, aber wir stellten fest, daß die Offiziere und Soldaten der deutschen Armee und Luftwaffe alle ihre Rangabzeichen trugen, ein-*

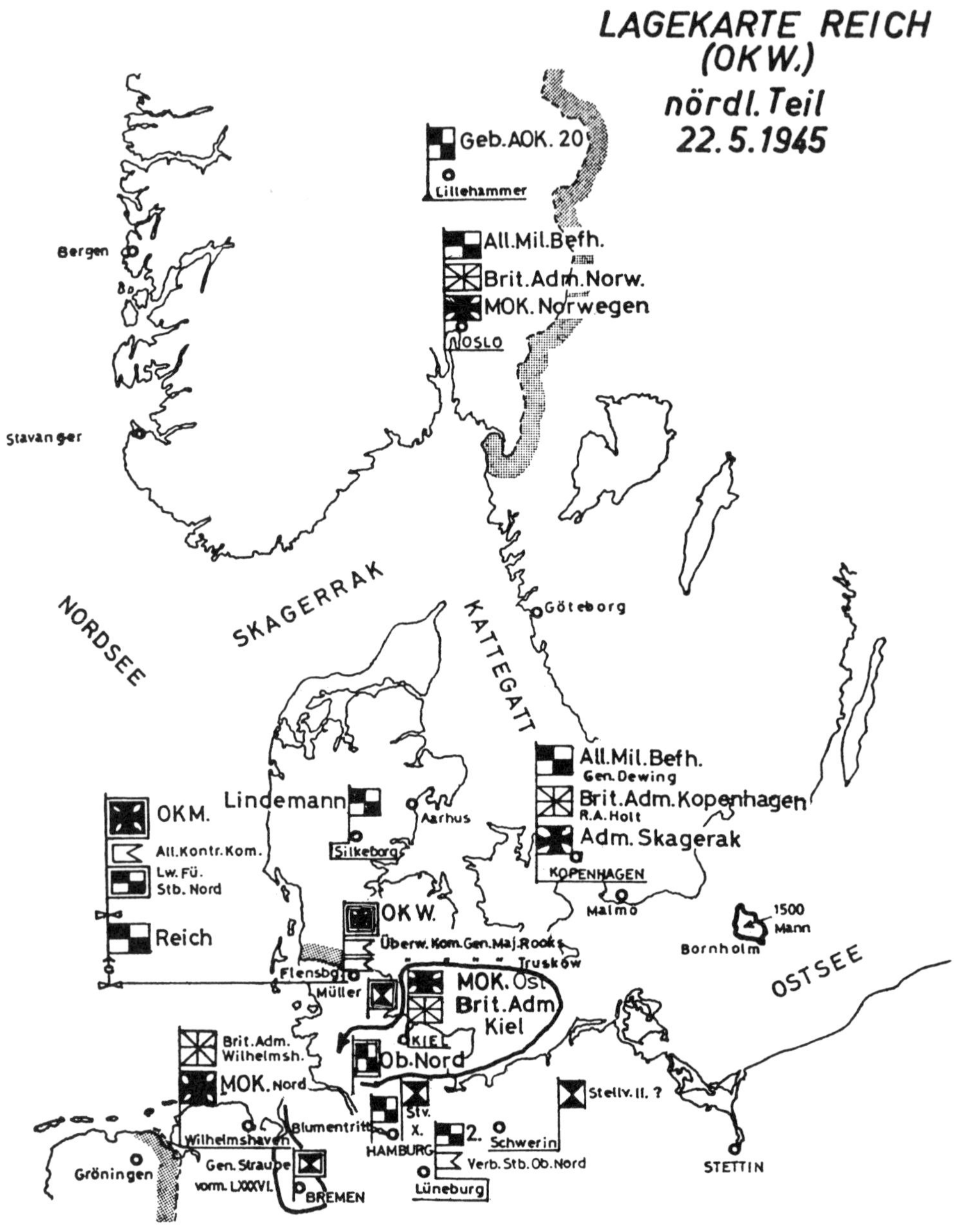

Die militärische Lage im Nordraum am 22. Mai 1945. Dreh- und Angelpunkt war Flensburg. Hier hatten das Oberkommando der Wehrmacht, das Oberkommando der Marine, der Luftwaffenführungsstab Nord, die Luftflotte „Das Reich“, die britisch-amerikanische Überwachungskommission, die sowjetische Überwachungskommission und die Alliierte Kontrollkommission ihren Sitz. (Karte aus: Paul)

Mit bangen Ahnungen verlassen Dönitz und sein Adjutant, Korvettenkapitän Walter Lüdde-Neurath, am 23. Mai 1945 das deutsche Hauptquartier in Mürwik. Ihre Verhaftung steht kurz bevor.
(Foto: Stadtarchiv Flensburg)

ander grüßten, Geländewagen fuhren und sich ganz allgemein so verhielten, daß ich das ungemütliches Gefühl hatte, der Krieg ginge weiter und ich sei irgendwo hinter die deutschen Linien geraten" [106].

Dönitz weist die Soldaten an, auf ihrem Platz zu bleiben. Ihre Entlassung aus der Wehrmacht hänge von den Alliierten ab[107]. *Helgoland wird durch britische Marineinfanteristen besetzt und der britischen Admiralität unterstellt, die verbliebenen Inselbewohner am folgenden Tag abtransportiert* [108]. *Am Abend erklärt Generalfeldmarschall Busch über den noch unter deutscher Regie auf Jürgensby stehenden Sender Flensburg, er habe „auf Befehl des Großadmirals im Einverständnis mit der britischen Besatzungsbehörde" den Befehl über alle militärischen und zivilen Dienststellen übernommen. So entsteht der Eindruck, die Deutschen hätten weiter den Oberbefehl. Scharf reagiert die Moskauer Nachrichtenagentur TASS, durch das britische Vorgehen würde der Keim eines neuen deutschen Militarismus gelegt. Die im Ausland falsch aufgefaßte Rede ist von den Briten nicht autorisiert worden. Daraufhin wird der Sender Flensburg am* **12. Mai** *unter britische Kontrolle gestellt* [109].

Die führenden Nationalsozialisten (von links) Alfred Jodl (1890–1946), Albert Speer (1905–1981) und Karl Dönitz werden nach ihrer Verhaftung am 23. Mai 1945 in den Hof des Flensburger Polizeipräsidiums geführt. (Foto: AKG Pressebild)

Am **13. Mai** *führt Dönitz in Flensburg ein erstes Gespräch mit dem Leiter der Alliierten Kontrollkommission zur Überwachung der deutschen Aktivitäten. Hauptprobleme seien die Ernährungslage, der ruhende Geldumlauf und das Niederliegen der Transportverbindungen. Bei den Besuchen von Dönitz bei Rooks werden die international üblichen Ehrenbezeugungen eingehalten: Seite pfeifen, Präsentieren und Empfang durch einen Offizier. Keitel wird abgesetzt und verhaftet. Sein Nachfolger als OKW-Chef ist Generaloberst Jodl, der am 10. Mai noch von Dönitz das Eichenlaub erhalten hat. Der Wechsel geschieht auf Wunsch Eisenhowers.*

Am **14. Mai** *ernennt die Militärregierung Dr. Otto Hoevermann zum kommissarischen Oberpräsidenten der Provinz Schleswig-Holstein. Dönitz ordnet an, Hitlerbilder dort zu entfernen, wo dienstlicher Verkehr mit Angehörigen der Besatzungsmacht stattfindet.*

Am **15. Mai** *verbietet die Alliierte Kontrollkommission den Soldaten auf der Straße das Singen. Es wird jetzt nur noch gepfiffen*[110].

Die Regierung Dönitz wünscht am **16. Mai** *in neuen Richtlinien für das deutsche Offizierskorps die Fortdauer der „nationalsozialistischen Volksgemeinschaft"*[111]. *Reichsernährungsminister (seit 1944) Herbert Backe legt eine Denkschrift vor zur Ernährungslage, in der Maßnahmen für die Hebung der Produktion und den erforderlichen Zonenausgleich vorgeschlagen werden zur Vermeidung der absehbaren Ernährungskatastrophe. Backe soll seinen Bericht Eisenhower direkt unterbreiten, fliegt ab und wird im Hauptquartier der Amerikaner ohne Anhörung hinter Stacheldraht gesetzt*[112]. *– US-*

General Lucius Clay erklärt, die Lebensmittelversorgung für Deutschland werde „fürs erste sehr knapp gehalten sein".

Am **17. Mai** *trifft eine russische Kontrollkommission ein, die von der Regierung Dönitz die gleichen Auskünfte verlangt wie Briten und Amerikaner. Am gleichen Tag erwägen die Briten, zwei Dörfer im Kreis Husum für die Unterbringung von ehemaligen Fremdarbeitern (DPs) zu räumen*[113]*. Am 15. Mai müssen dann die Einwohner von Ahrenviöl und am 17. Mai auch die von Högel ihre Dörfer verlassen. Befreite Polen und Sowjetbürger aus dem Kreisgebiet werden hier zusammengefaßt, teilweise bis Anfang 1946. (Warum diese beiden Dörfer ausgesucht wurden, ist noch nicht erforscht. Ahrenviöl war vor 1933 eine Hochburg der NSDAP gewesen. Högel jedoch das genaue Gegenteil).*

Im Lazarett der Marineschule in Flensburg-Mürwik wird am **18. Mai** *der frühere Reichsminister für die besetzten Ostgebiete, Alfred Rosenberg, von den Briten aufgespürt.*

Das endgültige Ende des Dritten Reiches wird am **23. Mai 1945** *besiegelt. Nachdem die deutschen Soldaten entwaffnet, die Internierungsräume mit Hilfe deutscher Stäbe aufgefüllt und Ruhe und Ordnung stabil sind, werden die deutschen Hauptquartiere nicht mehr gebraucht. Mit der Verhaftung der Geschäftsführenden Regierung Dönitz in Mürwik auf Anweisung von Eisenhower (Operation Blackout) und unter starkem sowjetischen Druck*[114] *beenden die Alliierten die deutsche Zentralgewalt. Insgesamt 300 Kabinettsmitglieder, Stabsoffiziere und Verwaltungsbeamte werden durch die britische Militärpolizei in Flensburg verhaftet. Das Oberkommando der Wehrmacht wird aufgelöst. Von Friedeburg nimmt Gift. Das amerikanische Magazin „Time" schreibt: „Das Deutsche Reich starb an dem sonnigen Morgen des 23. Mai 1945 in der Nähe des Ostseehafens Flensburg"*[115]*. Niemals zuvor in der Neuzeit ist ein Land so vollständig besiegt worden, daß es nicht einmal mehr eine eigene Regierung hat.*

3 Das besetzte Schleswig-Holstein (Juni 1945 – April 1946)

Die britische Besatzungsmacht besteht aus der Militärregierung und den Truppenteilen[116]. Alle Angehörigen der Besatzungsmacht tragen militärische Uniformen[117]. *Das 12. Corps der 2. britischen Armee weilt nicht lange in Schleswig-Holstein und übergibt am* **1. Juni** *Hamburg und die Kreise Pinneberg, Süder- und Norderdithmarschen, Eiderstedt sowie Teile der Kreise Steinburg, Rendsburg und Segeberg an das 8. Corps*[118].

Im Sommer 1945 sind es vor allem die 11. Armoured Division (Panzerdivision) unter Major-General G.P.B. Roberts mit Sitz in Louisenlund und die 15. (schottische) Division unter Major-General C.M. Barber in Ahrensburg, die Schleswig-Holstein besetzt halten. Die Provinzhauptstadt ist von der Kiel Brigade besetzt[119]. *Die „Tommys" leben abgeschieden vom trostlosen Leben der Kieler Zivilbevölkerung in „Engländervierteln", die für die Deuschen „off-limits" blieben*[120].

Die Geschäfte der Militärregierung in Schleswig-Holstein besorgt Colonel Gail Patrick Henderson[121] *von Kiel aus. Er ist dem Oberkommandierenden des 8. britischen Corps verantwortlich, Lieutenant-General Sir Evely Barker. Dieser höchste Repräsen-*

Die Provinzhauptstadt Kiel war zu einem großen Teil zerstört. Im Bild das gekenterte Kriegsschiff „Admiral Scheer". (Foto: Landesarchiv Schleswig-Holstein)

Die Fünf-Seen-Kaserne in Plön – kurzfristig Schaltstelle von Dönitz – war im Sommer 1945 Veranstaltungsort für ein Sporttreffen der 15. englischen Brigade. Im Schloß zu Plön residierte ab Juli 1945 der Befehlshaber des 8. britischen Corps und höchste Repräsentant der Militärregierung zwischen Nord- und Ostsee. (Foto: Landesarchiv Schleswig-Holstein)

tant der Militärregierung verlegt seinen Sitz am 9. Mai von Stockelsdorf nach Molfsee und im Juli 1945 von Molfsee ins Plöner Schloß.

Am **5. Juni** *erklären die vier Alliierten offiziell die Übernahme der obersten Regierungsgewalt in Deutschland und bilden gemeinsam einen Kontrollrat in Berlin. Die einzelnen Militärregierungen haben die Kontrollratsbeschlüsse durchzuführen, können aber regionale Fragen in eigenem Ermessen oder nach den Weisungen ihrer jeweiligen Regierung entscheiden. Die alliierten Oberbefehlshaber übernehmen die oberste Regierungsgewalt in Deutschland, in der britischen Zone Montgomery.*

Wenig bekannt ist, daß auch Dänemark und Norwegen Besatzungstruppen in das besiegte Deutschland schicken. Am **8. Juni** *gibt die norwegische Regierung bekannt, daß das Land auf Bitten der britischen Regierung ein größeres Kontingent in die britische Besatzungszone entsenden werde* [122].

Auf Kreisebene werden bis Juli[123] *britische Kreis-Detachments unter einem Kreis-Resident-Officer (Colonel oder Major) eingerichtet. Der Kreis-Resident-Officer oder auch Kreis-Gouverneur von Eiderstedt, Hamilton, hat seinen Amtssitz in Husum* [124]. *Ihm stehen fünf Offiziere zur Seite, die die Arbeit der Fachabteilungen überwachen, sowie einige Soldaten* [125]. *In Dithmarschen gibt es eine Besonderheit in der Verwaltung durch die britische Militärregierung. Innerhalb der beiden Kreise Norderdithmarschen und Süderdithmarschen wird nur ein Kreis-Detachment eingerichtet: in Meldorf in der Villa Nordermarkt 3 (heute Haarstudio). Der Sitz des Kreis-Detachments für Norderdithmarschen liegt außerhalb des Kreisgebietes in Friedrichstadt* [126]*! Zusätzlich gibt es aber Mi-*

Die Engländer sicherten sich die schönsten Häuser für ihre Ortskommandanturen. Im damaligen Amt Meldorf-Marsch am Nordermarkt 3 in Meldorf (jetzt Frisiersalon) quartierte sich der britische Sicherheitsoffizier ein. Der englische Kreisgouverneur wohnte in der Hindenburgstraße. (Foto: Dithmarscher Landesmuseum)

litärverwaltungen in beiden Kreisstädten Meldorf und Heide, hier in der damaligen Kreisverwaltung am Markt, später im alten Rathaus. Das strategisch wichtige Brunsbüttel am Eingang des Nord-Ostsee-Kanals hat eine eigene Verwaltung.

Landräte und Bürgermeister werden abgesetzt und meistens durch Sozialdemokraten ersetzt. In Eiderstedt treten am 21. Mai vier neue Bürgermeister ihr Amt an, allesamt „angesehene Gemeindeglieder, die bereits vor 1933 für ihre Gemeinde arbeiteten und somit die Gewähr sachlicher Haltung und fachlicher Tüchtigung sowie allgemeiner Achtung bieten“[127]. *In den Gemeinden bekommt der leitende Verwaltungsbeamte den Titel „Gemeindedirektor“.*

Landräte und auch Bürgermeister haben sich regelmäßig in den Kreis-Detachments zur Befehlsausgabe zu melden. Neben jede deutsche Verwaltungsstelle ist eine britische gesetzt[128], *oder zumindest werden allen deutschen Dienststellen zur Kontrolle und Lenkung ihrer Tätigkeit britische Offiziere mit einem Fachstab zugewiesen*[129]. *Die Briten lassen zunächst auch die unteren Verwaltungen und die Dienststellen der deutschen Wehrmacht weiterarbeiten, denn die anstehenden Probleme sind groß. Von einer Kontinuität bei den deutschen Stellen erwarten die Briten die größte Effektivität bei der Bewältigung der Schwierigkeiten. Deshalb gilt ihnen das Fortsetzen der Arbeit deutscher Behörden als „primary essential“* [130]. *Dennoch erfolgen viele Verhaftungen: „Eine Denunzierung genügt, schon erscheint die Militärpolizei, und ab geht es ins Internierungslager“* [131].

Die Ortsbauernführer heißen ab Juni Ortsbauernvorsteher – ein Hin und Her bei den

„Wer soll denn für ihn aufkommen, wenn wir ihn nicht für sich selbst sorgen lassen?", fragten sich die Außenminister der vier Siegermächte in dieser Karikatur. Besonders Großbritannien plagten 1945 arge Finanzprobleme.

Bezeichnungen wie in der NS-Zeit, als Vorsitzende von Vereinen und Verbänden abwechselnd die Titel „Führer" und „Vorsitzender" zu tragen hatten.

Zum Zeitpunkt der Kapitulation hat sich die Ernährungslage der deutschen Bevölkerung, die seit Kriegsbeginn nur mit Lebensmittelkarten kaufen kann, drastisch verschlechtert[132]. *Die Versorgung der in Sperrgebieten internierten deutschen Soldaten ist in den ersten Wochen nach der Kapitulation Aufgabe des 8. und 12. britischen Corps.*

Am 5. Juni wird das schon seit Mai inoffiziell arbeitende Regional Food Office in Hamburg errichtet. Ihm sind alle Behörden, Ernährungsämter, Landwirtschaft, Fischerei und Forstwirtschaft in Schleswig-Holstein und Hamburg unterstellt[133]. *Leiter dieser regionalen deutschen Ernährungsverwaltung ist Diplomlandwirt Fritz Müller. Das Regional Food Office lenkt ab 8. Juni als regionale deutsche Ernährungsverwaltung die Verpflegung der gesamten Bevölkerung in Schleswig-Holstein und übernimmt auch die Versorgung der Sperrgebiete [134]. Das Referat I befaßt sich mit der „Freistellung von Lieferungen für die Wehrmacht" und Referat V mit der „Versorgung der Kriegsgefangenen mit Lebens- und Futtermitteln" und „Verbindung zur Wehrkreisverwaltung X" [135]. Die Versorgung der Kriegsgefangenen kostet in der ersten Zeit nach der Kapitulation monatlich 45 Millionen Reichsmark [136]. Denn bevor sich eine geregelte Versorgung dieser gewaltigen Menschenmassen eingespielt hat, stellt die britische Militärregierung Lebensmittel aus ihren Beständen zur Verfügung [137].*

Die Zivilbevölkerung erhält 1350 Kalorien[138]. *Das ist kaum mehr, als in einem normalen heutigen Mittagessen steckt (heute geht man davon aus, daß ein Mensch in völli-*

Ein seltener Einblick in ein Internierungslager (Neumünster-Gadeland). Gezeichnet und gemalt für Mitinsasse Detlef Hansen aus Hochwöhrden/Dithmarschen (zur Verfügung gestellt von Hansens Enkel Sönke Dwenger, Brunsbüttel).

ger Ruhe 1700 Kalorien am Tag braucht). „Mit weiteren Kürzungen muß in den nächsten Wochen gerechnet werden. Die Grenze des Existenzminimums ist erreicht", heißt es dazu denn auch 1945 aus Heide. Soldaten sind – wie aus Kriegszeiten gewohnt – weiterhin besser gestellt, obwohl sie kaum noch marschieren müssen und längst nicht alle zu Arbeiten herangezogen werden. Sie erhalten unter anderem 300 Gramm Brot, 13 Gramm Butter und 500 Gramm Kartoffeln am Tag, insgesamt 1750 Kalorien[139]*. Außerdem stehen ihnen zwei Zigaretten zu.*

Die verordnete Erweiterung der landwirtschaftlichen Anbauflächen trägt Früchte. Innerhalb des Sperrgebietes Dithmarschen / Eiderstedt wird der Kartoffelanbau von 2.524 Hektar vor dem Krieg auf 5.049 Hektar 1946 verdoppelt, in den drei Kreisen des Sperrgebietes Ostholstein von 4.812 Hektar auf 9.029 Hektar fast verdoppelt. Der Zuwachs ist größer als im schleswig-holsteinischen Durchschnitt[140].

Das Kleingartenwesen hat schon während des Krieges ein Drittel des gesamten Gemüseaufkommens erzeugt. Nach dem Zusammenbruch gewinnen die Schrebergärten noch größere Bedeutung. Bereits im Sommer 1945 erlaubt die Militärregierung, neue Gärten anzulegen[141]. *Im Sperrgebiet Dithmarschen / Eiderstedt hat es vor 1945 6.300 Kleingärten gegeben und Ende 1946 bereits 23.000, womit dieser Raum mit die meisten Kleingärten pro Einwohner in Schleswig-Holstein aufweist. In den Kreisen des Sperrgebietes Ostholstein wächst ihre Zahl vergleichsweise mäßig von 9.000 auf 21.000*[142].

Die britischen Truppen und die Bevölkerung
Persönliche Botschaft des britischen Oberbefehlshabers an die Bevölkerung des britischen Besatzungsgebietes in Deutschland.

Ihr habt Euch wahrscheinlich gewundert, warum unsere Soldaten Euch nicht beachten, wenn Ihr ihnen zuwinkt oder auf der Straße einen ‚guten Morgen' wünscht, und warum sie nicht mit Euren Kinder spielen. Unsere Soldaten handeln auf Befehl. Ihr habt diese Haltung der Truppe nicht gern. Unsere Soldaten auch nicht. Wir sind von Natur aus ein freundliches und gutmütiges Volk. Aber der Befehl war notwendig, und ich will Euch erklären, warum.

Im Weltkrieg von 1914, der von Euren Führern angefangen wurde, ist Eure Wehrmacht im Felde geschlagen worden. Eure Generale ergaben sich, und im Friedensvertrag von Versailles gaben Eure Führer zu, daß Deutschland am Kriege schuld war. Die Kapitulation erfolgte jedoch in Frankreich. Die Kriegshandlungen spielten sich nicht auf deutschem Boden ab. Eure Städte wurden nie verwüstet, wie die Städte Frankreichs und Belgiens. Eure Heere marschierten in guter Ordnung in die Heimat zurück. Da verbreiteten denn Eure Führer das Märchen, Eure Wehrmacht sei nie besiegt worden, und später leugneten sie die Kriegsschuldparagraphen des Versailler Friedensvertrages. Sie versicherten Euch, Deutschland sei weder schuldig noch besiegt, und weil Ihr den Krieg nie im eigenen Lande verspürt hattet, glaubten ihnen Viele. Als Eure Führer wieder den Krieg vom Zaune brachen, zolltet ihr ihnen Beifall.

Wiederum, nach Jahren der Verwüstung, des Gemetzels und des Jammers, sind Eure Heere geschlagen. Dieses Mal waren die Alliierten entschlossen, Euch eine endgültige Lehre zu erteilen; nicht nur, daß Ihr besiegt seid – das werdet Ihr schließlich erkannt haben – sondern daß Ihr, daß Euer Volk, wiederum am Ausbruch dieses Krieges schuldig seid. Wenn dieses nämlich nicht Euch und Euren Kindern klargemacht wird, würdet Ihr Euch vielleicht noch einmal von Euren Führern betrügen und in einen dritten Krieg stürzen lassen.

Während des Krieges verheimlichten Eure Führer vor dem deutschen Volk das Bild, das Deutschland der Außenwelt bot. Viele von Euch scheinen gemeint zu haben, daß Ihr mit unseren Soldaten, sobald sie Euch erreichten, gut Freund sein könntet, als ob nichts Außergewöhnliches geschehen wäre. Es ist aber dafür zuviel geschehen. Unsere Soldaten haben gesehen, wie ihre Kameraden niedergeschossen, ihre Häuser in Trümmerhaufen verwandelt wurden und wie ihre Frauen und Kinder hungerten. Sie haben in den Ländern, in die Eure Führer den Krieg trugen, schreckliche Dinge gesehen. Für diese Dinge, meint Ihr, seid Ihr nicht verantwortlich, sondern Eure Führer. Aber aus dem deutschen Volke sind diese Führer hervorgegangen: jedes Volk ist für seine Führung verantwortlich, und solange sie Erfolg hatte, habt Ihr gejubelt und gelacht. Darum stehen unsere Soldaten mit Euch nicht auf gutem Fuße. Dies haben wir befohlen, dies haben wir getan, um Euch, Eure Kinder und die ganze Welt vor noch einem Kriege zu bewahren. Es wird nicht immer so sein. Wir sind ein christliches Volk, das gern vergibt, und wir lächeln gern und sind gern freundlich. Es ist unser Ziel, das Übel des nationalsozialistischen Systems zu zerstören. Es ist zu früh, um sicher sein zu können, daß dieses Ziel erreicht ist.

Dies sollt Ihr Euren Kindern vorlesen,wenn sie alt genug sind, und zusehen, daß sie es verstehen. Erklärt ihnen, warum englische Soldaten sich nicht mit Ihnen abgeben.

Gez. B. L. Montgomery, Feldmarschall
Deutschland, 10. Juni 1945

Am **11. Juni** *teilt das Landesernährungsamt Hamburg und Schleswig-Holstein mit, die Militärregierung erlaube die Abgabe von Kartoffeln ausschließlich an den zugelassenen Empfangsgroßhandel, nicht an Verbraucher, Einzelhändler oder Großverbraucher wie die Wehrmacht*[143]*. Streng verboten sind Schwarzschlachtungen von Vieh.*

Immer wieder wird in Bekanntmachungen erinnert, daß die Bewirtschaftung der Lebensmittel nach wie vor in Kraft ist[144]. *Bei Verstößen dagegen sollen sich die Justizbehörden ausdrücklich weiter an den vor 1945 gültigen Strafbestimmungen der Nationalsozialisten orientieren*[145]*! So steht ein Jahr Gefängnisstrafe auf das Fälschen von Lebensmittelkarten*[146]*.*

Straftaten und Verstöße gegen die Anordnungen der Militärregierung ahnden englische Militärgerichte. Waffenbesitz oder Widerstand gegen die Besatzungsmacht werden mit dem Tode bestraft. So teilt etwa das Militärgericht Eutin am 12. Oktober mit, daß ein 36jähriger Deutscher wegen Waffenbesitzes zur Hinrichtung durch Erschießen verurteilt sei. Ein gleicher Fall ereignet sich dort 1946[147]. *Als sich im Laufe des Sommers Raubüberfälle, Diebstähle und Einbrüche häufen, werden wieder deutsche Strafgerichte für die Aburteilung dieser Fälle zugelassen*[148]*. Deutsche Kriegsgerichte sind zur Aufrechterhaltung der Disziplin ohnehin weiterhin tätig, die Westalliierten haben für sie schon am 4. Mai 1945 das Gesetz Nr. 153 erlassen*[149]*. Die Briten überwachen die Gerichtsverfahren, überprüfen die Entscheidungen und durften Urteile aufheben*[150]*.*

Die Militärregierung kündigt eine Entschädigung an für durch ihr Militär in Anspruch genommene Gebäude und Sachen. Wehrmachtsgut darf nicht verkauft werden[151].

Am **14. Juni** *sterben bei der Explosion eines Munitionsdepots am Freihafen in Flensburg 61 Menschen, 200 werden verletzt. Das Schreiben von Postkarten wird innerhalb Schleswig-Holsteins und Hamburgs*[152] *und ab Juli 1945 in der gesamten britischen Besatzungszone zugelassen*[153]*.*

Der Nord-Ostsee-Kanal ist ab **25. Juni** *wieder in voller Länge für die Alliierten befahrbar.*

Am **28. Juni** *wird das Hauptquartier des Oberbefehlshabers Nord aufgelöst*[154]. *Generalfeldmarschall Busch stirbt bald darauf am 17. Juli in einem Kriegsgefangenenlager in England. Für die Gendarmerie im Land wird am* **10. Juli** *angeordnet, daß auch sie fortan die einheitliche Bezeichnung „Polizei" zu führen hat*[155].

Am **14. Juli** *lockert Montgomery das Umgangsverbot für Besatzungstruppen. Britische Soldaten dürfen sich auf Straßen und in der Öffentlichkeit mit der deutschen Bevölkerung unterhalten. Am 24. Oktober wird das Fraternisierungsverbot, über das sich die Besatzungstruppen oft hinweggesetzt haben*[156], *aufgehoben. Deutsche Freundinnen der Briten werden noch lange als „Frat" bezeichnet, abgeleitet von Fraternisation.*

Die dänische Regierung spricht sich am **19. Juli** *für eine Internationalisierung Südschleswigs und des Nord-Ostsee-Kanals aus*[157]. *Ab* **25. Juli** *erscheint der „Kieler Kurier" von der Militärregierung. Bis dato gibt es nur die kostenlosen Mitteilungen der Militärregierung und keinerlei deutsche Zeitungen.*

Die Entnazifizierung wird in der britischen Besatzungszone nicht vorrangig behandelt. Die Versorgung der Bevölkerung gilt als Hauptproblem. Vermeidung eines „Chaos" und Senkung der Besatzungskosten sind die obersten Ziele[158]. *Aktive Nationalsozialisten werden allerdings, soweit bekannt, sofort verhaftet, SS-Chargen vom Scharführer aufwärts (automatic arrest). Die niederen Dienstgrade der Waffen-SS will man wie die der Wehrmacht behandeln, sonst würde die Zahl der zu verhaftenden Personen unüberschaubar. Drei Arrestkategorien und Vorgehensweisen werden im Juli 1945 von den Briten vorgeschlagen: gefährliche Personen internieren, minder gefährliche nach Hause entlassen unter polizeilicher Aufsicht, unschuldige entlassen*[159]. *Die Briten weisen bis zum 1. Januar 1947 64.500 Deutsche in Internierungslager ein. Im Hauptinternierungslager für Zivilisten in Schleswig-Holstein, der Lederfabrik Köster in Neumünster-Gadeland, befinden sich bis zu 10.000 Internierte*[160]. *Darunter sind auch bedeutende NS-Größen wie zum Beispiel Werner Heyde (1902–64), der Euthanasiearzt, der sich später Fritz Sawade nennt und neun Jahre lang – gedeckt durch hohe Beamte aus Justiz und Verwaltung Schleswig-Holsteins – als Mediziner in Flensburg arbeiten kann*[161].

In Schleswig-Holstein werden in den ersten Wochen nach dem Krieg 21 Oberbürgermeister und Landräte, 80 Prozent der Bürgermeister, jeder vierte der 12.000 Lehrer und zehn Prozent der Polizeiangehörigen entlassen[162]. *Im Sommer 1945 ordnet die Militärregierung dann eine personelle „Selbstreinigung" der Verwaltungen an. Sie scheitert aufgrund der hohen Zahl belasteter Mitarbeiter. Hinzu kommt die Verpflichtung zur Beantwortung von Fragebögen. Bis Anfang Oktober 1945 sind 2.500 oder 14 Prozent der Beamten und Angestellten der staatlichen und kommunalen Verwaltung in Schleswig-Holstein aus dem Dienst entfernt*[163]. *Bis September 1946 suspendieren die Briten 156.000 Deutsche, davon 25.000 Lehrer, auf Dauer oder vorübergehend vom Dienst*[164]. *Die Alliierte Kontrollkommission schätzt im Oktober 1945, daß bei Anlegung härterer Maßstäbe eineinhalb Millionen Personen in der britschen Zone aus ihren Ämtern entfernt werden müßten*[165].

Im Spätsommer 1945 beginnt der schrittweise Neuaufbau geordneter staatlicher Verwaltungsformen in der britischen Zone, und zwar von unten nach oben[166].

Vom 17. Juli bis **2. August** *treffen sich Truman, Churchill (nach dessen Wahlniederlage Attlee) und Stalin zur Potsdamer Konferenz. Die Beseitigung von Nationalismus und Militarismus steht dabei im Mittelpunkt. Unter anderem wird beschlossen: „Das Erziehungswesen in Deutschland muß so überwacht werden, daß die nazistischen und militaristischen Lehren völlig entfernt werden und eine erfolgreiche Entwicklung der demokratischen Ideen möglich gemacht wird." Der Beschluß, die polnischen Grenzen* *nach Westen zu verschieben, nimmt Flüchtlingen und Heimatvertriebenen die Hoffnung auf eine baldige Rückkehr.*

Am **6. August** *erklärt Montgomery in einem Aufruf an die Bevölkerung der britischen Zone: „Die Alliierten sind dabei, die vollständige Entwaffnung und Entmilitarisierung Deutschlands sowie die endgültige Austilgung der Nazi-Partei und der ihr angeschlossenen Verbände restlos zu verwirklichen." In London sagt der britische Oberbefehlshaber am 1. September: „Mein vorläufiges Ziel ist eine Zuteilung von 1500 Kalorien pro Tag an die deutsche Bevölkerung, aber selbst diese Menge kann wegen Verteilungsschwierigkeiten nicht überall ausgegeben werden. Die Lage wird noch dadurch verschlimmert, daß die diesjährige Ernte ungewöhnlich schlecht ist. Es gibt nur eine Lösung: Lebensmittel nach Deutschland einzuführen." Im August wurden den Normalverbrauchern in Schleswig-Holstein pro Woche nur 150 Gramm Fleisch, 100 Gramm Fett, 2500 Gramm Kartoffeln, 150 Gramm Zucker und 1700 Gramm Mehl und Korn verkauft, was etwa 1280 Kalorien pro Tag entsprach*[167].

Die am **9. September** *in Kraft tretende „Verordnung Nr. 13 über das Tragen militärischer Uniformen und Abzeichen" besagt unter anderem: „Es ist entlassenen Wehrmachtsangehörigen und anderen deutschen Zivilpersonen verboten, militärische Kopfbedeckung, Medaillen, Orden, Rangabzeichen... [oder] eine militärische Uniform zu tragen, es sei denn, daß sie so gefaßt ist, daß sie nicht mehr eine Ähnlichkeit mit einer deutschen Uniform hat." Unter das Ordensverbot fallen auch ausländische Orden. Andere Abzeichen wie Knöpfe, Schnallen, Insignien, Tressen, Borten, Schulterklappen und Epauletten dürfen von Zivilpersonen ebenfalls nicht getragen werden. Der Ausdruck „Wehrmacht" schließt „das deutsche Heer, Marine, Luftwaffe und alle hitlerischen Organisationen" ein. Bei Zuwiderhandlungen drohen „Todesstrafe oder eine andere Gesetzesstrafe"*[168]. *Schon ab Oktober straft das Gericht der Militärregierung in Eutin das „Tragen eines militärischen Mantels", das „Tragen von ungefärbten militärischen Hosen" oder „Tragen einer militärischen Kopfbedeckung" (Skimütze) mit jeweils drei Monaten Gefängnis*[169]. *Ab 28. Dezember wird das Strafmaß für das Tragen einer militärischen Kopfbedeckung auf 50 oder 100 Reichsmark oder einen Monat Gefängnis herabgesetzt. Die meisten dürften die Geldstrafe gewählt haben, da Geld nur noch einen geringen Wert hatte. „Was galt schon noch die Mark des ruinierten Reiches?" fragt ein Zeitzeuge rhetorisch*[170].

In der britischen Zone wird am **15. September** *die Bildung politischer Parteien auf Kreisebene und die Durchführung politischer Versammlungen gestattet. Erst ab 10. Dezember sind Zusammenschlüsse auf Landesebene erlaubt.*

Die britische Militärregierung richtet am **1. Oktober** *in ihrer Zone ein „German Economic Adivsory Board" ein*[171]. *Daraus entsteht am 20. Oktober der „Deutsche Wirtschaftsrat bei der Kontrollkommission für Deutschland – britischer Teil" in Minden. Der Wirtschaftsrat besteht aus ehrenamtlichen Vertretern der Unternehmer, Arbeitnehmer und freien Berufe*[172]. *Ab 11. März 1946 berät er das neue Zentralamt für Wirtschaft und erhält wachsende Bedeutung für die Verwaltung der Wirtschaft in der britischen Zone.*

In Büsum wird am **3. Oktober** *angeordnet, alle Hakenkreuze auf den Grabsteinen und Kranzschleifen in der Kirche und auf dem Friedhof zu entfernen. Vom 19. Oktober datiert die Anordnung über „Das Unbeweglichmachen von Fahrzeugen". Der Fischfang läuft über Sondergenehmigungen*[173].

Am **25. Oktober** *wird Dönitz Außenminister Schwerin von Krosigk verhaftet. Die dänische Regierung erhebt am 27. Oktober Reparationsforderungen in Höhe von elf Milliarden Kronen gegenüber Deutschland.*

Oberpräsident Hoevermann mahnt am **13. November** *die Bevölkerung: „Wir müssen mit dem, was wir an Holz und Torf haben oder uns noch beschaffen, so sparsam wie nur irgend möglich umgehen... Wir können im Winter 1945/46 keinesfalls eine Versorgung mit Hausbrandkohle erwarten... Die Landräte und die Oberbürgermeister und die sonst in Betracht kommenden Behörden werden alles tun, um Brennholz zu schlagen und aufzubereiten. Jeder, der dazu aufgerufen wird, möge willig mithelfen“* [174].

Zwei Tage später (**15. November**) *drängen die Briten Hoevermann wegen seiner früheren NSDAP-Mitgliedschaft zum Rücktritt. Am gleichen Tag wird Theodor Steltzer (CDU) zum Oberpräsidenten ernannt. Er war von 1920–33 und 1945 Landrat des Kreises Rendsburg. Einen Tag vor seiner Ernennung hat die britische Militärregierung einen von ihm entworfenen Strukturplan zum Aufbau einer selbständigen schleswig-holsteinischen Landesverwaltung gutgeheißen (Schleswig-Holstein ist bis dato eine preußische Provinz).*

Am **27. November** *wird an der deutsch-dänischen Grenze (auf deutschem Territorium) eine „Danish Frontier Zone“ eingerichtet, ein Kontrollstreifen von einigen hundert Metern bis zu einigen Kilometern Breite, der das Überqueren der „grünen Grenze“ unmöglich machen soll* [175].

Ab **Ende November 1945** *rüsten die britischen Besatzungstruppen ab und stellen von der Kriegsstärke auf eine erhöhte Friedensstärke um (Rundown* [176]*). Aufgrund eines Befehls des Alliierten Kontrollrats vom 1. Dezember dürfen auch die deutschen Soldaten Wehrmachtsuniformen nicht mehr in ihrer ursprünglichen Farbe und mit den alten Knöpfen tragen. Die Uniformen werden meist schwarz umgefärbt und mit Holzknöpfen ausgestattet* [177]*. Sie sind nach wie vor die meistgetragenen Kleidungsstücke* [178]*. Die Genehmigung zum Umfärben erteilen die Verwaltungen aber nur Soldaten, die sich vorher beim Arbeitsamt gemeldet haben. Das Deutsche Hauptquartier Nord in Hamburg beschwert sich, der Kontrollrats-Befehl bringe „z.T. große Härten“ mit sich, „da verschiedene entlassene Soldaten nur einen Entlassungsanzug besitzen, sonst keine Bekleidung haben und nicht in der Lage sind, ihre Sachen färben zu lassen“* [179]*. Die zivilen Verwaltungen half nach Kräften durch Anordnungen an Färbereien und Austeilung von Farbstoffen* [180].

Am **1. Januar 1946** *nimmt das Amt für Wirtschaft und Verkehr als Abteilung der neuen Landesverwaltung seine Arbeit auf* [181]*. Neun Tage später (10. Januar) konstituiert sich der Wirtschaftsrat Nord. Er soll Wirtschaftsfragen, die der Economic Advisor im Economic Planning Sub-Committee für Schleswig-Holstein in Plön ihm vorlegt, bearbeiten und für ein einheitliches Vorgehen von Hamburg und Schleswig-Holstein bei wichtigen Wirtschaftsfragen sorgen. Sein Sitz ist das Dienstgebäude des Deutschen Hauptquartiers Nord in Hamburg* [182]*. Am 21. Mai 1946 wird die Einrichtung wegen Gründung des Zentralamtes für Wirtschaft in Minden aufgelöst.*

Am **12. Januar** *wird die Kiel Brigade aufgelöst und Kiel der Verantwortung der 11. Armoured Division (Panzerdivision) des 8. Corps übergeben* [183]*. Am* **15. Februar** *wird in Hamburg ein Zonenbeirat (Zonal Advisory Council) zur Beratung der britischen Militärregierung eingerichtet. Er stellt eine Vertretung der deutschen Verwaltung, Parteien und Gewerkschaften dar. Die Konstituierung erfolgt am 6. März.*

Die Briten geben immer mehr Verwaltungsaufgaben zurück in die Hände der Deutschen, dem Prinzip der „Devolution of Powers“ folgend[184]. Am **26. Februar** *tritt erstmals der Provinziallandtag von Schleswig-Holstein zusammen mit seinen von den Briten ernannten Mitgliedern, de facto eine Koalition von CDU, SPD und KPD – ein wichtiger Schritt zur späteren Selbständigkeit der Provinz ist getan. Der Kieler Landtag ist*

Zur Eröffnung des Provinziallandtages von Schleswig-Holstein (das formell noch preußische Provinz war) am 26. Februar 1946 marschierte eine britische Ehrengarde auf. (Foto: Landesarchiv Schleswig-Holstein)

der erste in der britischen Besatzungszone. Auch ernannte Kreistage („Räte“) werden Anfang 1946 tätig, so der Süderdithmarscher am 12. Februar. Bürgermeister und Amtsvorsteher haben dazu nicht vorbelastete Personen vorzuschlagen. Allerdings ist die Bereitschaft, hier ein Ehrenamt zu übernehmen, nicht sonderlich groß. Von Politik haben die meisten genug, und die Aufgaben Wiederaufbau und Integration der Flüchtlinge sind extrem schwierig und verantwortungsvoll, da man auf keinerlei Erfahrungen zurückgreifen kann. Hinzu kommt, daß die tägliche Not unvermindert groß ist. „Gebt uns was zu essen, sonst ist Hitler nicht vergessen“, war einer der Sprüche jener Tage[185].

Als die Hungersnot in Schleswig-Holstein im **März** *ihren Höhepunkt erreicht, ist das letzte Internierungsgebiet in Schleswig-Holstein gerade aufgelöst. Die Briten lindern mit Schulspeisung und Care-Paketen den Hunger*[186].

Die Entlassung der letzten deutschen Wehrmachtsoldaten macht auch den Weg frei für eine Neuordnung der Militärregierung in Schleswig-Holstein. Das 8. Corps beendet im **April** *seine Besatzungsaufgaben in Schleswig-Holstein. Sein Hauptquartier im Plöner Schloß wird bis zum 3. Juni aufgelöst. Die in Schleswig-Holstein verbliebenen Einheiten werden dem 30. Corps in Niedersachsen unterstellt*[187]*. Barker ist nicht länger höchster Repräsentant der britischen Militärregierung. Er wird am 1. Juni vom Regional Commissioner (Zivilgouverneur) für Schleswig-Holstein abgelöst: Hugh V. Champion de Crespigny. Dieser bezieht das Herrenhaus in Altenhof bei Kiel. Brigadier Henderson wird sein Stellvertreter*[188].

3.1 Die Sperrstunde

Die Briten verhängten sofort eine Ausgangssperre für die deutsche Bevölkerung in ihrer Besatzungszone. Sie begann anfangs um 21 Uhr und endete um 6.30 Uhr morgens, dann wurde sie immer weiter verkürzt: zweite Maihälfte 22 bis 5 Uhr, erste Junihälfte 23 bis 5.45 Uhr, zweite Junihälfte 23.15 bis 5.45 Uhr, ab August 22.30 bis 4.30 Uhr und später schließlich 23 bis 4.30 Uhr[189]. *In den Internierungsgebieten galt die Sperrstunde für Zivilisten und Wehrmacht gleichermaßen*[190]*. Bis zum 16. Mai 1945 mußten die Wohnungen wie im Krieg während der Ausgangssperre verdunkelt werden.*

Die Ausgangssperre wurde jeweils von einem Heulen der Luftschutzsirene begleitet. Alle Bewohner hatten sich sofort in die Häuser zu begeben. Schwerbewaffnete Militärstreifen patrouillierten in den Gemeinden[191], *nachts fuhren sie durch die Ortschaften, um die Befolgung der „Curfew" zu kontrollieren. Wer auf der Straße angetroffen wurde, riskierte eine Verhaftung*[192]*. Für Übernachtungen außerhalb des Wohnsitzes bedurfte man der Genehmigung der Militärregierung. Die Militärregierung stellte auch Mädchen, die die Sperrstunden nicht beachteten, unter Freiheitsstrafe. So schreibt der Norderdithmarscher Landrat am 3. September 1945 an Amtsvorsteher und Bürgermeister: „Wie mir die englische Militärregierung mitteilt, häufen sich im Kreis Fälle, daß insbesondere junge Mädchen mit Freiheitsstrafen belegt werden müssen, weil sie die Sperrzeiten nicht eingehalten haben. Wie ich festgestellt habe, finden überall und fast jeden Abend Tanzveranstaltungen statt, die bis spät in die Nacht dauern." Abgesehen davon, daß dies den schweren Zeiten nicht angemessen wäre, bat der Landrat dringend um Einhalten der Sperrstunde*[193]*. Allein an einem Freitag seien in Norderdithmarschen etwa zehn junge Mädchen mit Gefängnis zwischen 14 Tagen und einem Monat bestraft worden.*

Von September bis Dezember 1945 verurteilte das Gericht der Militärregierung Eutin 174 Personen[194]. *Allein 37 Urteile erfolgten wegen Überschreitens der Ausgangsbeschränkung. Ein Überschreiten um eine halbe Stunde wurde mit sechs Monaten Gefängnis bestraft. Mildere Richter urteilten am unteren Militärgericht der Militärregierung in Husum. In der Woche vom 15. bis 19. Oktober wurden sechs Angeklagte wegen unerlaubten Aufenthaltes im Freien während der Ausgangsbeschränkungen zu 30 Tagen Gefängnis (vier Fälle) und zu Geldstrafen von 50 und 100 Reichmark verurteilt*[195]*. – Erst am 6. Oktober 1946 wurde die nächtliche Ausgangssperre aufgehoben*[196]*.*

4 Die Einrichtung von Internierungsgebieten

Anfang 1945 hatte die Wehrmacht noch einen Personalumfang von acht Millionen Menschen[197]. *Die Briten brachten kurz vor und nach der Kapitulation 2,4 Millionen, die Amerikaner 1,6 Millionen und die Sowjets vier Millionen Gefangene ein*[198]. *Von den Wehrmachtsoldaten in britischem Gewahrsam befanden sich Wochen nach der Kapitulation noch fast zwei Millionen in der britischen Besatzungszone, die übrigen in Italien und in in großen Sammellagern in Dänemark, Großbritannien und anderswo*[199]. *Die Wehrmachtsoldaten in Norwegen waren auf 120 kleinste Ortschaften (Reservate) verteilt worden*[200]. *Die Deutschen waren nicht mehr ein „Volk in Waffen", sondern ein Volk in Gefangenschaft.*

Einfach entlassen wollten die vier Siegermächte die deutschen Soldaten nicht: Entmilitarisierung Deutschlands und Entnazifizierung der Bevölkerung waren bereits im Februar 1945 in der Jalta-Konferenz erklärte Kriegsziele, die im Potsdamer Abkommen im August 1945 noch einmal bekräftigt werden. Gefordert wurde in Potsdam, daß „alle

Die „Großen Drei" im Februar 1945 in Jalta (von links): der britische Premierminister Winston Churchill (1874–1965), US-Präsident Franklin D. Roosevelt (1882–1945) und UdSSR-Staatsführer Jossif Stalin (1879–1953). Bei ihrem Gipfeltreffen legten sie die Entmilitarisierung Deutschlands als Kriegsziel fest.

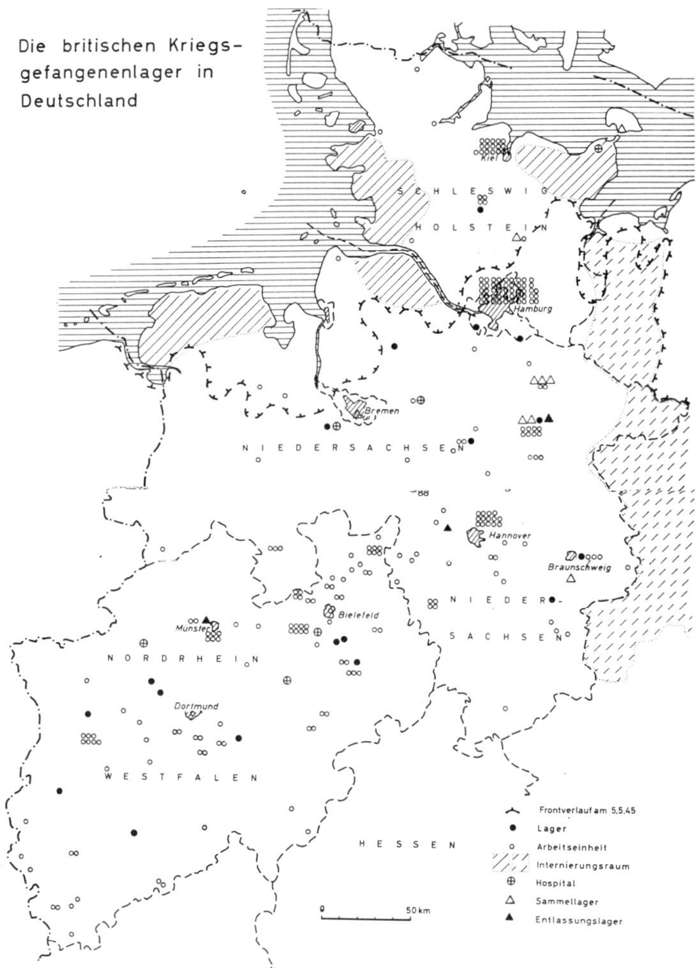

Frontverlauf am 5. Mai 1945, Internierungsräume und Gefangenenlager in der britischen Besatzungszone Deutschlands. (Karte aus: Maschke/Wolff, S. 621)

Land-, See- und Luftstreitkräfte Deutschlands ... mit allen ihren Organisationen, Stäben und Ämtern, einschließlich des Generalstabes, des Offizierkorps, der Reservisten, der Kriegsschulen, der Kriegervereine und allen anderen militärischen und halbmilitärischen Organisationen ... völlig und endgültig aufgelöst" werden[201]. *Die vier „Ds" bestimmen die Besatzungspolitik: Denazifizierung, Demilitarisierung, Demontage, Demokratisierung.*

Feldmarschall Montgomery hat schon am 25. März die 21. Heeresgruppe dazu aufgerufen, sich Deutschen fernzuhalten und keinen Kontakt zu pflegen[202]. *„Der Einfluß der Nazis hat alles durchdrungen, selbst die Kirche und die Schulen. Die Besetzung Deutschlands ist ein Kriegsakt, dessen oberstes Ziel die Vernichtung des Nazisystems ist." Jeder Soldat wurde einer genauen Überprüfung seiner Vergangenheit unterzogen*[203].

Der Operationsplan „Eclipse" sah bei der Besetzung Deutschlands vor, die deutschen Truppen nach ihrer Entwaffnung in bestimmten Gebieten zusammenzuziehen. Fast zwei Millionen feindliche Soldaten ließen sich in den herkömmlichen Lagern nicht unterbringen. Die Briten entschieden sich in ihrer Besatzungszone für etwas noch nie Dagewesenes: Sie wiesen den sich ergebenden deutschen Verbänden vier Auffanggebiete in Schleswig-Holstein und Niedersachsen zu, die in Wahrheit Internierungsräume waren. Die Internierungsgebiete waren alle etwa 1000 bis 2000 Quadratkilometer groß und lagen ganz im Norden der Zone und damit außerhalb des ehemaligen Kampfgebietes. Alle vier waren durch Flüsse und die Nord- beziehungsweise Ostsee natürlich begrenzt und damit auch gut zu bewachen. Montgomery hielt dies für „die einzige Möglichkeit, um mit eineinhalb Millionen Kriegsgefangenen fertig zu werden"[204].

Die Briten faßten die vier Gebiete – geographisch nicht ganz zutreffend – zusammen als „die Halbinseln [peninsulas] von Schleswig-Holstein, Cuxhaven und Wilhelmshaven". Es handelte sich um ländliche Räume, in denen für Versorgung und Unterbringung der immensen Soldatenzahl am wenigsten Schwierigkeiten erwartet wurden. Sie hätten wegen ihrer Insellage im Falle von Unruhen schnell ganz abgeschottet werden können. Auch befanden sich in diesen Gebieten schon damals zahlreiche Seebäder mit hohen Bettenkontingenten in Pensionen, Hotels und Heimen: Sankt Peter, Büsum, Grömitz, Kellenhusen, Heiligenhafen, Hohwacht und andere mehr. Diese Betten konnten ohne weiteres belegt werden, da ein Badeverkehr 1945 noch nicht wieder stattfand, sondern erst 1946 in den ersten Orten erneut anlaufen sollte.
Hier nun die vier britischen Internierungsgebiete im einzelnen:

1. Ostfriesland *(Raum Emden/Wilhelmshaven, offiziell „Wilhelmshaven-Emden peninsula"). Im Süden durch den Ems-Jade-Kanal und im Norden durch die Nordsee begrenzt. Belegt mit 180.000 internierten Soldaten*[205]*. 60.000 befanden sich Mitte Mai bereits in diesem Gebiet, überwiegend Angehörige der 1. Fallschirm-Armee von Generaloberst Kurt Student, 120.000 weitere Soldaten sollten auf zwei Routen, eine zu See, eine zu Land, aus 15 Sammellagern aus Westholland zugeführt werden. Hier hatte die 25. deutsche Armee unter Generaloberst Johannes Blaskowitz das Gebiet um Amsterdam und Rotterdam bis zur Kapitulation am 5. Mai gegen die 1. kanadische Armee halten können. Das Internierungsgebiet in Ostfriesland wurde erst Ende Mai 1945 eingerichtet.*

2. Raum Cuxhaven *(„Cuxhaven peninsula"). Keine echte Halbinsel, sondern die Elbmarschen nördlich von Stade (Land Kehdingen, östliches Hadeln, nördliches Altes Land), eine moorreiche Landschaft. Belegt mit etwa 260.000 Mann. Davon waren Mitte Mai bereits 160.000, auch überwiegend Fallschirmjäger, aus dem Raum zwischen Weser und Elbe da, 100.000 sollten aus dem Gebiet nördlich der Elbe von der Armeegruppe Blumentritt zugeführt werden.*

3. Dithmarschen und Halbinsel Eiderstedt *(westliches Küstenland, „south-west Schleswig-Holstein", Korpsgruppe Witthöft). Im Süden durch die Elbe, im Westen durch die Nordsee, im Norden durch den Heverstrom und im Osten durch den Nord-Ostsee-Kanal begrenzt. Insgesamt 410.000 Soldaten. Davon 250.000 aus dem nördlichen Schleswig-Holstein, das die Armeegruppe Blumentritt unter General der Infanterie Günther Blumentritt bis zur Kapitulation hielt, und 160.000 Soldaten der deutschen Besatzungstruppen in Dänemark*[206]*.*

4. Ostholstein *(Wagrien; östliches Küstenland, „south-east Schleswig-Holstein", Korpsgruppe von Stockhausen). Im Norden von der Kieler Bucht und im Osten von der Lübecker Bucht umfaßt, von den Toren Kiels bis in die Gegend von Neustadt. Etwa*

Zehntausende von Angehörigen der geschlagenen deutschen Wehrmacht wurden von den Briten in vier Internierungsgebieten in Norddeutschland zusammengelegt. Dieses Bild vom 11. Mai 1945 ist kurz vor Einrichtung der Internierungsgebiete in der Nähe von Lüneburg entstanden. So ähnlich sah es dann auch an Schleswig-Holsteins Küsten aus. (Foto: Seargent Gee. Rechte: Imperial War Museum)

569.000 Internierte, davon 360.000 aus zwei Taschen bei Wismar (siehe nächsten Absatz), 134.000 aus dem südlichen Schleswig-Holstein und 75.000 aus Kurland, Ostpreußen, Westpreußen und Pommern, insbesondere von den letzten deutschen Stützpunkten im Samland, Halbinsel Hela und Weichselmündung.

Bis zur Kapitulation hatten deutsche Truppen den Raum westlich von Wismar und einen Schlauch von der Ostsee bis hinunter nach Zarrentin gegen amerikanische Kräfte unter britischem Oberbefehl verteidigen können. Dieser Raum mit zahlreichen deutschen Soldaten wurde erweitert zum „Wismar Cushion" (= Puffer) mit 360.000 Internierten Mitte Mai. Davon wurden täglich 22.000 in Marsch gesetzt in Richtung Ostholstein. So waren alle hier Internierten dem sowjetischen Zugriff entzogen, als sich am 30. Juni 1945 Amerikaner und Briten aus dem von ihnen militärisch eroberten Gebiet Mitteldeutschlands bis zur 1944 im Londoner Protokoll festgelegten Demarkationslinie der Sowjetischen Besatzungszone zurückzogen und statt dessen die Westsektoren Berlins besetzten. Für 15.000 kranke und verwundete Soldaten wurde mit dem sowjetischen Kommando eine spätere Rückführung nach Schleswig-Holstein ausgehandelt.

Hinzu kamen die 300.000 Deutschen im riesigen Raum zwischen der späteren Demarkationslinie der Sowjetischen Besatzungszone im Westen und der Elbe im Osten. Diese Soldaten in der „Magdeburg Bulge" (= Ausbauchung) waren von der 9. US-Armee eingeschlossen[207], *aber auch im britischen Einflußbereich. Addiert ergaben sich 1,719 Millionen Internierte in der britischen Zone*[208]. *Darüber hinaus wurden am 19. Mai knapp 200.000 deutsche Kriegsgefangene in Sammellagern (oft ehemalige Kon-*

Die Soldaten verbringen ihre Zeit mit Wäsche waschen, Kartenspielen und schlafen, während sie auf ihre Entlassung warten. Aufnahme vom 11. Mai 1945. (Foto: Seargent Gee. Rechte: Imperial War Museum)

zentrationslager) gezählt. Nicht berücksichtigt sind auch die außerhalb der Internierungsgebiete stationierten Soldaten und Dienstgruppen (siehe Kapitel 8).

Für die Internierungsgebiete gab es viele Namen. Die Briten sprachen von von concentration areas, Prisoners of War-Districts oder einfach PW-Areals. Das Sperrgebiet Dithmarschen/Eiderstedt hatte den Buchstaben „G", das Sperrgebiet Ostholstein hieß „Area F". Bei den Tarnnamen für die Gebiete „F" und „G" waren die Briten besonders einfallsreich, fast lyrisch. „F" wurde als „Ruritania" bezeichnet. Ruritanien ist ein Phantasieland früherer Zeiten. Das kleine Königreich in Europa soll voller Abenteuer, schöner Frauen und stolzer Schwertkämpfer gewesen sein. Sperrgebiet „G" trug den Tarnnamen „Lilliput" – Gullivers Reisen lassen grüßen. In deutschen Akten ist von Internierungs- / Sperrgebieten, Internierungs- / Sperrzonen, Kriegsgefangenenzonen, Auffangräumen und Wehrmachtsgebieten die Rede.

Die mit Abstand meisten deutschen Soldaten traten nach dem 10. Mai[209] *den Marsch an in die schleswig-holsteinischen Internierungsgebiete, da diese die größten waren. In diesen zwei „Gefangenenlagern unter freiem Himmel" warteten rund eine Million Wehrmachtangehörige auf ihre Entlassung*[210]*. Die Zahl schwankte stark durch Entlassungen einerseits und laufende Neuzugänge aus Dänemark und später Norwegen andererseits. Auch wenn es sich um ländliche Räume handelte, darf man nicht verkennen, daß ihre Aufnahmekapazität bis zum äußersten angespannt wurde. Im Internierungsraum G hatte sich schon allein durch Flüchtlinge und Heimatvertriebene die Bevölkerungszahl um 63 Prozent erhöht, in den das Internierungsgebiet F umfassenden Kreisen gar um 84 Prozent*[211]*.*

Die Briten mochten den entwaffneten Wehrmachtsoldaten nicht den Status von Kriegsgefangenen (Prisoners of war, POW) zugestehen. Denn solche durften durch ihre

Ein Soldat schläft unter einem provisorisch errichteten Schutzdach. Aufnahme vom 11. Mai 1945. (Foto: Seargent Gee. Rechte: Imperial War Museum)

Festsetzung nur von weiterer Teilnahme an Feindseligkeiten abgehalten werden und mußten nach Friedensschluß gemäß der Haager Landkriegsordnung von 1907 binnen kürzester Frist in ihre Heimat entlassen werden. „Echte" Kriegsgefangene waren nicht mehr in militärischen Verbänden organisiert und hatten nach der Genfer Konvention von 1929 Rechte und Pflichten. Kriegsgefangene mußten wie die eigenen Soldaten ernährt werden. Dies allein war in den Sperrzonen schon unmöglich.

Der Terminus „Internierte" war ungenau, bezeichnet die Internierung allgemein doch die Inhaftierung und Lagerunterbringung von Zivilpersonen durch eine Besatzungsmacht (Civil internees waren in erster Linie Deutsche, die von den Alliierten als führende Nationalsozialisten verdächtigt wurden). Und als „Militärinternierte" gelten Soldaten, die während eines Krieges in ein neutrales Land wechseln und dort dann festgehalten werden, in ihrem bisherigen Verband. Nach Beendigung der Feindseligkeiten ist jede Internierung „so schnell wie möglich" aufzuheben, bestimmt die Genfer Rotkreuz-Konvention von 1949. Da Internierungen durch eine Besatzungsmacht nur „aus zwingenden Sicherheitsgründen" vorgenommen werden dürfen, gelten Massen-Internierungen (wie in Deutschland 1945) seit 1949 als unstatthaft.

Die Briten verfielen auf die Wortschöpfung „Kapitulationsgefangene" (Surrendered Enemy Personnel/SEP[212]). *Weil es sich um etwas ganz Neues handelte, waren sie auf dem Papier ohne Rechte. Das „entwaffnete Militärpersonal" stellte völkerrechtlich eine ganz neue Klasse von Personen dar, zwischen Kriegsgefangenen und Verschleppten. Sie befanden sich zwar nicht außerhalb der Legalität, wie die Gewahrsamsmacht betonte, aber außerhalb der Berufungsmöglichkeit auf die Genfer Konvention. „So gab es beispielsweise für sie keine Vorschrift über die Registrierung und Weiterleitung der Mel-*

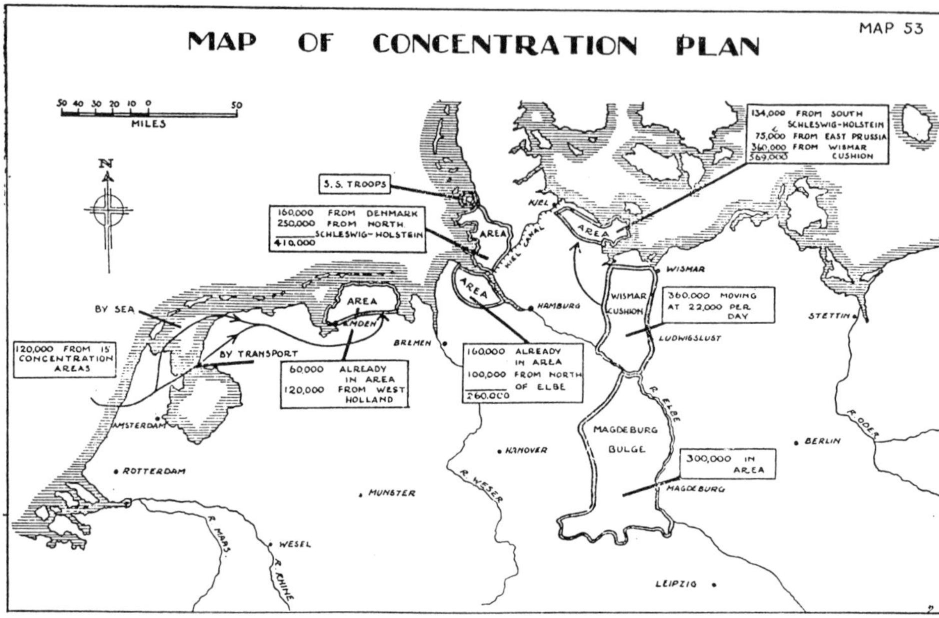

Die Internierungsgebiete in der britischen Besatzungszone, Wismar-Puffer und Magdeburg-Ausbauchung und ihre Belegung. Die Karte zeigt nur die Planung. So sind auf der nordfriesischen Insel Nordstrand nie SS-Truppen interniert worden. (Karte aus: Guingand)

dung der Gefangenschaft an das Internationale Komitee des Roten Kreuzes, wie sie für Kriegsgefangene bestand – die Registrierung erfolgte daher nur lückenhaft und unterblieb für die große Masse" [213]. *Das Internationale Komitee des Roten Kreuzes verlangte immer wieder eine Gleichstellung der SEPs mit „normalen Kriegsgefangenen"* [214]. *Die Auseinandersetzungen mit den Briten dauerten bis 1947, dem Zeitpunkt der Auflösung des Deutschen Minenräumdienstes unter britischem Befehl. Der Begriff erreichte nie sonderliche Popularität. Da die Briten nach 1945 nicht mehr in die Verlegenheit kamen, ihn zu verwenden, ist er heute fast nur noch Fachleuten bekannt.*

Schon der Operationsplan „Eclipse" sah die Beibehaltung der deutschen militärischen Unterstellungsverhältnisse in den Sammelräumen vor[215]. *In einem Handbuch heißt es: „Es ist beabsichtigt, den höchstmöglichen Gebrauch zu machen von der bestehenden deutschen Militärmaschinerie, und Befehle werden durch die anerkannten Befehlswege ausgegeben"* [216]. *Das Auffüllen der Internierungsgebiete mit Wehrmachtsoldaten überließen die Besatzer den deutschen Stäben*[217]. *Dies sei „ganz bewußt vor dem Hintergrund begrenzter eigener Besatzungskräfte" geschehen, so Kaiser. Im Kriegstagebuch des 8. britischen Corps ist nachzulesen: „Den britischen Formationen und Einheiten würde eine ungeheure Bürde aufgelastet, wenn sie die Kontrolle über die verschiedenartigen deutschen Formationen und Einheiten übernehmen müßten. Es ist deshalb notwendig, dafür zu sorgen, daß die deutschen Kräfte sich um sich selbst kümmern"* [218].

Sogar die vertrauensvolle Aufgabe der Entwaffnung blieb den Deutschen überlassen, unter Verantwortung geeigneter deutscher Offiziere. Die entwaffneten deutschen Soldaten hatten bis 1946 Vorgesetzte militärisch zu grüßen, trugen weiter ihre Uniformen, Rangabzeichen und Kriegsauszeichnungen. Nur die Hoheitsabzeichen mit Hakenkreuz mußten entfernt werden[219]. *Die Offiziere durften bald wieder Pistolen tragen, um die Disziplin gewährleisten zu können. Innerhalb der Sperrgebiete durfte sich jeder Deutsche frei bewegen. Die Soldaten bekamen ihre Befehle von der Wehrmacht und unterstanden der Militärgerichtsbarkeit. Die Internierten bekamen Verpflegung, Wehrsold und wurden ärztlich betreut. Pastoren beider Konfessionen sorgten für die Seelsorge*[220]. *Beim „Barras" war also noch fast alles wie früher. Britische Besatzungssoldaten waren in den ersten Wochen stark präsent, hielten sich dann aber nicht mehr ständig in den Sperrgebieten auf.*

Wie weit die Selbstverwaltung ging, zeigt folgendes Beispiel: Bei Einrichtung der Sperrzonen wurden die britischen Kreis-Detachments aus den Kreisen Eiderstedt, Norderdithmarschen, Süderdithmarschen und Oldenburg abgezogen und erst nach Aufhebung der Gefangenenzonen wieder eingerichtet[221].

Auch unter „eigener" Verwaltung und ohne Stacheldraht war die Gefangenschaft für die deutschen Wehrmachtsoldaten in Schleswig-Holstein eine harte Probe. „Wenige Tage quälender Hunger, fehlendes Waschwasser, verdreckende Kleidung, Ungeziefer, miserable Unterbringung auf freiem Felde, der Sturz ins Nichts, die gänzliche Ungewißheit über das künftige Schicksal und nicht zuletzt zeitweilige Entzugserscheinungen führten zu vordem undenkbaren Persönlichkeitsveränderungen" [222]. *Die Tatsache der Niederlage, das abrupte Ende psychischer und physischer Anstrengung in den Kriegstagen schlugen sich auf die Truppe nieder. „Auch Jüngere verfielen und benötigten viel Zeit, um Haltung und Fassung wiederzugewinnen." Für sie war es schließlich auch der erste Krieg und die erste Erfahrung von Niederlage und Gefangenschaft.*

4.1 Die Wehrmachtführung in Hamburg

Zuständig für die Soldaten im Nordraum war das Wehrkreiskommando X mit Sitz in Hamburg 13 (Harvestehude/Rotherbaum), General-Knochenhauerstraße 14. Bei der Vorbereitung der Ernährungswirtschaft auf den Krieg war ein Landesernährungsamt für Schleswig-Holstein und Hamburg unter Leitung des Landesbauernführers gebildet worden. Die einheitliche Ausrichtung und Lenkung aller wirtschaftlicher Maßnahmen oblag dem Reichsstatthalter in Hamburg. Dies hatte dazu geführt, daß die nördlichste Provinz und die Hansestadt auch zu einem Wehrkreis zusammengelegt worden waren[223].

Das Wehrkreiskommando X führte seine Aufgaben nach der Kapitulation nahtlos weiter unter britischer Oberhoheit. Die Besatzung zog keinen radikalen organisatorischen Einschnitt nach sich[224]. *Die Veränderung in der Aufgabenstellung ergab sich schließlich im Laufe der Zeit aus der Betreuung und Aufrechterhaltung der Disziplin und Ordnung innerhalb der im Nordraum zusammengedrängten deutschen Verbände und Dienststellen. Befehlshaber im Wehrkreis X war General der Infanterie Wetzel*[225].

Am 15. Oktober 1945 wurde das Wehrkreiskommando X auf Befehl des 8. britischen Corps[226] *in Wehrmachtstab Nord umbenannt. Dieser war noch recht personalstark, er beschäftigte einen Teil des Personals vom Wehrkreis X, des aufgelösten Korps Witthöft und der Armeegruppe Müller weiter*[227]. *Das Telefonverzeichnis des „Wehrmachtbefehlshabers Nord" in Hamburg umfaßte zehn Seiten*[228]. *Der Wehrmachtstab Nord wurde am 15. November 1945 in Deutsches Hauptquartier Nord umgetauft*[229]. *Oberbefehlshaber war General der Panzertruppen Cramer*[230]. *Der britische General Brian*

Robertson verteidigte ihn vor sowjetischen Anwürfen als „glühenden Gegner der Nazis“[231]. Als Wehrkreisadjutant fungierte Oberst Völckers[232].

Erst am 5. Februar 1946 wurde das Deutsche Hauptquartier Nord aufgelöst. Seine Aufgaben führte der „Zivile Dokumentenstab“ zusammen mit der „Zentralen Auskunftsstelle“ und dem „Zivilen Abwicklungsamt Deutsche Wehrmacht“ weiter[233]. *Diese zivilen Dienststellen erledigten notwendige Aufgaben, schufen sich aber auch vorgeschützte, um die eigenen Arbeitsplätze zu erhalten. Die Stäbe hatten unter anderem die Wehrsoldzahlungen nachzuprüfen, bei denen es im Chaos der Entlassungen allerhand Unstimmigkeiten gegeben hatte[234]. Auch besorgten sie vielen ehemaligen Soldaten noch Rentennachweise und befaßten sich mit Suchanzeigen[235]. Dann wurden Kostenrechnungen der Reichspost aus Forderungen an ehemalige Wehrmachtdienststellen überprüft, Fernsprechgebührenrechnungen für ehemalige Wehrmachtanschlüsse in Schleswig-Holstein bearbeitet[236].*

Beim Oberfinanzpräsidium Hamburg wurde eine Stelle „Vermögenserfassung Heer, Luftwaffe und RAD“ eingerichtet. Hier fanden ehemalige Regierungsinspektoren und Amtmänner des Luftgaues XI Beschäftigung. Weit über die Kapitulation hinaus war auch Generalmajor Freiherr von Werthern als „Wehrmachtstandortältester und Kreiskommandant Groß-Hamburg“ tätig. Er und sein Stab befolgte in alter Weise die Befehle der oberen Stellen (deutsche und britische) und produzierte eigens Stabs- und Standortbefehle. Georg Meyer gibt Beispiele der Tätigkeiten: „Entlassung oder nicht, Operation Knickerbocker, Rückführung Gefangener, Zahlung oder Nichtzahlung von rückständigem Wehrsold, Suchanzeigen, Ausgangssperren, verlorengegangene Dienststempel, Betreuungsabende – ein Betrieb wie im Krieg und normalen Zeiten mit Meldungen, Fehlanzeigen, Formblättern jeder Art. Die Kleiderkasse verkaufte Feldmützen zum Sonderpreis, auf Einhaltung von Disziplin und Grußpflicht mußte nachhaltig hingewiesen werden“[237].

Im April 1946 mußte Adjutant Völckers Gerüchten entgegentreten, die Briten benötigten deutsche Generalstabsoffiziere. Bewerber hatten ernsthaft bei ihm nachgefragt[238]. *Am 5. August protestierte er gegen eine den Generalsstand verunglimpfende Hörfolge des Nordwestdeutschen Rundfunks[239]. Der Zivile Dokumentenstab Hamburg wurde Ende Juli 1946 aufgelöst, betrieb aber seine Geschäfte bis Mitte August weiter.*

In der zeitgeschichtlichen Literatur heißt es noch 1982: „Einige später in der Dienststelle Blank und wieder in den Streitkräften verwendete Offiziere haben diese seltsame Zeit in Hamburg deutlich in Erinnerung, in der viele sich über das wirkliche Ende einer Epoche noch etwas vorgaukelten“[240].

General Brian Robertson aber erklärte den Sowjets: „Ich betone, daß diese Leute nur in der Verwaltung tätig sind. Sie werden scharf von den Briten überwacht. Sie werden nur zeitweilig verwendet, und zwar nur, um den britischen Stäben Arbeit zu ersparen, bis alle ehemaligen Wehrmachtangehörigen entlassen sind“[241].

Das endgültige Aus kam für die Wehrmacht mit dem Gesetz Nr. 34 des Alliierten Kontrollrats am 20. August 1946. In Artikel I wurde die Wehrmacht mit allen Truppen und Verbänden zu Lande, zur See und in der Luft, allen Führungs- und Ausbildungseinrichtungen, sämtlichen militärischen und halbmilitärischen Organisationen „sowie allen Vereinen und Vereinigungen, die der Aufrechterhaltung der militärischen Tradition in Deutschland dienen“, als „aufgelöst und völlig liquidiert betrachtet und für ungesetzlich erklärt“. Artikel II untersagte die Aufrechterhaltung, Bildung und Wiedererrichtung des deutschen Militärs für jetzt und in Zukunft (!), Artikel III setzte alle die Wehrmacht betreffenden Gesetze und Anordnungen sowie die Vorrechte auch der Familienangehörigen außer Kraft[242].

5 Operation „Barleycorn“

Die britischen Behörden – eine drohende Hungernot und Massensterben vor Augen – reagierten auf die enorme Anzahl der Internierten trotz aller Sicherheitsvorbehalte bald mit dem wirksamsten Mittel: Entlassungen.

Schon im Mai besuchte eine Kommission von deutschen und britischen Ärzten die Lazarette und entließ Schwerverwundete und Schwerkranke[243]. *Ebenfalls noch im Mai wurden Volkssturmmänner und „Schüler-Soldaten“, die als Flak-, Marine- oder Luftwaffenhelfer gedient hatten, entlassen[244]. Hier galt der Grundsatz: Wer über 50 Jahre oder 17 Jahre alt war, brauchte nicht in die Internierung[245]. Ebenso blieb den Soldaten der Weg in die Gefangenschaft erspart, die schon vor dem 1. April 1945 aus der Wehrmacht entlassen worden waren[246].*

Entlassungen im größeren Stil wurden erst ab Juni vorgenommen, nachdem man die deutschen Soldaten nicht mehr als ein so großes Sicherheitsrisiko ansah. Sie sollten vor allem der Landwirtschaft helfen, die ohnehin durch den Krieg geschmälerte Ernte einzubringen, aber auch humane und soziale Aspekte spielten eine Rolle[247].

Das Signal dazu gab Montgomery am 30. Mai in einer persönlichen Botschaft an die Bevölkerung der britischen Zone: „Mein unmittelbares Ziel ist es, für alle ein einfaches und geregeltes Leben zu schaffen. In erster Hinsicht ist dafür zu sorgen, daß die Bevölkerung folgendes hat: a) Nahrung, b) Obdach, c) Freisein von Krankheit. – Die Ernte muß eingebracht werden. Das Verkehrswesen muß neu aufgebaut werden. Das Postwesen muß in Gang gebracht werden. Gewisse Industrien müssen wieder die Arbeit aufnehmen. Dieses wird für jedermann viel schwere Arbeit bedeuten … In dem britischen Besatzungsgebiete sind viele deutsche Soldaten, Flieger und Matrosen. Sie werden zur Zeit in besonderen Gebieten versammelt. Die deutsche Wehrmacht sowie alle anderen bewaffneten Verbände werden entwaffnet und aufgelöst. Alle deutschen Soldaten, Flieger und Matrosen werden nach ihren Handwerken und Berufen gemustert. In wenigen Tagen wird damit angefangen werden, sie von der Wehrmacht zu verabschieden, damit sie mit der Arbeit beginnen können. Vorrecht in der Dringlichkeit hat die Ernte; darum werden Landarbeiter zuerst entlassen. Die Entlassung von Männern in anderen Handwerken und Berufen erfolgt, sobald es taktisch möglich ist.“

Nach dieser Erklärung begannen die Entlassungen. Um die Ernte einbringen zu können – viele Männer waren gefallen oder in Kriegsgefangenschaft, und die DPs standen nicht mehr zur Verfügung –, rief die britische Militärregierung zuerst die „Operation Barleycorn“ (Gerstenkorn) ins Leben. Sie lief am 4. Juni an[248]. Nun wurden täglich etwa 12.000 deutsche Soldaten entlassen[249]. *„Zum Beispiel forderte der Regierungsbezirk Aurich 1.000 Landwirte zur Erntebergung an. Dann hatten die Einheiten im Sperrgebiet die geeigneten Männer herauszusuchen und zu einer Entlassungsschleuse in Marsch zu setzen“, erinnert sich ein Wehrmachtsleutnant[250]. Im Sperrgebiet G wurden fünf und im Gebiet F drei „Disbandment Control Units“ aus den lokal stationierten britischen Einheiten aufgestellt[251].*

Im Juni 1945 wurde in Bad Segeberg das sogenannte „Barleycorn-Lager“ aufgebaut. Es bestand vor allem aus vielen hundert Zelten mit Abertausenden von Landsern[252]. *Die*

Persönliche Botschaft

des

britischen Oberbefehlshabers

(an die Bevölkerung des britischen Besatzungsgebietes in Deutschland)

1. Ich bin von der britischen Regierung mit der Befehlsgewalt und Kontrolle des britischen Besatzungsgebietes in Deutschland betraut worden.
   In diesem Gebiet waltet zunächst eine Militärregierung unter meinem Befehl.
2. Mein unmittelbares Ziel ist es, für alle ein einfaches und geregeltes Leben zu schaffen.
   In erster Hinsicht ist dafür zu sorgen, daß die Bevölkerung folgendes hat:
   (a) Nahrung,
   (b) Obdach,
   (c) Freisein von Krankheit.
   Die Ernte muß eingebracht werden.
   Das Verkehrswesen muß neu aufgebaut werden.
   Das Postwesen muß in Gang gebracht werden.
   Gewisse Industrien müssen wieder die Arbeit aufnehmen.
   Dieses wird für jedermann viel schwere Arbeit bedeuten.
3. Diejenigen, die nach internationalem Recht Kriegsverbrechen begangen haben, werden gesetzmäßig abgeurteilt und bestraft werden.
   Das deutsche Volk wird unter meinen Befehlen arbeiten, um das, was zum Leben der Volksgemeinschaft notwendig ist, zu schaffen und um das wirtschaftliche Leben des Landes wieder aufzubauen.
4. In dem britischen Besatzungsgebiete sind viele deutsche Soldaten, Flieger und Matrosen.
   Sie werden zur Zeit in besonderen Gebieten versammelt.
   Die deutsche Wehrmacht sowie alle anderen bewaffneten Verbände werden entwaffnet und aufgelöst.
   Alle deutschen Soldaten, Flieger und Matrosen werden nach ihren Handwerken und Berufen gemustert. In wenigen Tagen wird damit angefangen werden, sie von der Wehrmacht zu verabschieden, damit sie mit der Arbeit beginnen können. Vorrecht in der Dringlichkeit hat die Ernte; darum werden Landarbeiter zuerst entlassen. Die Entlassung von Männern in anderen Handwerken und Berufen erfolgt, sobald es praktisch möglich ist.
5. Ich werde dafür sorgen, daß alle deutschen Soldaten und Zivilisten mittels Rundfunk und Presse über den Fortgang der Arbeit auf dem Laufenden gehalten werden. Der Bevölkerung wird aufgetragen, was zu tun ist. Ich erwarte, daß sie es bereitwillig und wirksam tut.

Gez. B. L. Montgomery
Feldmarschall
Oberbefehlshaber
des britischen Besatzungsgebietes.

Deutschland,
30. Mai 1945.

Büsum, 16. 6. 1945

Der erste offizielle Hinweis darauf, in welcher Weise die Besatzungsmacht die Wehrmachtsoldaten entlassen will.

aus den Entlassungslagern nach Hamburg und Schleswig-Holstein entlassenen ehemaligen Wehrmachtangehörigen wurden hier durchgeschleust und auf die Entlassungsorte verteilt. Diesen konnten die Internierten selbst angeben, es mußte nicht der Heimatort sein[253]. „Der größte Teil dieser Entlassenen muß zu ihren Familien nach außerhalb Schleswig-Holsteins abgewandert sein, wenn man die Zahlen der versorgten Zivilbevölkerung zugrunde legt. Aber zahlreiche ehemalige Soldaten blieben auch hier, vor allem wenn sie aus Gebieten stammten, in die sie nicht mehr zurückkehren konnten“[254]. Offenbar erschwindelten sich viele ihre Entlassung als Schleswig-Holsteiner nach Dithmarschen, wie dem Präsidenten des Landesarbeitsamtes Beschwerde geführt wurde. Er

Lieutenant-General Evely H. Barker (1894–1983), Befehlshaber des 8. britischen Corps. (Foto: Landesarchiv Schleswig-Holstein)

möge doch vor einer Entlassung nach Dithmarschen warnen, da dies als Sperrgebiet völlig überbelegt sei[255].

Insgesamt durchliefen 335.000 ehemalige Soldaten das Barleycorn-Lager in Bad Segeberg, darunter 310.000 bis Ende Januar 1946[256]. *Es war, wie die Briten selbstkritisch bemerkten, eine „hastige Aktion"*[257]. *Einige Soldaten meldeten sich auch freiwillig zu Arbeitseinsätzen in der Landwirtschaft außerhalb des Sperrgebietes und wurden nach deren Abschluß ins Sperrgebiet zurückgeführt*[258]. *Sie besaßen britische Passierscheine.*

Die Entlassungen gingen nun weiter nach Berufsgruppen und Heimatorten. Jeder Soldat mußte den Kommandanturen Beruf und Herkunftsland angeben. Es war nur die Angabe von Berufen aus einer beigegebenen Tabelle möglich. Wer seinen nicht darin fand oder schneller entlassen werden wollte, suchte sich einen aus der Tabelle. Selbst Akademiker trugen sich als Landwirte ein[259]. *Wer damit nicht durchkam, sah seine Kameraden bald wieder...*

Generalleutnant E. H. Barker, KBE, CB, DSO, MC.
Kommandierender General des 8. britischen Armeekorps:

Über den Wiederaufbau in Hamburg und Schleswig-Holstein

Vom Chaos zur Ordnung

„Etwa elf Wochen sind jetzt vergangen seit der Einstellung der Feindseligkeiten, und es ist an der Zeit, daß das deutsche Volk einen Begriff davon bekommt, was die britische Militärverwaltung in dieser kurzen Zeitspanne getan hat, um etwas Ordnung aus dem Chaos zu schaffen, das aus der sinnlosen Kriegsverlängerung der nationalsozialistischen Führung entstanden ist. Nachdem der größte Teil des Verkehrs- und Nachrichtenwesens und des Zeitungsvertriebs zum Erliegen kam, hat die Bevölkerung von Hamburg und Schleswig Holstein wenig Gelegenheit gehabt, das wahrzunehmen, was in weitem Umkreis um sie herum an Fortschritten und Verbesserungen erreicht worden ist.

WEHRMACHT

Bei der endgültigen Kapitulation Anfang Mai gab es in der Provinz Schleswig-Holstein über drei viertel Millionen deutsche Kriegsgefangene, teils in geschlossenen Einheiten mit ihrer gesamten Ausrüstung, teils in Auflösung. Außerdem lagen in Lazaretten, über die ganze Provinz und Hamburg verstreut, viele Tausende von Kranken und Verwundeten. Dazu kamen einige 90 000 Wehrmachtangehörige, die in Schiffen jeder erdenklichen Art aus Ostpreußen evakuiert worden waren, und weitere 245 000 aus Dänemark. So lagen hier Anfang Juni etwa ein und eine viertel Million deutsche Soldaten des Heeres, der Marine und der Luftwaffe, die entwaffnet und versorgt werden mußten.

Um die erforderliche Organisation für die Beaufsichtigung und spätere Demobilmachung dieser Truppen zu schaffen, wurde beschlossen, sie in Einheiten zusammenzufassen und in zwei Gebieten zu konzentrieren. Oldenburg i. H. und die beiden Kreise von Dithmarschen wurden wegen ihrer geographischen Eignung gewählt. Innerhalb dieser Gebiete ist die Verantwortung für die Truppe unter britischer Aufsicht deutschen Befehlshabern mit ihren Stäben übertragen worden. Infolge der Überfüllung innerhalb dieser Gebiete hat es wenig Komfort gegeben. Das mußte aber in Kauf genommen werden, um die spätere Demobilmachung zu vereinfachen.

Die Demobilmachung begann am 4. Juni, bevor noch die Zusammenfassung der deutschen Truppen abgeschlossen war. Am 18. Juli waren bereits 370 000 Mann aus lebenswichtigen Berufen mit ihren Papieren versehen, ärztlich untersucht, entlöhnt und in ihre Heimatorte in der britischen und amerikanischen Zone zurückbefördert worden.

Die Demobilmachung geht weiter, und zu der Zahl der Entlassenen kommen in allernächster Zeit noch 84 000 Mann aus Norwegen. Gegenwärtig müssen Soldaten, die in der russischen Zone beheimatet sind, von dem Plan ausgeschlossen werden. Sie werden Einheiten zugeteilt, die aus technischen Gründen sowieso vorerst noch zurückbehalten werden müssen, und stellen damit andere Soldaten, die in der britischen oder amerikanischen Zone zu Hause sind, für die Entlassung frei.

(Fortsetzung auf Seite 2)

Barker gab im Kieler Kurier vom 28. 7. 1945 Einzelheiten über die Demobilisierung der Wehrmacht bekannt.

Gemeinsam mit den Landarbeitern wurden auch die Küstenfischer entlassen [260]. *Auch der Kohlebergbau wurde von den Briten als lebenswichtige Aufgabe angesehen. In der „Operation Coalcuttle" wurden auf einen Schlag in Schleswig-Holstein 13.000 Bergleute und solche, die es werden wollten, entlassen [261]. Vorrang hatten außerdem Berufe im Transportwesen, das völlig daniederlag [262].*

Am 18. Juli waren schon 370.000 Mann aus lebenswichtigen Berufen mit ihren Papieren versehen, ärztlich untersucht, entlohnt und in ihre Heimatorte in der britischen und amerikanischen Zone zurückbefördert worden, meldet Lieutenant-General Barker[263].

Das weibliche Wehrmachtpersonal (zumeist Nachrichtenhelferinnen) wurde recht frühzeitig in der Aktion „Flak" entlassen, bis Anfang November 35.000 Frauen[264]. *Es folgten die Mitglieder halbmilitärischer Verbände wie Organisation Todt, Postschutz und Bahnschutz. Die Einheiten des Reichsarbeitsdienstes (RAD) wurden an ihren jeweiligen Standorten in Schleswig-Holstein „eingefroren" [265], das meiste Personal bald freigesetzt. Antifaschisten und Verfolgte entließ man, sobald sie von ihrem Heimatort angefordert wurden [266].*

Anfang August startete die „Unternehmung Knickerbocker" (Kniehosen). Mit ihr wurden Soldaten entlassen mit wichtigen Zivilberufen bei Finanzämtern, bei der Post, beim Zoll, bei Gerichten, Katasterämtern und Krankenkassen [267]. *Sie mußten von berufsständischen Organisationen und Firmen angefordert werden [268]. Berufsgruppen wie Lehrer und Ärzte konnten bei Anforderung durch einen Arbeitgeber mit ihrer Entlassung rechnen [269], sofern sie keine zu stark belastende Vergangenheit hatten.*

Im Herbst/Winter wurden in der Operation „Trickle" etwa 350.000 weitere Deutsche entlassen, für die man kein Winterquartier hatte[270]. *In der Operation „Clobber" wurden etwa 283.000 Deutsche ins Zivilleben entlassen [271].*

Dabei erhielten immer die Soldaten ihre Entlassungspapiere zuerst, die ihren Wohnort in der britischen Zone hatten. Es folgten die mit Ziel amerikanische Zone, später die, die in die französische Zone entlassen werden wollten. Ab November wurden diejenigen entlassen, die in der Sowjetischen Besatzungszone und in Berlin ihre Heimat hatten. Übrig blieben die Soldaten mit Heimat im jetzt kommunistischen Einflußbereich in den polnisch und russisch verwalteten Reichsgebieten jenseits der Oder-Neiße-Linie und im Sudetenland [272].

Neben Beruf und Herkunft war der Dienstgrad das dritte Entlassungskriterium. Die einfachen Dienstgrade kamen zuerst an die Reihe, Offiziere und Stabsoffiziere zuletzt. Durch diese Tatsache nahm der Anteil der militärischen Führer unter den Internierten immer mehr zu[273].

Wer entlassen werden sollte, hatte sich in einer den örtlichen Wehrmachtkommandanturen zu melden und wurde dann zur zuständigen britischen Militärbehörde gefahren. Dort bekam man den Entlassungsschein und den Restsold. Der Entlassungsstab für Eiderstedt hatte seinen Sitz in der Kaserne des Seefliegerhorstes in Tönning. Die zu entlassenden Soldaten hatten Dreierreihen zu bilden und wurden dann „abgewrackt": Leutnant Werner Stangenberg, der jetzt in Gudendorf lebt, ging die Reihen zusammen mit einem englischen Offizier durch. Schulterklappen, Sterne, alle Auszeichnungen, Führerscheine, Fotografien und viele andere Sachen des persönlichen Eigentums mußten in eine große Holzkiste geworfen werden – was genau, entschied der englische Offizier – und waren den Soldaten dann für immer verloren. Stangenberg aber hatte seinen Soldaten vorher eingeschärft, Dinge, die sie behalten wollten, heimlich weiterzureichen an bereits kontrollierte Kameraden. „Wir haben eben alte Soldatenmaschen durchgezogen", erinnert sich der ehemalige Wehrmachtangehörige. Die Soldaten wurden dann auf Lastkraftwagen verladen. Stangenberg: „Mir tat es so leid, daß diese Soldaten alles hergeben mußten. Einmal habe ich in einem unbeobachteten Moment mit beiden Händen in die Kiste gegriffen und den abfahrenden Männern noch auf die Ladefläche geworfen. Wenn ich erwischt worden wäre, hätte das böse geendet." Stangenberg gehörte übrigens als Offizier und Angehöriger des Entlassungsstabes zu denen, die einen Passierschein zum Verlassen des Sperrgebietes erhalten hatten. Er selbst wurde im Sommer 1945 in Pelzerhaken entlassen.

Lag der Entlassungsort innerhalb der britischen Zone, wurde man dorthin gefahren. Dort mußte man sich beim Arbeitsamt und Wohnungsamt melden, um die Zuzugsgenehmigung zu erhalten und mit viel Glück auch eine Arbeit[274]. *Ebenfalls gab es für entlassene Soldaten nur mit Arbeitsamts-Stempel Lebensmittelkarten – ein perfektes System*[275]. *Wer aus den Sperrgebieten floh und somit nicht ordentlich aus der Wehrmacht entlassen war, konnte Schwierigkeiten bekommen bei der Zuzugsgenehmigung für einen bestimmten Ort und beim Empfang von Lebensmittelkarten*[276].

Trotz aller Überprüfungen gelang es doch auch einigen „großen Fischen", die begehrten Entlassungspapiere zu ergattern. Der Auschwitz-Kommandant Rudolf Höß brachte bei Kriegsende seine Familie in St. Michaelisdonn in Süderdithmarschen unter. Er selbst reiste als Marinesoldat zur Marinenachrichtenschule nach Rantum auf Sylt und ging von dort in das Sperrgebiet G. Er wurde im Zuge der Aktion „Barleycorn" in der Heider Kaserne entlassen und als Landarbeiter auf den Hof Hansen in Gottrupel bei Handewitt vermittelt[277]. *Erst am 11. März 1946 wurde er von britischer Militärpolizei gefaßt, für kurze Zeit zurückgebracht in die Kaserne Heide und schließlich 1947 vor seinem einstigen Haus in Auschwitz erhängt.*[278]

Nach Angaben des 8. britischen Corps und der Wehrmachtsverwaltung X betrug die Zahl der Kriegsgefangenen Mitte Juni 1945 in den Lagern Schleswig-Holsteins und Hamburgs 1,4 Millionen[279]. *Am 1. Juli gab es nach Erkenntnissen des Regional Food Office in Schleswig-Holstein und Hamburg noch 1,3 Millionen deutscher Soldaten in englischer Kriegsgefangenschaft*[280].

Die Gesamtstärke der beiden Internierungsgebiete F und G betrug am 10. August 311.000 Mann, davon stammten 135.000 aus der jetzigen Sowjetischen Besatzungszone und aus den Deutschen Ostgebieten. 136.000 der Wehrmachtangehörigen galten den Briten als Nichtdeutsche. Dies erklärt sich dadurch, daß die Besatzer alle Deutschen als Ausländer zählten, die vor dem Krieg außerhalb der Reichsgrenzen gelebt hatten, also auch Österreicher, Sudetendeutsche, Danziger, Memelländer und Deutsche in Ost- und Südosteuropa. Aber es gab gerade in der letzten Kriegsphase auch viele tatsächliche Ausländer in der deutschen Wehrmacht! Von den genannten 136.000 Nichtdeutschen in den Internierungsgebieten kamen 83.500 aus Österreich. Für sie und diejenigen aus der Tschechoslowakei, Polen, Türkei, Brasilien, Großbritannien, Griechenland, Vereinigte Staaten von Amerika, Argentinien, Bolivien und Baltenstaaten (sofern rückkehrwillig) wurde mit einer Rückführung „wahrscheinlich ziemlich bald" gerechnet[281]. *Den 7.000 Jugoslawen, Rumänen, Italienern und Bulgaren, die an deutscher Seite gekämpft hatten, räumte man ebenfalls gute Rückkehrchancen ein. Wahrscheinlich noch vor Wintereinbruch sollten die 1.500 Franzosen, Belgier, Holländer, Dänen, Norweger, Schweden und Schweizer in ihre Heimatländer zurückkehren. Bei den 27.000 Ungarn hielt man eine baldige Rückführung für unwahrscheinlich. Ob es eine Rückführung der 17.000 Letten, Esten, Litauer, Staatenloser und anderer nicht Rückkehrwilliger geben würde, stand noch völlig in den Sternen. Die Sowjetunion forderte dies (dazu mehr in Kapitel 7.3).*

Am 1. September waren in der britischen Zone 750.000 deutsche Gefangene noch interniert und 1,3 Millionen bereits entlassen. Anfang Dezember 1945 befanden sich noch 655.000 Wehrmachtangehörige in der britischen Zone (davon 126.000 Nichtdeutsche): 293.000 entwaffnetes Militärpersonal, 162.000 Dienstgruppenangehörige im Abwicklungs- und Minenräumdienst, 110.000 Kriegsgefangene und 90.000 Kranke[282].

Bis Mitte August 1946 entließen die Briten 2,9 Millionen Deutsche, die Amerikaner 200.000, die Russen 50.000[283] *und die Franzosen nur 30.000*[284]*. Schon diese Zahlen zeigen, daß den Briten eine langjährige Bestrafung der deutschen Soldaten nicht wichtig war. Die Kriegsgefangenen in englischer Hand hatten es in der Regel besser als bei den Amerikanern, Franzosen und Russen.*

Viele erwartete bei ihrer Rückkehr aber erst einmal Arbeitslosigkeit, und die Ernährungslage in Deutschland war 1946 und 1947 noch schwieriger als 1945.

6 Die Korpsgruppe Witthöft (Dithmarschen/Eiderstedt)

In Dithmarschen und auf der Halbinsel Eiderstedt, die 705 Kriegstote zu beklagen hatte[285], *rückten die Briten ab dem 10. Mai 1945 ein. Nur vereinzelte Trupps mit Sonderaufträgen durchfuhren schon ab dem 5. Mai die beiden Landschaften. In Brunsbüttel rückten am 7. Mai mittags die ersten englischen Besatzungstruppen ein, ohne daß ein Schuß fiel. Der fanatische deutsche Festungskommandant war nämlich von seinen eigenen Soldaten festgesetzt worden. Die deutschen Marineschiffe wurden im Kanal an den Dalben festgelegt, die Besatzungen gefangengenommen. In die Villa in der Koogstraße, die heute dem Bundesvermögensamt gehört, zog die britische Kommandantur ein. „Feindliche Panzer rücken an und besetzen den Markt. Die Embleme des Dritten Reiches sind überall über Nacht verschwunden", schreibt Pastor Jacobsen in der Meldorfer Kirchenchronik. „Eine Flut von Verhaftungen geht vor sich. Noch singen die Soldaten: Wir sind des Führers Soldaten… noch klingt es manchmal: Heil Hitler"* [286].

In Sarzbüttel kamen die ersten Engländer mit Panzerspähwagen und Jeeps. Die Angst der Landfrauen erwies sich als unbegründet, die Besatzer verhielten sich – hier zumindest – korrekt. Da Bettwäsche, Wolldecken und vieles mehr für den englischen Bedarf abzugeben war, wurde viel vergraben – und später nicht wiedergefunden[287].

In Albersdorf wehte bald die britische Flagge vor dem Amtsgebäude. Im früheren Hotel „Zur Börse" war das englische Wachlokal. In Wesselburen waren Panzer das erste, was die Einwohner von den „Tommys" zu sehen bekamen. In der Grabenstraße fuhr ein Panzer gegen einen Leitungsmast. Der Junge von Schlachter Carstens wurde vom umstürzenden Mast erschlagen. Aus der Hebbelstadt ist außerdem bekannt, daß Generalmajor Ivo-Thilo von Trotha, zuletzt Generalstabschef der Heeresgruppe Weichsel, hier auf seinem Weg zur Regierung Dönitz einen Zwischenstopp einlegte, um sich „passende" Personalpapiere für die Weiterreise zu besorgen[288]. *Es wird erzählt, daß er für die Regierung Dönitz vorgesehene Goldreserven mit sich führte, die dann über Umwege nach Büsum gelangten und dort später verschwanden. Am 13. Mai erreichte er jedenfalls tatsächlich Mürwik.*

In Büsum zogen englische Truppen am 10. Mai ein. Der Hafenkommandant Oberleutnant zur See Warns blieb als Ordnungskraft weiter im Amt. Später wurde er Leiter der Büsumer Fischerei-Gesellschaft[289]. *Die Briten beschlagnahmten das Altenteilerhaus von Claudius und Martha Thiessen neben dem Altenhof (Heider Straße 16). Zwei junge englische Offiziere richteten sich hier als „Ortskommandanten" ein. Sie hielten mehrere Hunde, und als Claudius Thiessen sein Haus zurückbekam, waren die Türen zerkratzt* [290]. *In Otto Warnsholdts „Rosengarten" in der Hohenzollernstraße war das englische Rote Kreuz untergebracht. Das Lager befand sich in der Wohnung von Carl Bornemann, der wie viele andere Büsumer innerhalb von wenigen Stunden sein Haus räumen mußte. Später holten englische Offiziere ihre Familien nach Büsum und brachten sie in den schönsten Häusern unter* [291].

In Platenhörn (Gemeinde Witzwort/Eiderstedt) hatte der junge Soldat Walter Koltze (später Architekt in Koldenbüttel) den Auftrag, das Wasserwerk der Stadt Tönning zu bewachen – unbewaffnet. Am 12. Mai sichtete er einen englischen Panzerspähwagen in Platenhörn. „Da habe dann auch ich kapituliert. Ich mußte mein Fahrrad abgeben"[292].

Der 1957 abgebrannte Altenhof vor Büsum. Das Altenteilerhaus wurde Sitz der englischen Ortskommandantur, im 50 Meter langen Stall nächtigten Hunderte deutscher Wehrmachtsoldaten. (Foto: Privatbesitz)

Die Bevölkerung war überwiegend erleichtert, daß die Briten vor den Sowjets einmarschierten[293]. *Tagessorgen bestimmten das Denken der meisten, das Ausmaß der Niederlage noch gar nicht begreifend. Die Flüchtlinge aus dem Osten glaubten damals auch noch, in ihre Heimat zurückkehren zu können.*

Allerorten verschwanden die Namen führender Nationalsozialisten aus dem Straßenbild. In Meldorf wurde die Adolf-Hitler-Straße in Süderstraße umbenannt, die Horst-Wessel-Straße (jetzige Bundesstraße 5) in Heider Straße, Jungfernstieg und Marner Straße, der Otto-Streibel-Weg (Streibel war einer der Toten in der „Wöhrdener Blutnacht" von 1929) in Wiedemannsweg[294]. *Aus dem von nationalsozialistisch „zuverlässigen" Siedlern bewohnten Adolf-Hitler-Koog (jetzt Dieksanderkoog, Gemeinde Friedrichskoog / Süderdithmarschen) wurden die Einwohner ausgesiedelt*[295].

Unmittelbar nach der Kapitulation wurden erst einmal alle internierten Soldaten auf die Halbinsel Eiderstedt geführt. Es waren in erster Linie die deutschen Besatzungstruppen aus Dänemark und die deutschen Soldaten, die sich in den letzten Kriegstagen vor der Roten Armee dank der Marine sowie mit requirierten Schiffen über die Ostsee nach Dänemark hatten retten können. Von letzteren waren viele verwundet. Die „Husumer Nachrichten" vom 8. Mai 1945 berichten: „Die deutschen Truppen, die sich von Dänemark auf dem Weg in das Deutsche Reich befinden, sollen von den britischen Truppen auf dem Reichsgebiet entwaffnet werden." 195.000 Mann waren es insgesamt, die vom 7. Mai bis Ende Mai in sechs Marschgruppen aus Dänemark in den Süden abmarschierten[296]. *Insgesamt sollten 258.000 Wehrmachtangehörige Dänemark bis zum 29. Juli verlassen*[297], *aber auch mit Ziel Ostholstein.*

Der Wehrmachtoberbefehlshaber in Dänemark Generaloberst Georg Lindemann, seit 6. Mai als Armee Lindemann dem Oberbefehlshaber Nord direkt unterstellt, legte Wert auf das äußere Erscheinungsbild seiner Männer: „Es kommt darauf an zu zeigen, daß die

Soldaten der Nordarmee müssen sich an der deutsch-dänischen Grenze vor einem Zivilisten entwaffnen, was vielen sichtlich leicht fällt, da ihnen die Aufnahme in ein britisches (nicht russisches!) Kriegsgefangenenlager zugesichert worden ist. (Foto aus: Simons)

deutsche Wehrmacht ungeschlagen und in voller Ordnung das Land verläßt."[298] *„Wir mußten jeden Tag 50 Kilometer in Dänemark laufen, getrieben von dänischen Einheiten", erinnert sich Heinz Gehre, der als Infanterist mit der Marine von der Halbinsel Hela („ein Hexenkessel") nach Sökeburg entkommen war. Als sie die deutsche Grenze erreicht hatten, mußten die Wehrmachtsoldaten sich während des Marschierens entwaffnen. „Wir mußten Gewehre, Pistolen, Munition und auch Gasmasken auf einen großen Berg werfen."*

Sie streckten auf diese Weise die Waffen vor den Briten und nicht vor den Dänen! Vor Überschreiten der Grenze wurden die Deutschen genauestens untersucht und überprüft. 2.500 Gestapomänner und hohe NSDAP-Funktionäre, die widerrechtlich Wehrmachtuniformen angelegt hatten, wurden verhaftet[299]. *Die meisten Soldaten kamen zu Fuß im Internierungsgebiet an. Erst nachdem Generaloberst Lindemann Protest bei den Briten eingelegt hatte, durften sie Fahrräder, Sanitätsfahrzeuge und andere Kraftfahrzeuge mitnehmen[300]. Auch die Eisenbahn durfte nun benutzt werden.*

Beim Rückmarsch der deutschen Nordarmeen aus Dänemark lag Eiderstedt praktisch „auf halbem Wege". Aus dem Lagebericht des Oberkommandos der Wehrmacht vom 13. Mai 1945 erfahren wir: „Die Marschbewegungen verlaufen planmäßig. Auf Befehl der Engländer werden deutsche Truppen auf Eiderstedter Halbinsel gesammelt. Bisher 33.700 Mann eingetroffen"[301]. *Am 19. Mai haben bereits 95.000 Wehrmachtsoldaten die*

General des Infanterie Joachim H. H. Witthöft (1887–1966), Kommandant des Sperrgebietes G (Dithmarschen/Eiderstedt). (Foto: Amtsarchiv Büsum)

deutsch-dänische Grenze passiert[302]*. Bis Ende Oktober sollten noch 80.000 Verwundete und Kranke und 13.500 Mann Sanitätspersonal kommen*[303]*.*

Am 11. Mai 1945 wurde General der Infanterie Joachim Witthöft zum Kommandanten der in Eiderstedt zu internierenden Soldaten ernannt. Joachim Hans Herbert Witthöft war 1887 in Marienwerder in Westpreußen geboren. 1943 bis 1944 war er taktischer Führer der Verteidigung der venezianischen Küste. Im Frühjahr 1945 befehligte er eine nach ihm benannte Kampfgruppe. Zuletzt hatte er sich mit seinem Stab in Bokel-Mühle niedergelassen. Am 2. Mai übernahm er den Volkssturm im Kreis Itzehoe von Kapitän z.S. Gustav Fiebig, dem Kommandanten im „Sicherungs- und Schutzbezirk Itzehoe“[304].

Am 3. Mai bedauerte er als Kampfkommandant von Elmshorn gegenüber dem dortigen Bürgermeister, die Verteidigungsvorbereitungen nicht einstellen zu können. Am 6. Mai verfügte er über 8.500 Soldaten[305]*.*

Auszug aus dem Korpsbefehl Nr. 6.

Gen.Kdo. II.Korps (L)
Führungsgruppe Ia

H.Qu. , den 11.5.45.

....

5) a ....

e) Beschleunigte ubd restlose Erfassung aller ausländischen Kriegsgefangenen- und Zivilarbeitslager. Überprüfung deren Zustand und Wohlfahrtseinrichtungen. Sofortige Ausgabe des Verpflegungssatzes "G" sicherstellen.

Bei der Durchführung ist zu beachten, dass nicht nur die in den Lagern Zusammengefassten, sondern die sich auch selbständig zu Gruppen zusammengeschlossenen, ehemals auf die Bauerngehöfte aufgeteilten Kriegsgefangenen, in gleicher Weise versorgt werden. Für dieletzteren sind die ehemals arbeitgebenden Bauern zuständig.

Es erscheint zweckmässig, dass in solchem Falle der Ortsbauernführer für die Eintreibung der Naturalien sorgt und diese unter Verantwortung des Bürgermeisters geschlossen [redacted] an die neugebildeten Lager abführen. Die Kriegsgefangenen bereiten sich dann ihre Kost selbst. Minderempfänge an Tabak und Salz sind auf jeden Fall zu vermeiden. Grundsätzlich sind alle Kriegsgefangenen und Zivilarbeiter aus den Beständen des zivilen Sektors zu versorgen.

f) Schaffung von Aufnahmegebieten für deutsche Kriegsgefangene auf den Halbinseln Eiderstedt, Norderdithmarschen und Süderdithmarschen.

Die Räume sind derart kasernenmässig vorzubereiten, dass möglichst viele Menschen auf engem Raum Platz finden werden, ohne dabei die landwirtschaftliche Nutzung des Landes einzuschränken.

Als Anhalt für die möglicherweise geforderte Belegung der Räume gelten für:

Halbinsel Eiderstedt 300 000 Kriegsgefangene
" Norderdithm. 200 000 "
" Süderdithm. 200 000 "

A lle Vorbereitungen sind zunächst nur für einen Sommeraufenthalt zu treffen . Der restlose Abtransport sämtlicher Flüchtlinge aus diesen Räumen ist unbedingtes Erfo-rdernis. In erster Linie wird der Raum Eiderstedt mit den aus Dänemark kommenden Gruppen belegt. Erst wenn die Kapazität dieses Raumes restlos erschöpft ist, darf der nächstsüdlichere belegt werden.

6) Im Rahmen der Kasernierungsvorbereitungen sind beschleunigt zu beschaffen oder zu erstellen:
a) Zelte aller Art (ehemalige Parteibestände erfassen)
b) Grossküchenanlagen (Industrie und Wirtschaft)
c) Waschanlagen (Industrie oder Wirtschaftseinrichtungen)
d) Holzbetten (jedoch keine Lazarettbetten abziehen)
e) Strohvorräte
f) Anlagen zur Herstellung von Papier oder Holzwolle
g) Strohsäcke
h) Sportplätze und andere Beschäftigungsmöglichkeiten.

Ehemalige ausländische Kriegsgefangenenlager sind sofort nach Abzug der Kriegsgefangenen vor Ausplünderung zu schützen und der neuen Verwendung dienstbar zu machen.

In einem seiner ersten Befehle gibt General Witthöft die britischen Anordnungen zur Unterbringung der deutschen Soldaten an der schleswig-holsteinischen Westküste weiter. Es ist zunächst von 700 000 Gefangenen die Rede! (Quelle: LAS Abt. 320 Eiderstedt Nr. 156)

Die Briten erklärten ihm nun am 11. Mai, er werde demnächst für etwa 700.000 Mann oder auch mehr verantwortlich sein[306]! *Der General sollte eine „Korpsgruppe Witthöft" bilden. Das 12. britische Corps erweiterte seinen Befehlsbereich auf die Kreise Pinneberg, Steinburg, Eiderstedt, Norderdithmarschen, Süderdithmarschen und einen Teil des Kreises Rendsburg.*

Sofort setzte sich Witthöft mit Militärs und deutscher Zivilverwaltung in Verbindung. Im Korpsbefehl Nr. 6 vom 11. Mai heißt es unter Punkt 5f): „Schaffung von Aufnahmegebieten für deutsche Kriegsgefangene auf den Halbinseln Eiderstedt, Norderdithmarschen und Süderdithmarschen. Die Räume sind derart kasernenmäßig vorzubereiten, daß möglichst viele Menschen auf engem Raum Platz finden werden, ohne dabei die landwirtschaftliche Nutzung des Landes einzuschränken. Als Anhalt für die möglicherweise geforderte Belegung der Räume gelten für Halbinsel Eiderstedt 300.000 Kriegsgefangene, für Norderdithmarschen 200.000, für Süderdithmarschen 200.000. Alle Vorbereitungen sind zunächst nur für einen Sommeraufenthalt zu treffen. Der restlose Abtransport sämtlicher Flüchtlinge aus diesen Räumen ist unbedingtes Erfordernis. In erster Linie wird der Raum Eiderstedt mit den aus Dänemark kommenden Gruppen belegt. Erst wenn die Kapazität dieses Raumes restlos erschöpft ist, darf der nächst südlichere belegt werden"[307]. *Angesichts dieser Ankündigung werden die Bürgermeister Augen gemacht haben!*

Am 14. Mai schrieb das „Generalkommando Witthöft" – noch immer von Bokel aus – dem Eiderstedter Landrat: „Innerhalb weniger Tage müssen im Abschnitt des Korps Witthöft Hunderttausende Deutscher Soldaten untergebracht werden. Es kommt darauf an, für diese auf engem Raum zusammengedrängten Truppen Unterkünfte zu schaffen, die sie vor den Wetterunbilden Westholsteins schützen. In der ganzen Provinz werden durch den Abtransport der alliierten Kriegsgefangenen und Fremdarbeiter[308] *zahlreiche Lager und Einzelunterkünfte frei. Es muß unbedingt gefordert und erreicht werden, daß diese Unterkünfte nicht durch die Bevölkerung oder Truppenangehörige ausgeschlachtet werden, sondern in vollem Umfang für Zwecke der deutschen Wehrmacht erhalten bleiben. Landräte und Bürgermeister tragen volle Verantwortung dafür, daß alle Baracken und sonstigen Unterkunftsmöglichkeiten, die für die Truppe geeignet sind, in einsatzfähigem Zustand bleiben. Die Größe der Aufgaben verlangt den vollen Einsatzwillen der zivilen Behörden."*

Das „Auffanggebiet" Eiderstedt wurde schon am 14. Mai zum Kriegsgefangenengebiet[309]. *Der Zugang nach Eiderstedt wurde bei der Gaststätte „Voßkuhle" (Gemeinde Südermarsch) abgeriegelt. Hier war Ein- und Ausgangskontrolle zur Sperrzone[310], und hier mußten auch alle noch vorhandenen Waffen auf einen Haufen geworfen werden. Der bekannte Nordfriese Johan Redlef Volquardsen trug vier Jahre den Soldatenrock und notierte dann in seinem Tagebuch: „Meine Armbanduhr, die mich durch diese Jahre begleitete, nahm mir ein englischer Wachtposten bei der Voßkuhle ab. Ich dachte: ‚Nimm sie nur; ich kann jetzt nach Hause'"[311]. Innerhalb weniger Stunden mußten die Häuser im Nordteil der Finkhaushallig (Gemeinde Simonsberg) und später auch im Südteil für die Besatzungstruppen geräumt werden. Polnische Zwangsarbeiter wurden bewaffnet und als Wachtposten an der Brücke der Straße von Simonsberg nach Husum und bei der „Voßkuhle" eingesetzt[312].*

Ein internierter SS-Mann berichtet: „Nach etwa einer Woche schickten die Engländer eine Stafette mit dem Text, daß in dieser Concentration area mehrere SS-Leute entdeckt worden seien, die sich unter Soldaten der Wehrmacht versteckt hielten. Jeder solle an Eides Statt versichern, daß er kein Angehöriger der Waffen-SS gewesen sei"[313]. *SS-*

Das Sperrgebiet G (Dithmarschen/Eiderstedt). Schraffiert ist die anfängliche Ausdehnung (erst nur Halbinsel Eiderste auf ganz Dithmarschen.

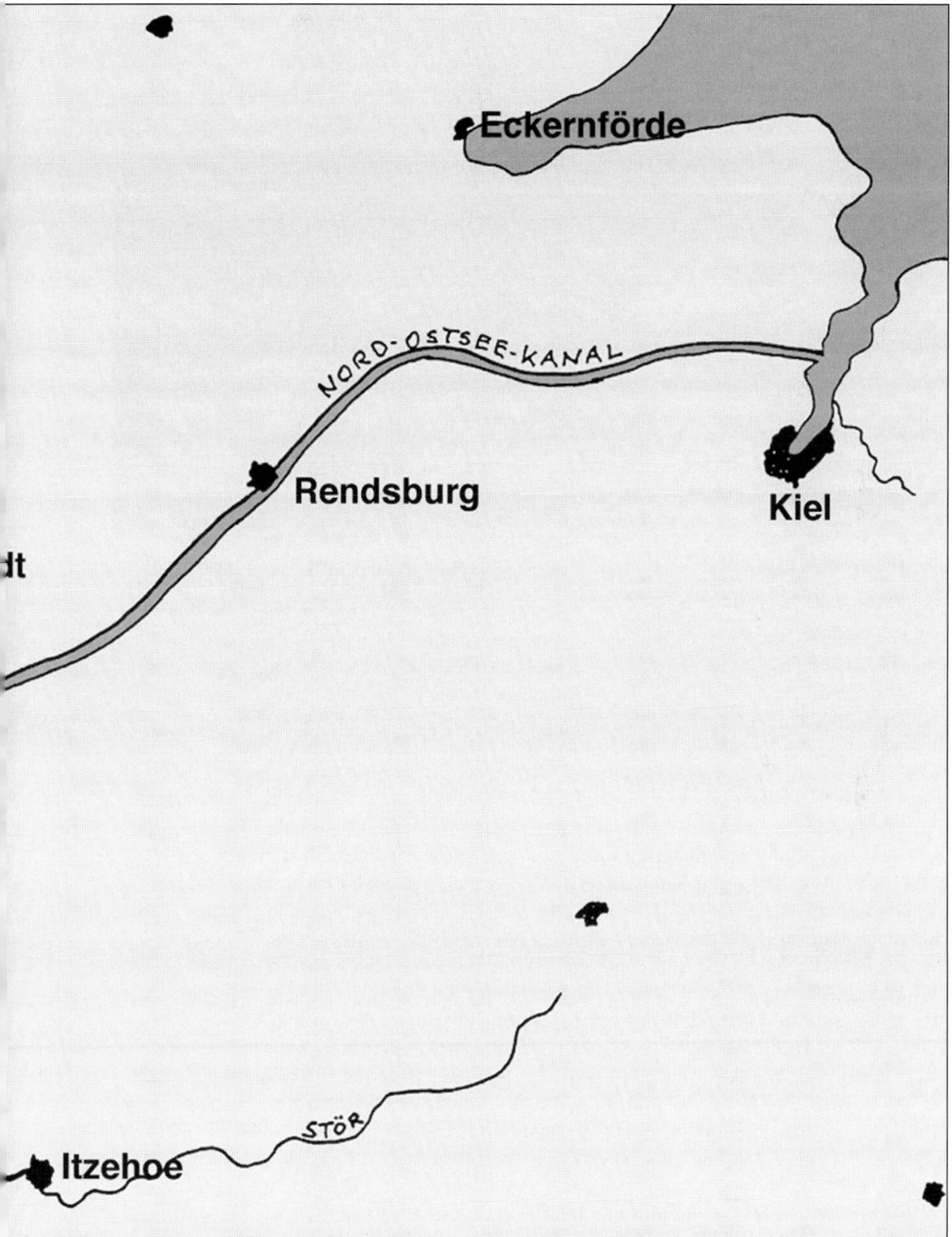

ann auch die Dithmarscher Nordermarsch). Erst am 5. Juni erfolgte die Erweiterung des Internierungsgebietes auch

Die natürliche Ostgrenze des Internierungsgebietes G war der Nord-Ostsee-Kanal (Aufnahme kurz nach dem Zweiten Weltkrieg bei Grünental). Da dieser damals nur 102 Meter breit war (heute 162 Meter), kam es immer wieder vor, daß internierte deutsche Soldaten in die Freiheit schwimmen wollten. Die Briten antworteten mit Schüssen. (Repro: Piening)

Angehörige, die sich meldeten, wurden auf die mit hohen Zäunen umgebene Fuchsfarm „Stadtshof" in Koldenbüttel verbracht. Hier kamen Mißhandlungen und Herabwürdigungen durch die Besatzungsmacht vor. Neben der SS waren auch SA- und NSDAP-Funktionäre hier interniert, besonders aus Friedrichstadt, Koldenbüttel, Seeth und Drage[314]*. Sie wurden hier vernommen. Im Herbst 1945*[315] *wurden sie – wenn die Vernehmungen entsprechend negativ ausgefallen waren – ins ehemals national-sozialistische Konzentrationslager Neuengamme 20 Kilometer südöstlich von Hamburg (heute Gedenkstätte und Justizvollzugsanstalt) verlegt*[316]*. Dieses hatten die Briten am 5. Mai verlassen und aufgeräumt vorgefunden*[317]*. Als die Halbinsel Eiderstedt restlos belegt war (zuletzt die Gemeinde St. Peter), kam es zur von vornherein geplanten Erweiterung des Sperrgebietes „G" nach Süden. Als erstes war am 16. Mai*[318] *die Nordermarsch an die Reihe, der westliche Teil des Kreises Norderdithmarschen. Die Chaussee von (in Nord-Süd-Richtung) Karolinenkoog über Zennhusen (Gemeinde Hemme), Blankenmoor und Tiebensee (beides Gemeinde Neuenkirchen) bis Överwisch (Gemeinde Norderwöhrden) galt als Grenze. Westlich davon, zur Nordsee hin, war Sperrzone für die Internierten. Entsprechende Sperrschilder wiesen darauf hin. „Verbotenes Gebiet" nannte es der Landrat für die restliche Bevölkerung Norderdithmarschens, da es nicht betreten werden durfte*[319]*.*

Wie die Absperrung vorgenommen wurde, weiß Frauke Johannsen, die sie als damals 13jährige auf dem väterlichen Hof von Otto Eggers im Karolinenkoog hautnah miterlebte, noch genau. Gleich nach der Kapitulation wurde an ihrem Hof und dem gegenüberliegenden Hof von Georg Eggers die Grenze für das anfänglich kleinere Internierungsgebiet gezogen. „Engländer besetzten den Hof nachts, nahmen unsere Wäscheleine

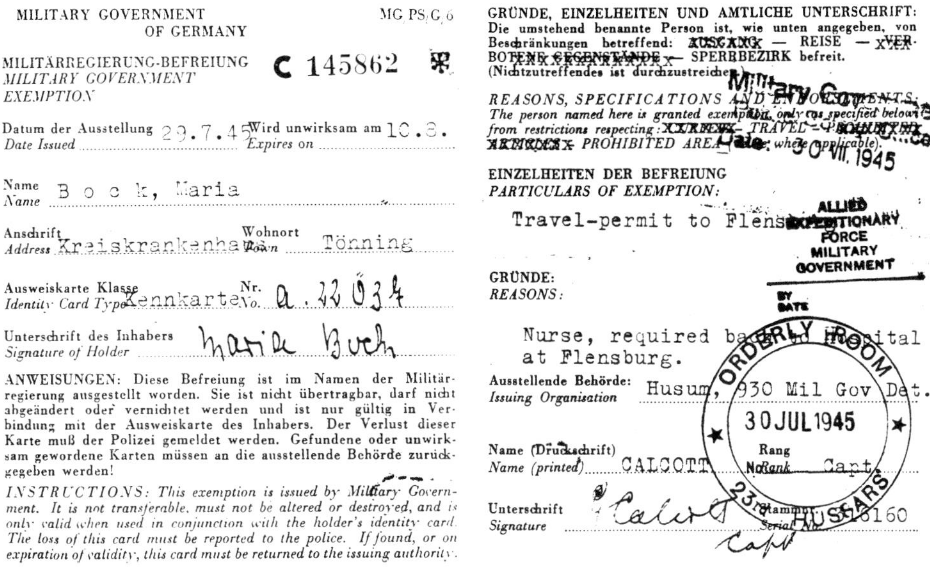

MILITARY GOVERNMENT
OF GERMANY

MG PS/G/6

MILITÄRREGIERUNG-BEFREIUNG
MILITARY GOVERNMENT
EXEMPTION

C 145862

Datum der Ausstellung / *Date Issued* 29.7.45 Wird unwirksam am / *Expires on* 10.8.

Name / *Name* B o c k, Maria

Anschrift / *Address* Kreiskrankenhaus Wohnort / *Town* Tönning

Ausweiskarte Klasse / *Identity Card Type* Kennkarte Nr. / *No.* a. 22 034

Unterschrift des Inhabers / *Signature of Holder* Maria Bock

ANWEISUNGEN: Diese Befreiung ist im Namen der Militärregierung ausgestellt worden. Sie ist nicht übertragbar, darf nicht abgeändert oder vernichtet werden und ist nur gültig in Verbindung mit der Ausweiskarte des Inhabers. Der Verlust dieser Karte muß der Polizei gemeldet werden. Gefundene oder unwirksam gewordene Karten müssen an die ausstellende Behörde zurückgegeben werden!

INSTRUCTIONS: This exemption is issued by Military Government. It is not transferable, must not be altered or destroyed, and is only valid when used in conjunction with the holder's identity card. The loss of this card must be reported to the police. If found, or on expiration of validity, this card must be returned to the issuing authority.

GRÜNDE, EINZELHEITEN UND AMTLICHE UNTERSCHRIFT:
Die umstehend benannte Person ist, wie unten angegeben, von Beschränkungen betreffend: ~~AUSGANG~~ — REISE — ~~VERBOTENE GEGENSTÄNDE~~ — SPERRBEZIRK befreit.
(Nichtzutreffendes ist durchzustreichen.)

REASONS, SPECIFICATIONS AND ENDORSEMENTS:
The person named here is granted exemption, only as specified below, from restrictions respecting: ~~CURFEW~~ — TRAVEL — ~~PROHIBITED ARTICLES~~ — PROHIBITED AREA (where applicable).

Military Government
Date: 30 VII. 1945

EINZELHEITEN DER BEFREIUNG
PARTICULARS OF EXEMPTION:

Travel-permit to Flensburg

ALLIED EXPEDITIONARY FORCE MILITARY GOVERNMENT

GRÜNDE:
REASONS:

Nurse, required back to Hospital at Flensburg.

Ausstellende Behörde: / *Issuing Organisation* Husum, 930 Mil Gov Det.

ORDERLY ROOM 30 JUL 1945 23rd HUSSARS

Name (Druckschrift) / *Name (printed)* CALCOTT Rang / *Rank* Capt.

Unterschrift / *Signature* Calcott Capt. Stamm-Nr. / *Serial No.* [illegible]160

Passierschein für eine Krankenschwester. Mit diesem Travel-Permit durfte sie von Tönning aus dem Sperrbezirk ausreisen, nachdem sie vom Flensburger Krankenhaus angefordert worden war. Unterschrieben hat Captain Calcott von der 23. Husaren-Einheit der 29. Panzerbrigade (11. Panzerdivision), die damals im Raum Husum/Bredstedt stationiert war. (Zur Verfügung gestellt von Dr. Rolf Kuschert, Husum)

und haben vor unserer Gartenpforte ein Karree abgesteckt, in dem der englische Kontrollposten laufen sollte. Die Grenze verlief genau durch unser Haus. Westlich war Internierungsgebiet, östlich nicht. Hinter unserem Haus ging es rechts ab nach Hemmerwurth. Unser Haupteingang lag dem Internierungsgebiet zu. Einmal kam ein Mädchen und grüßte uns in alter Gewohnheit noch mit „Heil Hitler" – und die Engländer standen dabei! Sie lief dann aber schnell durch unser Haus durch und verließ durch den Hinterausgang gleichzeitig das Internierungsgebiet."

Vor Heide war der englische „Checkpoint" an der ehemaligen Tankstelle östlich der heutigen Autobahnauffahrt an der Bundesstraße 203 (jetzt Kfz-Handel, Överwisch 2 in der Gemeinde Norderwöhrden). In der gegenüberliegenden Gaststätte (Överwisch 1) war das britische Wachlokal[320].

Die Briten blieben nur etwa drei Wochen an dieser Grenzlinie. Am 5. Juni wurde das Sperrgebiet G nämlich um das übrige Dithmarschen erweitert und auch die Norderdithmarscher Kreisstadt Heide mit einbezogen[321]. *Die Sperrschilder an der alten Markierungslinie wurden an diesem Tag eingezogen.*

Die Grenzen der Zone G stimmte jetzt nur in wenigen Punkten nicht mit den damaligen Kreisgrenzen überein: Ein Teil von Simonsberg und ein Teil der Gemeinde Südermarsch sowie anfangs auch die Insel Nordstrand, auf der die Truppenangehörigen der Waffen-SS zusammengezogen werden sollten[322], *gehörten noch dazu. Nicht dazu gehörte Brunsbüttelkoog. So verlief die Grenze von der Nordsee südlich Simonsberg über die Mildau bis zur Treene, von Koldenbüttel bis Schormoor (Gemeinde Osterrade) am Nordufer der Eider, dann bis Offenbüttel entlang dem Gieselau-Kanal und von dort an entlang dem Ostufer des Nord-Ostsee-Kanals bis zur Elbe*[323]. *Dieses Gebiet war*

„durch Sperrung der Kanal- und Eiderübergänge leicht zu bewachen", stellte Landrat Carl H. Hannemann später fest[324].

Die folgenden Ortschaften lagen eben innerhalb der Sperrzone und durften daher von keiner Zivilperson ohne gültigen Passierschein betreten werden: Finkhaus, Koldenbüttel, St. Annen, Horst, Delve, Pahlen, Wrohm, Offenbüttel, Wennbüttel, Grünental, Schafstedt, Hochdonn, Burg, Averlak, Westerbüttel, Brunsbüttel.

Der Dresdener Gerhard Hoffmann, Jahrgang 1927, versuchte am 8. Mai von Heide aus mit sechs Kameraden, sich in Richtung Heimat durchzuschlagen. In seinem Tagebuch schreibt er: „Kamen leider nur bis zum Kaiser-Wilhelm-Kanal. Der Übergang war von Engländern gesperrt. In der Nacht wollten wir rüberschwimmen. Wurden von anderen gewarnt, daß der Engländer mit Motorbooten und Scheinwerfern den Kanal abfährt und auf jeden Flüchtling schießen würde."

Das Gerücht stimmte. Das Betreten der beiden Gefangenenzonen an der Westküste und an der Ostsee war nur mit Passierschein erlaubt. Dieser mußte einen Stempel der britischen Militärregierung tragen und von einem britischen Offizier unterschrieben sein. „Jede Person, die gegen diese Bestimmung verstößt, setzt sich der Gefahr aus, streng bestraft zu werden", warnt der Kieler Kurier in seinem ersten Hinweis auf die Gefangenenzonen am 8. August 1945. „Passierscheine werden nur an folgende Zivilpersonen ausgegeben: Verwaltungsbeamte, Verpflegungspersonal und einige wenige Spezialarbeiter". Die Überschreitung der Sperrgebietsgrenzen war „weder von der See oder vom Fluß noch an irgendeiner Stelle" gestattet, „ganz gleich, ob es in einem Boot ist oder als Schwimmer, zu Fuß oder in einem Auto oder irgendeinem Fahrzeug, das von einem Tier gezogen wird". Für das Gebiet F wurde noch extra ausgeführt: „Es ist niemandem gestattet, an irgendeinem Ort dieser Zone zu landen, ganz gleich, ob es eine Stadt, Dorf oder unbewohnter Strand ist. Eine Übertretung wird strafrechtlich verfolgt." Das war deutlich.

Wer als internierter Soldat unerlaubt einen Fluchtversuch *hinaus unternahm, riskierte gar sein Leben. Heinz Gehre aus Sarzbüttel weiß zum Beispiel von seinem Cousin Paul Fink aus Fiel (Gemeinde Nordhastedt), daß dieser durch den Nord-Ostsee-Kanal in die Freiheit schwamm. Aber einige Flüchtlinge sind auch von Grenzposten erschossen worden*[325]*. Gehres Eindruck von seiner Zeit im Internierungsgebiet: „Wir waren weder gefangen noch frei." Dazu ein Heimatforscher: „Hart war es für die Soldaten, die aus den angrenzenden Landkreisen kamen. Sie konnten ihren Heimatort fast sehen, durften das Sperrgebiet aber nicht verlassen. Bei mehreren „Nacht- und Nebelaktionen" fanden aber einige doch den Weg nach Hause"*[326].

„Zwischen Kanal und Eider entsteht ein gigantisches Kriegsgefangenenlager. Die Postverbindung ist unterbrochen", schreibt Marie-Elisabeth Rehn[327]. *Friedrichstadt, sowohl an Eiderstedt als auch an Dithmarschen grenzend, gehörte nicht zum Internierungsgebiet. Die Eiderbrücke bei Friedrichstadt – damals gab es die bei Tönning und das Eidersperrwerk weiter westlich noch nicht – wurde scharf bewacht. Hier standen bewaffnete Posten, „manchmal Engländer, aber auch Polen und Italiener", wie sich Leitungsmeister H. Henkens aus Mildstedt erinnert. Die Brückenkommandanten aller Brücken waren in der Regel Engländer. Ohne Passierschein kam eigentlich niemand hinein zu den internierten Soldaten. Bei Frauen wurde schon einmal ein Auge zugedrückt, wie der Bericht von Erna Kracht (geboren 1899) beweist: „Ich bin trotzdem durchgekommen. Einmal wollten mich nach hartnäckigem Bitten die beiden Engländer auf der Friedrichstädter Brücke gerade weiterfahren lassen, als ein deutscher Polizist dazukam und mich mit energischen Worten vertrieb"*[328]*. Pfiffige Einheimische wechselten trotz der Wachen an* *der Eider zwischen Eiderstedt und Dithmarschen: über die Eisenbahnbrücke bei Friedrichstadt. Die deutschen Bahnwärter übersahen sie geflissentlich*[329].

Erna Kracht übrigens vermochte – sicherlich nicht als einzige – auch den Kontrollpunkt Lexfähre an der Eider zu passieren. „Die Engländer ließen mich schließlich durch das Sperrgebiet, obwohl es dort unmöglich sein sollte. Ich glaube, daß ihnen meine schlechte englische Sprache Spaß machte. Sie versprachen mir auch die Rückkehr für den nächsten Tag… Bekannte hielten es für unmöglich, daß man mich jetzt wieder herauslassen würde, es sei noch keinem gelungen. Aber die Engländer in Lexfähre winkten schon von weitem: „Okay, okay!" Mehrere Male bin ich gefahren, meistens kam ich, wenn es auf den Hauptstraßen nicht ging, auf Nebenwegen durch. Einmal ließ eine polnische Bewachung mich nach Eiderstedt durch, aber als ich am nächsten Tag zurück wollte, war zunächst keine Aussicht. Oben auf dem Seedeich hielten mich zwei Posten zurück… Da kam ich auf einen Trick. Ich setzte mich platt auf den Deich neben mein abgelegtes Fahrrad und erklärte: „Hier bleibe ich. Um 21 Uhr [Sperrstunde] können Sie mich verhaften." Schließlich wurde es ihnen wohl unbequem, wo sollten sie schließlich auch hin mit mir. Auf einmal winkte der Pole…"[330].

Auch bei Männern, die ins Sperrgebiet hineinwollten, halfen nur Kriegslisten. Hans Simon schaffte es nach mehreren Anläufen, in Zivilkleidung und mit einer Harke bestückt, über Fennen und Gräben zu seinem Haus in Simonsberg zurückzugelangen[331].

Anfang Juni wurden in Lexfähre, Grünental, Friedrichstadt, Eiderschleuse Nordfeld und bei der Bargener Fähre beiderseits Verbotsschilder aufgestellt. Auf Dithmarscher Seite lautete der Text: „Dieses Gebiet kann nur mit einem englischen Ausweis verlassen und wieder betreten werden. Zuwiderhandlungen haben schwere Bestrafung durch englische Militärgerichte zur Folge"[332]. *Das Baden in Eider und Nord-Ostsee-Kanal war verboten, um etwaige Fluchtversuche sofort erkennen zu können.*

Ab 10. Juni durfte kein Bewohner des Internierungsgebietes mehr die Stopplinie überschreiten, nur bei lebenswichtigen Angelegenheiten[333]. *Die Security Stop Line zum Gefangenengebiet kontrollierte die 7 Armoured Divison (Panzerdivision) im 12. Corps unter Befehl von Major-General L.O. Lyne*[334]*, das Hauptquartier wurde am 10. Mai von Hamburg nach Albersdorf (Kreis Süderdithmarschen) und am 28. Mai nach Itzehoe (Kreis Steinburg) verlegt. Lyne führte am 1. Juli die britischen Truppen nach Berlin*[335].

Der kleine Grenzverkehr war grundsätzlich verboten, auch auf Pendler wurde keine Rücksicht genommen. „Arbeiter, die ihre Arbeitsstelle im Kreise Rendsburg haben, ihren Wohnsitz aber im Kreis Norderdithmarschen, erhalten keinen Passierschein mehr. Sie müssen sich entweder an ihrer Arbeitsstelle einquartieren oder aber sich durch das Arbeitsamt umsetzen lassen. Bauern, die ihren Betrieb in Norderdithmarschen haben, teilweise Land auf der anderen Seite der Eider, müssen das jenseits der Eider liegende Land in anderweitige Bewirtschaftung geben", heißt es in der Anordnung des Landrats an die Ortspolizeibehörden.

Bürgermeister Thomsen aus Sankt Annen bat für die Einwohner seiner Gemeinde um eine Ausnahmegenehmigung, um wenigstens Friedrichstadt, wo fast alle Einwohner bisher ihre Geschäfte abgewickelt hätten, betreten zu dürfen. Der Landrat antwortete, die Militärregierung lenke auch in diesem Fall nicht ein[336].

Die Reste deutscher Truppen und Verbände wurden in Heide auf der Fichtenhain-Rennbahn entwaffnet[337] *und in Büsum beim Leuchtturm. In Wesselburen wurden die abgegebenen Waffen durch Panzer zerstört*[338]. *Wer konnte, versenkte seine Waffe auch wasserfest verpackt in einem Graben. Autos mußten zum Beispiel auf einem großen Abstellplatz bei Kating/Eiderstedt abgeliefert werden.*

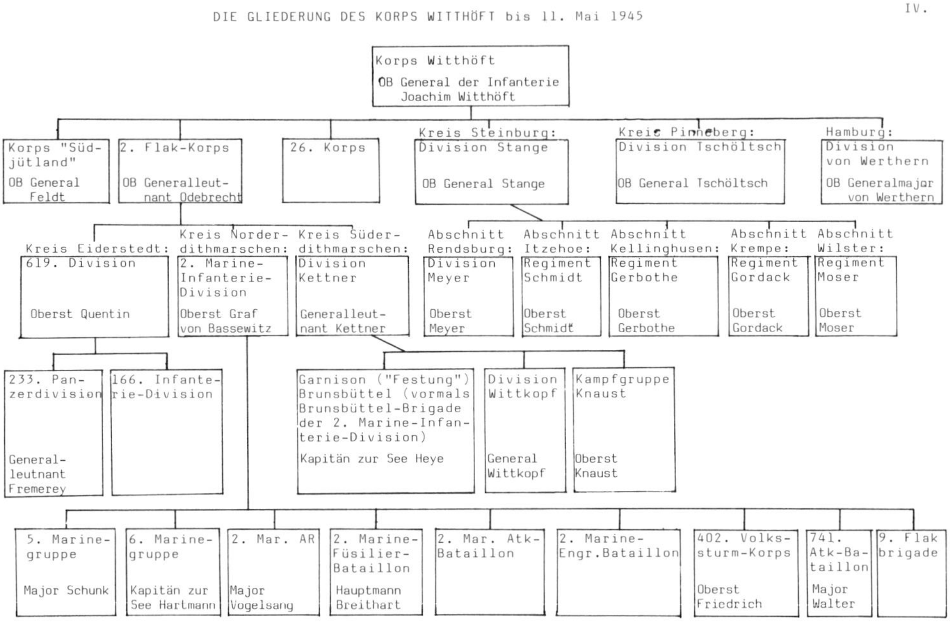

Die Gliederung des Korps Witthöft bis zum 11. Mai 1945. (Grafik: Piening)

Die Soldaten warteten vor allem auf den Bauernhöfen, in Scheunen und Ställen auf ihre Unterlassung[339]. *Es folgen Beispiele für die im Sperrgebiet G zusammengezogenen Einheiten. In Bunsoh bei Albersdorf lagerten Reste der 13. Panzerdivision, die den Namen „Feldherrnhalle" trug*[340]. *Der jetzt 74jährige Werner Stangenberg aus Gudendorf gehörte dazu: „Wir wurden hier am 8. Mai von den Engländern überrascht", erinnert er.*

In Büsum wurde am 16. Mai 1945 ein Gefangenenlager für etwa 1.000 Offiziere aller Dienstgrade und Waffengattungen eingerichtet[341]. *Viele deutsche Offiziere wurden per Zug nach Büsum gebracht*[342]*, viele auf englischen Lastwagen*[343]. *Neu eintreffende Offiziere wurden zuerst ins Quartieramt gebracht, das im „Seehund" untergebracht war (ab Anfang Oktober in der „Alten Post"). Dort wurden sie ihren Unterkünften zugewiesen. Die deutsche Verwaltung war in der Lesehalle für Badegäste (dort steht heute das neue Kurgastzentrum) untergebracht*[344]. *Die Mannschaften lagerten unterdessen vor dem Ort und durften Büsum nur mittags zwischen 12 und 14 Uhr betreten. Anschaulich schildert dies Annemarie Landenberger*[345]*: „Ihre leeren Kochgeschirre klapperten, wenn sie sich durch die Straßen schoben und vor jedem Lebensmittelladen haltmachten. Doch nur Sauerkraut ließ sich, wenn gerade Vorräte vorhanden waren, ohne Bezugsmarken erwerben. Hatten die Männer Glück gehabt, leerten sie die Kochgeschirre gleich vor dem Geschäft stehend. War kein Löffel vorhanden, langten sie mit den Händen zu und stopften sich den Kohl in den Mund, die herunterhängenden Fäden mit den Fingern nachschiebend. Ein Blick auf die Kirchturmuhr sagte ihnen, wann ihre Zeit im ‚Paradies' für heute abgelaufen war. Wenig später vollzog sich in den Straßen ein völliger Szenenwechsel. Die Uniformen saßen wie maßgeschneidert. Die Offiziere schwenkten keine Kochgeschirre und gaben sich gelassen… " Das Offiziersgefangenenlager in Büsum wurde im September 1945 aufgelöst*[346]. *Bis dahin wurde die Büsumer Gemeindegrenze* *von deutschen Offizieren bewacht. Nicht einmal ein Gang zum Rathaus oder zum Arzt war den Bewohnern der Nachbarorte ohne weiteres möglich*[347].

In Norderdithmarschen waren etwa 15.000 ungarische Soldaten einquartiert, fast alle in der Nordermarsch[348]. *Sie waren bei Kriegsende in Ausbildungslagern in der Lüneburger Heide gewesen, um die Kader einer ungarischen „Befreiungsarmee" im deutschen Sinne zu bilden. „Sie machen sich durch Diebstähle, namentlich aber durch Verwüstung des Getreides sehr unangenehm bemerkbar", klagte der Landrat am 11. August der Militärregierung*[349]. *Der ehemalige Wesselburener Hans Jensen Petersen weiß vor allem eins noch von den Ungarn: „Die haben uns Schuhe gemacht."*

Noch im November 1945 gab es in Norderdithmarschen ein „Kameradschafts-Hilfswerk"[350]. *Aus dem Bereich der 853. Division in Süderdithmarschen ist ein SS-Lager bekannt, sicherlich für Angehörige der Waffen-SS*[351]*, in Marne war im Krankenhaus in der Hafenstraße ein Marinelazarett für das südliche Dithmarschen eingerichtet*[352]. *Im Bereich der 858. Division lag die 551. Grenadier-Division*[353].

Im Christianskoog *(heute Gemeinde Nordermeldorf/Süderdithmarschen) waren im Juni 1945 Teile der Brigade 599 der russischen Wlassow-Truppen angekommen. Sie gehörten zur „russsischen Befreiungsarmee". Es waren Russen, die in deutsche Kriegsgefangenschaft geraten waren und dann freiwillig unter dem Oberbefehl des Generals Andrej Wlassow auf deutscher Seite gekämpft hatten. Ab 1944 trugen sie deutsche Uniformen und hatten den Status eines gleichberechtigten Alliierten des Großdeutschen Reiches. Die erst kurz vor Kriegsende aufgestellte Brigade lag zuletzt auf dem Truppenübungsplatz in Oxbüll bei Glücksburg. Nach der Kapitulation kam sie in die Gegend von Kotzenbüll auf Eiderstedt. Hier gerieten die Russen in Streit mit österreichischen Soldaten, den „Ostmärkern", weil sie wieder Hammer und Sichel propagierten. Zwei Russen wurden getötet, und die deutsche Militärpolizei mußte Schlimmeres verhindern*[354]. *Die internierten Russen wurden nun unter dem Kommando des deutschen Generals von Henning nach Süderdithmarschen geführt. Natürlich waren die Sowjets begierig, ihrer habhaft zu werden. Ohne Vorankündigung erschienen so im Christianskoog britische Truppen mit schwerer Bewaffnung, unter anderem Vierlingsflakgeschützen. Sie hatten den Befehl, die Russen abzutransportieren und an der Demarkationsline den Sowjets zu übergeben. „Das brachte Unruhe unter den Betroffenen. Für sie sei das der sichere Tod, erklärten die russischen Soldaten. Eine lange Lastwagenkolonnne brachte dann die niedergeschlagen wirkenden Männer gen Osten. Trotz der scharfen Bewachung soll es einigen gelungen sein, zu entkommen. Sie wurden von Bauern im Koog aufgenommen und verborgen gehalten", so ein Bericht*[355].

In Welt auf Eiderstedt lag Ende Mai 1945 das Landesschützenbataillon 210 unter Leutnant Hullmann bei Cornelius Christian und in Vollerwiek das 124. Regiment[356]. *In Sankt Peter lagen überwiegend Marinesoldaten*[357]. *Das Barackenlager in St. Peter-Böhl (siehe Kapitel 1) wurde mit U-Boot-Besatzungen belegt. Auch ein Stab des Befehlshabers der U-Boote (das war zuletzt Hans Georg von Friedeburg), hatte sich hier eingefunden*[358].

Die Einwohner der Eiderstedter Gemeinde Poppenbüll hatten noch zu Kriegszeiten freiwillig die Verpflegung der Wehrmachtsoldaten übernommen, die die Funkstation auf Neukrug bewachten. Doch als sich auch nach dem Waffenstillstand kein Abzug der Landser abzeichnete, schrieb der Bürgermeister dem Landrat am 7. Juni, es würden immer noch 16 Soldaten privat verpflegt. Der kommissarische Landrat antwortet, es gebe nach dem Reichsleistungsgesetz keine Möglichkeit, die Bevölkerung zur Verpflegung ohne Unterkunft zu verpflichten[359].

Der Tatinger Schulhof war voll von Soldaten, die sich alle irgendwie mit kleinen Arbeiten beschäftigten. „Es ging geregelt zu“, erinnert sich ein Eiderstedter. Auch russische Kriegsgefangene waren dabei. Die Briten kamen ab und zu zur Kontrolle[360]. *Die in einem Bauernhof in Tating untergebrachten Marineartilleristen der 5. Kompanie der Marinekriegsschule Husum, Bataillon Adler, führten Beschwerde gegen den Kompaniechef: „Seit unserer Gefangennahme und Überführung in den Kreis Eiderstedt werden wegen nichtiger Vorkommnisse erhebliche Strafen verhängt, zum Beispiel einmaliges Drücken vom Frühsport oder von einer Arbeitsverrichtung ein Tag Essensentzug, wegen nicht vollkommener Schließung des Wehrmachtsanzuges sieben Tage Abortreinigen“. Dazu soll der Oberleutnant gerufen haben: „Sind Sie schon vollkommen vergammelt?“[361]. Am 21. Juni berichtet die Kreisverwaltung, es hätten in den letzten Wochen 20mal Soldaten und Zivilisten Anzeigen für die Militärregierung beim Kreis vorgebracht. Einige meldeten eine nazistische Einstellung ihrer Offiziere. Der Kreis empfiehlt, die gemeldeten Offiziere gesondert unterzubringen und die bisherigen Führer von ihren Soldaten zu trennen.*

In Tönning wartete das Luftzeugamt auf Entlassung. Im Bereich der 845. Division, also auch in Eiderstedt, lag die 2. Marine-Infanterie-Division[362]. *Am 8. Mai war sie nach einem Fußmarsch von Brunsbüttel mit 3.000 Mann in Heide eingetroffen. Die Soldaten, zum Teil erst 16 oder 17 Jahre alt (Jahrgang 1928), waren aus den Kasernen in Eckernförde, Husum und Glückstadt rekrutiert und nur kurz ausgebildet worden. Drei Wochen lang hatten sie im westlichen Niedersachsen gekämpft, bevor sie sich am 28. April nach Cuxhaven und von dort aus nach Brunsbüttel abgesetzt hatten[363]. Ferner befand sich in Eiderstedt ein ungarisches Infanterieregiment[364].*

Die Beispiele zeigen, daß es sich um verschiedenste Einheiten handelte. Von U-Boot-Besatzungen bis zu Wehrmachtsbäckern war alles vertreten. „Es gab Infanterie- und Artillerie-Einheiten, aber auch Nachrichten-, Pionier-, Ordnungs- und Kfz-Verbände. Mit Sicherheit gab es aber keine Panzer-, Flak- und Luftwaffeneinheiten, wie dies die Sowjets behaupteten“[365].

Für Ordnung versuchte die deutsche Feldgendarmerie zu sorgen. Die „Kettenhunde“ (so genannt wegen ihres an einer Kette befestigten Schildes) wurden wiederbewaffnet mit Pistolen und hatten einen geregelten Dienst, während die anderen Truppenteile zusehen mußten, wie sie sich beschäftigten. Um 22 Uhr war Zapfenstreich[366]. *In Eiderstedt wurden Soldaten, Unteroffiziere und Offiziere einer motorisierten Kompanie aus Dänemark, die im Heverkoog bei Garding lag, als Military Police eingesetzt. Die Angehörigen wurden motorisiert, teilbewaffnet und in Gardinger Privatquartieren untergebracht[367]. Die Männer hatten nun auf einmal den britischen Captain Calcott in Husum als Vorgesetzten. Ihre Kommandanturen richteten sie im Gardinger Bahnhof und in der Gastwirtschaft Schau ein.*

Ende Mai verlegte Witthöft seinen Sitz von Bokel nach Meldorf. Die Abteilung II war in Jützbüttel (Gemeinde Osterrade, bei Albersdorf/Kreis Süderdithmarschen) stationiert, der Korpsarzt in der Heider Kaserne (jetzt Kreiskrankenhaus). Der Kommandierende General und Ritterkreuzträger teilte seinen Bezirk in drei Unterabteilungen ein, wobei er die Grenzen der Landkreise zugrunde legte: *Abschnitt A (Eiderstedt) mit der 840. bis 845. Division (Stab von General Feldt, Stabsintendant Kallweit, später Kaufmann[368]), Abschnitt B (Norderdithmarschen) mit der 846. bis 850. Division (Sitz in Weddingstedt; Generalleutnant Kettner, Stabschef bis 7. August Oberst Heim, danach Oberst Schilling) und Abschnitt C (Süderdithmarschen) mit der 851. bis 857. Division (Generalleutnant Odebrecht[369]).*

Not macht erfinderisch. Viele Soldaten schneiderten sich „flotte“ Anzüge aus dem, was es gerade gab. Das Bild zeigt Heinz Gehre aus Sarzbüttel/Dithmarschen mit einem Sakko aus Fallschirmstoff und einer Hose aus Pferdedecken. (Foto: Privatbesitz)

Eine „Division“ stellte dabei lediglich einen Unterbereich dar und keinen in sich geschlossenen militärischen Großverband. Jeder Abschnitt (sechs bis neun Divisionen) hatte so die Stärke von zwei früheren Korps. Die Korpsgruppe Witthöft mit ihren 20 Divisionen hatte die Stärke von zwei Armeen.

Die alten Ordnungen galten nicht mehr lange. Die Wehrmachtsangehörigen wurden in Hundertschaften eingeteilt. Zu Tagesbeginn und gegen Abend fand in der Regel ein Appell statt[370]. *Luftwaffeneinheiten gingen schnell im Heer auf, während Heer und Marine oft noch in ursprünglichen Verbänden bestehen blieben*[371]. *Immer neue Entlassun-*

Verpflegungsausgabestelle „Paradiesquelle“. Die damalige Gaststätte zwischen Buchholz und Burg i. D. ist heute ein Schullandheim. (Foto: Piening)

gen von Soldaten führten dazu, daß die Einheiten häufig neu zusammengestellt wurden. Schließlich wurde nach Entlassungsorten und Besatzungszonen geordnet, um die Massenentlassungen möglichst geordnet vonstatten gehen zu lassen. Auch wurde nach Nationalitäten getrennt.

Die Alliierten hatten in jeder größeren Gemeinde Ortskommandanturen eingerichtet. Sie sicherten sich die schönsten Häuser und versuchten, die positiven Seiten ihres Lebens fern der Heimat zu sehen. So wurde Tönning von britischen Husaren als „miniature Arcadia“ beschrieben[372]. *Die Briten residierten hier im Hotel Methmann am Markt.*

Die weiterhin bestehenden deutschen Kommandanturen erfaßten alle Soldaten mit ihrem Namen, beantworteten Anfragen von Angehörigen, hatten die Fürsorge für die Verwundeten in den Lazaretten, erfaßten Kriegsgerät und militärische Einrichtungen für die Briten[373]. *Ihre Kommandantur für das östliche Eiderstedt richteten die Deutschen auf der Moderswarft, dem Hof der Familie Mertens, in Koldenbüttel ein*[374].

Die Deutschen mußten sich an einen neuen Dienstweg gewöhnen. Soldaten wie Zivilisten war es „nur dann gestattet, sich unmittelbar an die englische Militärregierung zu wenden, wenn sie dazu vom Landrat in Heide die Genehmigung erhalten haben. Dieses gilt auch für telefonische Anfragen und Anrufe“[375]. *Bei feierlichen Anlässen hatten alle männlichen Deutschen vor dem Union Jack, der englischen Nationalfahne, den Hut abzunehmen*[376].

In der Heider Kaserne (heute Kreiskrankenhaus) befand sich eine Registrierstelle für die Soldaten in Dithmarschen. Im Arbeitsamt (Ernst-Mohr-Straße) mußten sie im Keller den Oberkörper freimachen und die Arme hochheben: Man wollte alle in der Wehrmacht untergetauchten SS-Leute entlarven, und diese waren an ihrer unter den Armen eintätowierten Blutgruppe zu erkennen.

Den Büsumer und Friedrichsköger Fischern wurde die Existenzgrundlage entrissen. Ein Befehl lautete: „Von Büsum aus – wie auch von allen Fischereihäfen des Internierungsgebietes – findet in Zukunft kein Fischfang mehr statt.“ Die Flotte sollte verlegt werden, zum Beispiel nach Husum[377]. *In den letzten Kriegsmonaten waren noch 106 Kutter in Büsum beheimatet gewesen, deren Besatzungen trotz Minen, Bomben und Tieffliegern ihren Beruf ausgeübt hatten*[378]. *Erst im März 1946 gaben die Briten die während des Krieges von der deutschen Marine gebauten Kriegsfischkutter (KFK) frei*[379].

Die Gedanken der Soldaten kreisten um die Sorgen, die auch andere Deutsche 1945/46 plagten: der quälende Hunger, die ungewisse Zukunft, die Frage, ob Frau und Kinder noch lebten. Hinzu kam das Heimweh. Andererseits gab es auch das Gefühl, „Gottseidank wir leben noch, wir haben es überstanden“[380]. *Diese Mischung aus Bedrückung durch die Alltagsnöte und Erleichterung über das Ende des mörderischen Krieges tritt auch in den wenigen erhaltenen Briefen von Internierten in Schleswig-Holstein zutage.*

Die wenigen Soldaten, die in der Internierung starben, wurden teilweise auf den örtlichen Friedhöfen beerdigt, so etwa in Osterhever zwischen dem 26. April und dem 14. Juli 1945 vier und in Garding zwischen dem 15. Juni und 27. Oktober 14[381].

Man mußte einfallsreich sein in der „schlechten Zeit“, in der es „nichts gab“. Gelernte Schneider aus den Truppen oder Flüchtlinge nähten für ein paar Mark aus Fallschirmstoff Unterwäsche, aus Wolldecken (Pferdedecken) Hosen, aus Bettbezügen Jacketts. „Das sah richtig schick aus“, erinnert sich eine Zeitzeugin[382]. Auch kam es vor, daß versteckte Hakenkreuz-Flaggen hervorgeholt wurden und man daraus Kleider und Röcke nähte, nachdem der weiße und schwarze Stoff entfernt worden war.

Vor allem in der Zeit direkt vor der Ernte mußten die Bauern häufig feststellen, daß Kartoffeln ausgegraben worden waren. Das sogenannte Abstoppeln der Felder, also das Kartoffelsammeln nach der Ernte, war dagegen erlaubt[383]. *Vor der Ernte wurden viele Getreidefelder, Rüben- und Kohlfelder von bewaffneten deutschen Soldaten bewacht. Die Briten hatten angekündigt, daß die Praxis des „living on the country“, also des Selbstversorgens von den Bauernhöfen, sofort aufhören solle*[384].

Ein Landwirt klagte der Kreisbauernschaft in Tönning am 28. September sehr anschaulich sein Leidwesen: Unmittelbar nach der Pflanzzeit seien die Kartoffeln sackweise ausgekratzt worden. Eine Abhilfe durch die Polizei sei in den unruhigen Wochen nach der Kapitulation ebenso wie nun in der Erntezeit nicht möglich gewesen, da die unbewaffneten Sicherheitskräfte den Tätlichkeiten der Menschenmenge ausgesetzt seien. „In der Marsch läuft und wandert überhaupt die gedankenlose Masse herum wie in einem Vergügungspark, auch querdurch. Das Aufstellen von Schildern hat sich als überflüssig erwiesen, weil dieselben Brennzwecken zugeführt werden“[385]. *Auch vom Hunger waren so viele Menschen betroffen, daß „keine Beere mehr am Strauch“ blieb*[386]. *Viele dachten damals: „Not kennt kein Gebot“ und handelten auch entsprechend.*

„Meine Kartoffeln auf dem Feld wurden natürlich einfach abgeerntet, ein Holzschuppen wurde als Brennmaterial langsam abgerissen, man konnte nichts dagegen machen“, weiß ein alter Hedwigenkooger zu berichten. „Auf anderen Höfen ging das auch nicht anders. Ich weiß es heute nicht mehr, wie lange alles gedauert hat, aber eines Tages war das Ende da. Soldaten, die nicht in die Heimat zurück konnten, suchten sich hier oder in der Umgegend einen Arbeitsplatz, jedenfalls fanden alle etwas, damit sie entlassen werden konnten“[387]. *Die entlassenen Soldaten konnten dort, wo es Arbeit gab, zum Beispiel in der Landwirtschaft, oft nur als Hilfsarbeiter herangezogen werden*[388].

Die Soldaten hatten normalerweise keine Lebensmittelkarten, sondern „lebten aus der Gulaschkanone“[389]. *Aber auch die Bauern halfen ihnen – gegen Arbeitskraft. Frauke Johannsen blickt zurück: „Wir haben die deutschen Soldaten beköstigt. Auch unsere beiden Waschkessel in der Waschküche wurden ständig benutzt, wir haben laufend gewaschen. Einige der Soldaten hatten Läuse. Viele Soldaten hatten im Krieg Kleinst-U-Boote (Abschußboote) gesteuert. Die meisten waren aus Dänemark zu Fuß hierher marschiert, waren ausgehungert. Es gab viel Ruhr. Meine Mutter bekam von den Engländern Kekse in Dosen, so päppelten wir manch einen mit Keksen und schwarzem Tee auf. Ein Bauer brachte mal ein Pferd mit, daß ein verletztes Bein hatte und erschossen werden mußte. Wir haben es im Waschzuber gekocht und gegessen. Auch schwarzer Mehlbeutel [mit Blut] wurde viel gegessen. Wählerisch durfte man nicht sein. Ein Schlachtschwein mußte auf soundsoviele Personen verteilt werden. Aber wenn mal eins starb, wurde es schwarz geschlachtet. Auch Landwirte durften von den Lebensmitteln nur ihre Ration zum Eigenbedarf behalten.“*

Eine typische Verpflegung auf den Höfen anno 1945 sah so aus: Bohnen und Speck, drei Mal die Woche eine Mehlspeise, ein bis zwei Mal in der Woche Fleisch[390]. *Es wurde mit Fischern getauscht, es gab viel Kartoffeln und viel Fett. Manche Soldaten ernährten sich zusätzlich von Grappen[391]. Auf der Geest gab es nicht so Leckeres: Kartoffelbrei mit Wasser. „Unsere Augen wurden ja schon größer, wenn wir nur eine Kartoffel sahen“, erinnert sich ein Landser[392].*

Auch aus Sankt Peter-Ording wird von mangelhafter Verpflegung berichtet. „Nur ein Hauptmann sah immer blühend aus: Er war Vegetarier und marschierte jeden Morgen in die Dünen und sammelte Kräuter, von denen er sich ernährte“, erinnert Marianne Oppel[393].

Zu trinken gab es in den Lokalen, soweit sie geöffnet hatten, „jenes scheußliche Heißgetränk, das einem noch in der Erinnerung den Magen umkrempelt“, berichtet ein anderer Zeitzeuge[394]. *Es war Wasser mit Farbstoff. „Aber man war ja damals sehr bescheiden geworden“.*

Die Regale in den Geschäften waren fast leer. „Jeder hielt die Ware fest, denn die Reichsmark war nur noch wenig wert“[395]. *Trotzdem fuhren Städter zu Hamstertouren hinaus aufs Land. Der Landser hat nie geklaut, er hat „organisiert“. Beim Schlachten wurde „gemogelt, daß die Heide wackelte“, erzählt ein Zeitzeuge[396]. Statt ein Schwein zu schlachten, waren es „meinetwegen drei und noch eine Färse dazu“.*

Für die Wehrmacht gab es am 8. Juni 1945 Verpflegungsausgabestellen in Kating, Kotzenbüll, Garding, Tating, St. Peter, Warmhörn, Witzwort, Heide (2), Haferwisch, Reinsbüttel, Hennstedt, Tellingstedt, Lunden, Meldorf, Meldorfer Hafen, Barlt, Frestedt, Schafstedt, Kronprinzenkoog-Nord, Brunsbüttel-Hafen, Gastwirtschaft Paradiesquelle (zwischen Buchholz und Burg, jetzt Schullandheim), Sarzbüttel (beim Bauern Paul Heesch, jetzt Butenschön, zuständig für Sarzbüttel, Nordhastedt, Tensbüttel und Odderade[397]) *und Bunsoh. Lager für einen Sechs-Tages-Vorrat standen in Friedrichstadt, Heide und Meldorf[398].*

Vom 26. Juni 1946 ist noch ein Brief eines internierten Soldaten an die Eltern erhalten. Er drückt einiges von dem aus, was viele Soldaten damals dachten. Hier einige Auszüge: „Nun hätten wir also glücklich wohl die schlimmste Zeit unseres Lebens überstanden ... Ich weiß, daß nun erst das Elend dieses Krieges zur Auswirkung gelangt und daß wir noch viel leiden und büßen müssen. Aber ich glaube an die Menschlichkeit und ihren Sieg, der sich so hart geboren hat ... So groß meine Sehnsucht nach Hause ist, will ich dankbar u. zufrieden sein über das gütige Geschick, das mich in diesem Kriege geleitet hat ...“[399].

Das Verhältnis der Landser zu ihren Vorgesetzten war normal, es herrschte Disziplin. „Es bestand die Verfügung, zwecks Aufrechterhaltung der Ordnung sind die militärischen Bestimmungen, wie sie vor der Kapitulation bestanden, gültig“[400]. *Das Verhältnis der deutschen Soldaten zu den Briten hat er als „einwandfrei“ empfunden.*

Die einheimische Landbevölkerung zeigte in der Regel viel Solidarität, wenn diese große Belastung natürlich auch an die Grenze des Zumutbaren stieß. „Daß die zusätzliche Einquartierung tausender Soldaten in die Bauernhäuser Eiderstedts ein enormes Potential an sozialen Konflikten in sich barg und die bäuerliche Bevölkerung, massiv betroffen wie sie war, die Aufnahme von etlichen tausenden von Flüchtlingen kaum anders denn als erdrückende Last wahrnehmen konnte, läßt sich auch vor der Analyse der historischen Quellen allein aus der allgemeinen Erfahrung vermuten und verstehen“, schreibt Uwe Carstens[401].

Die Zahl der Internierten im Sperrgebiet G entwickelte sich folgendermaßen:

Anfang Juni 1945	410.000[402]
1. August 1945	214.000 (darunter 16.900 Österreicher[403])
1. Oktober 1945	90.000[404]

Unmittelbar nach dem Zusammenbruch waren also in drei kleinen Westküstenkreisen mehr Soldaten zusammengefaßt, als heute die gesamte Bundeswehr zählt (Friedensstärke 370.000 Mann). Unvorstellbar heute, eine solche Masse Militär aufzunehmen!

Immerhin lag die tatsächliche Zahl der an der Westküste internierten Wehrmachtsoldaten deutlich unter den im Mai zunächst erwarteten 700.000. Daher mußten auch längst nicht alle Flüchtlinge und Vertriebenen weitergeschickt werden. Angesichts dieser „geballten Manneskraft“ wurden aber Frauen und junge Mädchen zwischen 16 und 35 Jahren von den Briten auf die Geest geschickt[405]! *Die Anordnung galt auch für Bauers- und Lehrersfrauen, nur einige Bäuerinnen durften zur Aufrechterhaltung des Betriebes bleiben. Bevorzugte Notunterkunft für die Eiderstedter Mädchen waren die am Geestrand gelegenen Dörfer Winnert, Rantrum und Oldersbek.*

Eingeweihte wußten schon früh, wie lange das Sperrgebiet G bestehen bleiben sollte. So schrieb Norderdithmarschens Landrat Dr. Otto Postel bereits am 28. August an den von den Engländern eingesetzten Büsumer Bürgermeister August Cornelius: „Bis Ende September 1945 werden die deutschen Soldaten unseren Kreis verlassen haben. Soweit sie bis dahin nicht zur Entlassung gelangen, werden sie in anderen Gegenden der britisch-besetzten Zone, teilweise sogar im Ausland zur Arbeit eingesetzt werden. Sie gehen also einer ungewissen und vielleicht auch sehr harten Zukunft entgegen, ohne mit ihren Angehörigen und mit ihrer Heimat Verbindung aufnehmen zu können. Ich bitte Sie, diesen Männern die letzten Wochen in unserem Kreis so zu gestalten, daß sie gern an uns zurückdenken. In derselben Richtung wollen Sie bitte auch auf Ihre Bevölkerung einwirken. Ich bitte, diese Angelegenheit absolut vertraulich zu behandeln.“

Selbst die deutsche Führung im Sperrgebiet hatte keinen so genauen Einblick in den Termin der Auflösung wie der Landrat. Laut einem Schreiben, in dem es um die Vorbereitung auf den Winter geht, ist noch im August 1945 offen, ob das Sperrgebiet G die kalte Jahreszeit über bestehen wird[406].

Das Sperrgebiet G wurde am 6. Oktober 1945 aufgelöst[407]. *Die Auflösung geschah Etappenweise. So wurde das Gefangenenlager Norderdithmarschen beispielsweise erst am 8. Oktober 1945 freigegeben*[408]. *Auch nach der Auflösung gab es noch eine Nachhut und ein Nachkommando*[409]. *Der 12. Oktober ist der offizielle Auflösungstermin*[410]. *Erst am 5. November 1945 meldet der „Kieler Kurier“: „Die Sperrzone „G“ hat jetzt zu bestehen aufgehört und der Verkehr von und nach den Landkreisen Eiderstedt, Nor-*

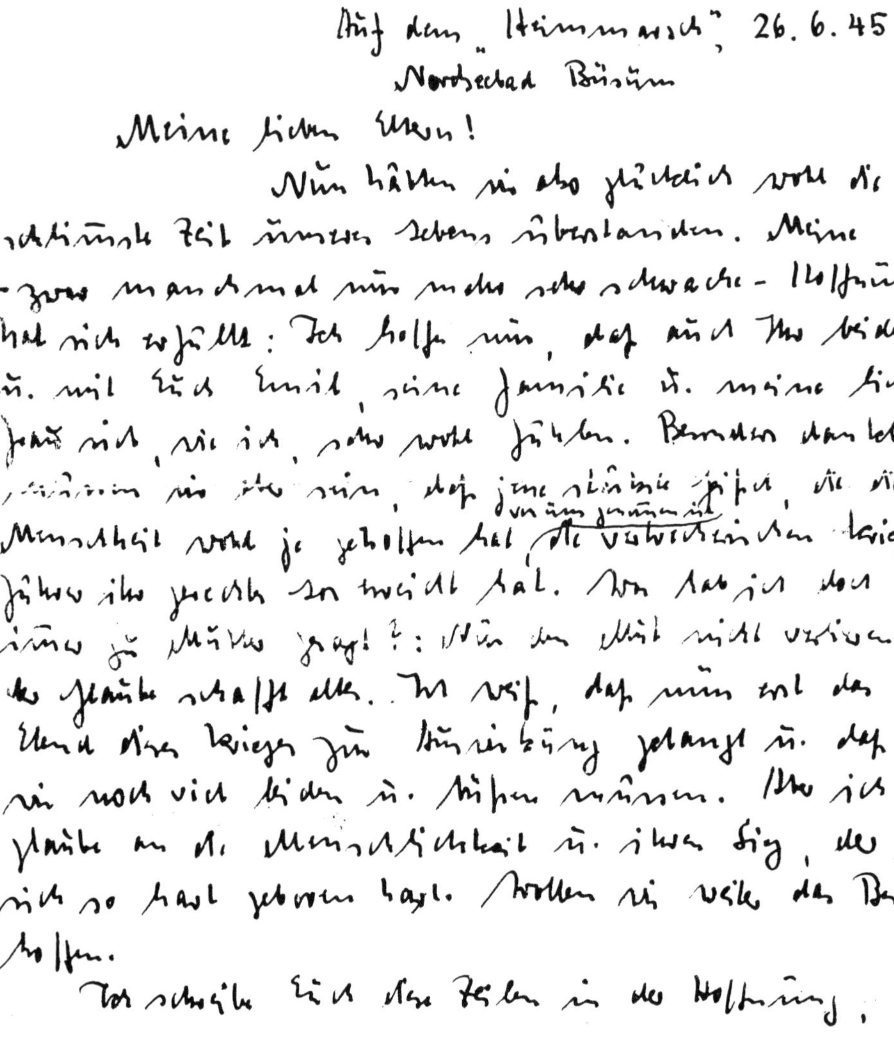

Auf dem „Heimmarsch", 26. 6. 45
Norderbad Büsum

Meine lieben Eltern!

Nun hätten wir also glücklich wohl die schlimmste Zeit unseres Lebens überstanden. Meine – zwar manchmal nur mehr sehr schwache – Hoffnung hat sich erfüllt: Ich hoffe nun, daß auch Ihr beiden u. mit Euch Emil, seine Familie u. meine liebe Frau sich, wie ich, sehr wohl fühlen. Besonders dankbar müssen wir aber sein, daß jene satanische Spitze, die von uns genommen ist, die Menschheit wohl je geholfen hat, ~~die verbrecherischen~~ Kriegsführer ihr gerechtes Los erreicht hat. Wie hab ich doch immer zu Mutter gesagt?: Nur den Mut nicht verlieren; der Glaube schafft alles. Ich weiß, daß nun erst das Elend dieses Krieges zur Auswirkung gelangt u. daß wir noch viel leiden u. büßen müssen. Aber ich glaube an die Menschlichkeit u. ihren Sieg, der sich so hart geboren hat. Wollen wir weiter das Beste hoffen.

Ich schreibe Euch diese Zeilen in der Hoffnung,

derdithmarschen und Süderdithmarschen ist künftig keinen Einschränkungen mehr unterworfen." Für den 30. November wird die Zahl der Internierten im ehemaligen Sperrgebiet G gegenüber dem Alliierten Kontrollrat mit null angegeben[411]. Die Abwicklungskommandos waren also bereits aufgelöst. Wir dürfen das endgültige Ende der Sperrzone G im November 1945 ansiedeln.

Am 12. Oktober zieht General Witthöft in Heide eine ausführliche Bilanz seiner Korpsgruppe: „Im ganzen waren die Divisionen aus Dänemark von dort so reichlich bevorratet gekommen, daß der Anschluß an die von [hier] bereitgestellte Verpflegung ohne Mühe herzustellen war. Größer waren die Schwierigkeiten auf allen anderen Gebieten, zumal auf dem der Geldversorgung... Unüberwindlich waren die Schwierigkeiten auf dem Gebiet der Bekleidung. Trotz des offensichtlich schlechten Bekleidungszustandes und fortgesetzter Vorstöße beim 8. brit. Corps gelang es nicht, auch nur eine nennenswerte Zuweisung zu erlangen. Das äußere Bild der Soldaten verschlechterte sich unter

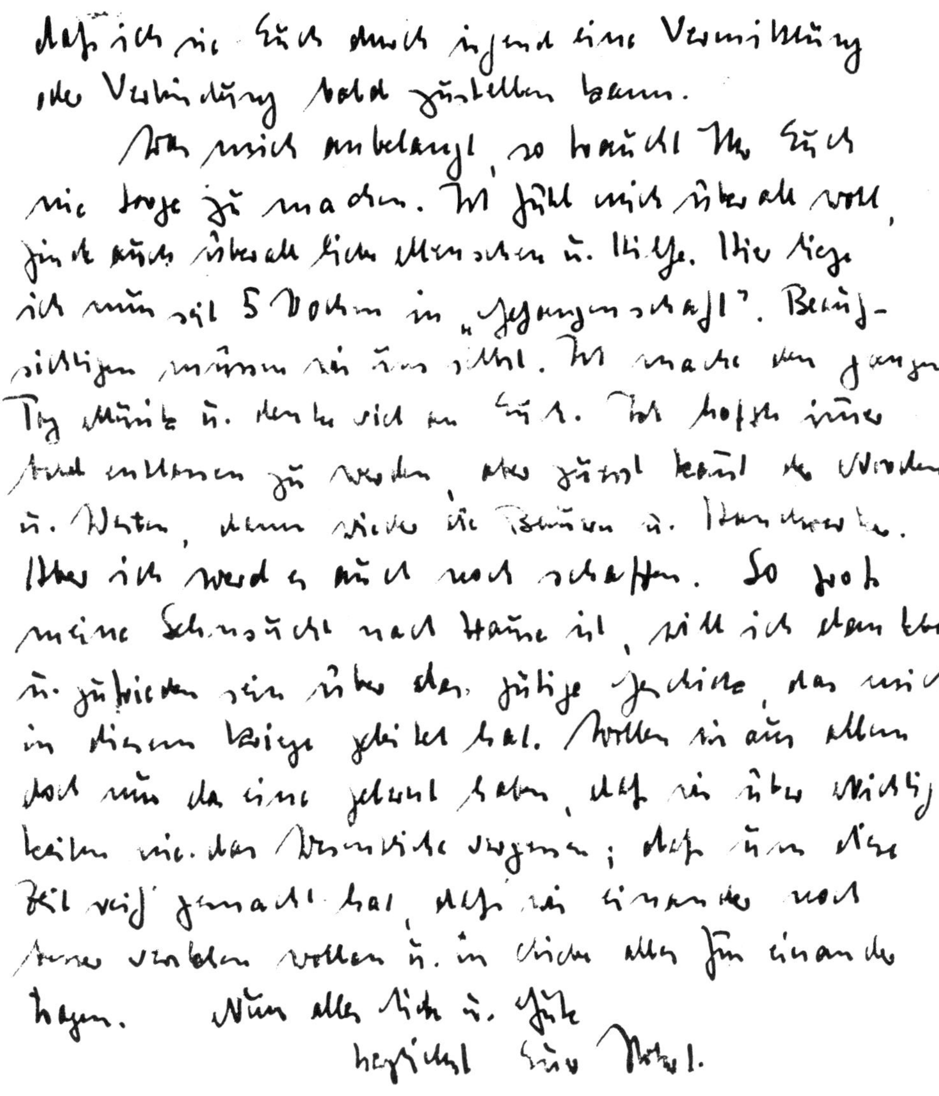
daß ich sie Euch durch irgend eine Vermittlung oder Verbindung bald zustellen kann.

Was mich anbelangt, so braucht Ihr Euch nie Sorge zu machen. Ich fühl mich überall wohl, finde auch überall liebe Menschen u. Hilfe. Hier liege ich nun seit 5 Wochen in „Gefangenschaft". Beaufsichtigen müssen wir uns selbst. Ich mache den ganzen Tag Musik u. denke viel an Euch. Ich hoffe immer bald entlassen zu werden, aber zuerst kommt der Norden u. Westen, dann wieder die Bauern u. Handwerker. Aber ich werde es auch noch schaffen. So groß meine Sehnsucht nach Hause ist, will ich dann etwas zufrieden sein über das gütige Geschick, das mich in diesem Kriege geleitet hat. Wollen wir aus allem doch nur das eine gelernt haben, daß wir über Nichtigkeiten nie das Wesentliche vergessen; daß uns diese Zeit reif gemacht hat, daß wir einander noch besser verstehen wollen u. in Liebe alles für einander tragen. Nun alles Liebe u. Gute

herzlichst Euer Robert.

„Hier liege ich nun seit fünf Wochen in ‚Gefangenschaft'", schreibt Unteroffizier Robert Seiler aus Büsum im Sperrgebiet G am 26. Juni 1945 an seine Eltern. „Beaufsichtigen müssen wir uns selbst. Ich mache den ganzen Tag Musik und denke viel an Euch. Ich hoffe immer, bald entlassen zu werden, aber zuerst kommt der Norden und Westen, dann wieder die Bauern und Handwerker." Um die Eltern zu beruhigen, schreibt er als Adresse „Auf dem Heimmarsch". (Privatbesitz)

diesen Umständen mehr und mehr. Aus Mangel an Instandsetzungsmaterial konnten weder Uniformen noch Stiefel geflickt werden. Auch Geräte aller Art waren kaum zu beschaffen, vielfach waren sie von der Besatzungsmacht in Anspruch genommen, z.T. zerstört, z.T. gestohlen, so daß aus dem Raum von Hamburg nur wenig in das Gebiet „G" zugeführt werden konnte. Die Unterbringung mußte dabei vielfach äußerst primitiv erfolgen, ein Zustand, der um so drückender empfunden wurden, als der Sommer außerordentlich regenreich und kühl war… Zweite Garnituren waren [wegen Bekleidungsnot] abzugeben (besonders bei Marine noch vorhanden), aber diese wurden dann von den Briten beschlagnahmt. – Am 9. Juni 1945 wurde vom 8. brit. Corps befohlen, daß alle Geldbestände bei Heeres- usw. Kassen sofort an die nächstgegelegene Reichsbank auf ein blockiertes Konto einzuzahlen wären. Des gleichen wurden alle Guthaben von Wm.kassen bei Reichsbankstellen, Banken und Sparkassen gesperrt. Eine Zahlung von Gehältern und Wehrsold war damit [vorübergehend] unterbunden... Kurze Zeit nach der Kapitulation wurde mit der Demobilisierung der Wehrmacht begonnen. Zu diesem Zweck wurden in den Internierungsgebieten „G" und „F" in Schleswig-Holstein ortsfeste Entlassungsstellen [in G: zwei Heide (dies waren die wichtigsten), eine Nordhastedt, eine Tellingstedt; später drei weitere in Meldorf für Entlassung in die amerikanische Zone[412]] *eingerichtet. Als Entlassungsgeld wurden für alle Mannschafts- und Unteroffiziers-Dienstgrade 40 Reichsmark und für alle Dienstgrade der Offiziere 80 Reichsmark von der 21. britischen Heeresgruppe festgesetzt. Jede Entlassungsstelle erhielt einen britischen Kontrolloffizier vom R.A.P.C. [Pay Control] zur Überwachung der Auszahlungen. Von jeder Entlassungsstelle sollten täglich 1.000 Mann abbefördert werden. Vom 4.6. bis 20.10.1945 [wurden] 15.164.200 Reichsmark Entlassungsgelder ausgezahlt [also etwa 350.000 Mann entlassen, der Verfasser]. Ab Juni 1945 wurde Wehrsold-Zahlung genehmigt, nachdem dem 8.brit. Corps der Nachweis geliefert wurde, daß die deutschen Stellen diese organisieren könnten. Zahlungen erfolgten in Alliiertengeld, da soviel deutsches Geld nicht mehr aufzutreiben war. Juni bis Oktober 1945 [wurden] 58 Millionen Reichsmark Wehrsold gezahlt. Aber Friedensgebührnisse und Anschluß an Kriegsbesoldung konnte nicht bei Briten durchgebracht werden. Viele Einheiten mit Zahlstellen waren schon aufgelöst, ehe das Zahlgeschäft überprüft werden konnte. Zusammengefaßt ist festzustellen, daß die Schwierigkeiten, die sich auf allen Gebieten des Verwaltungswesens von der Einsetzung des Korps Witthöft bis zu seiner Auflösung ergaben, im allgemeinen gemeistert wurden. Nur dort, wo, wie auf dem Gebiet des Bekleidungswesens, jede Unterstützung von außen ausblieb, ließen sich befriedigende Ergebnisse nicht erzielen"*[413].

Witthöft teilte dem Landrat am 14. Oktober mit, daß er „mit dem heutigen Tage die Befehlsbefugnis in dem bisherigen Sammelraum G an den Wehrmachtstab Nord" abgebe[414]. *Der Landrat dankte und führte unter anderem aus: „Ich weiß auch, daß es für die Kommandeure, insbesondere aber für Sie, Herr General, außerordentlich schwer war, die Manneszucht aufrecht zu erhalten. Wenn trotzdem ein erträgliches Leben möglich war, so ist das in erster Linie Ihr Verdienst und das Ihrer Offiziere"*[415].

Nach Auflösung der Sperrgebiete faßten die Kreis-Detachment der Briten und die Kreis-Kommandanturen der Wehrmacht hier wieder Fuß. So fiel der Kreis Eiderstedt unter das Kreisgruppen-Kommando in Flensburg[416], *und das Kreisgruppen-Kommando Steinburg mit Sitz in Breitenburg bei Lägerdorf übernahm am 15. Oktober „in unmittelbarem Einvernehmen mit Korpsgruppe Witthöft mit sofortiger Wirkung wie durch Befehl 7. britische Panzerdivision gegeben die Kreise Norder- und Süder-Dithmarschen"*[417].

Wehrmachtkommandant in Norderdithmarschen war 1945 Oberst Hans Friede. Die Kreiskommandantur hatte 19 Offiziere, 34 Unteroffiziere und 68 Mannschaftsdienstgrade. In ihrem Befehl Nr. 1 gibt sie am 14. Oktober unter anderem bekannt, daß Friede „für unbedingte Disziplin und Ordnung in beiden Kreisen" verantwortlich ist. Bezirkskommandanturen gab es in Wesselburen und Tellingstedt. Auch in den einzelnen Orten gab es weiter deutsche Ortskommandanturen, zum Beispiel eine in der kleinen Gemeinde Süderholm unter Leitung von Kommandant Major Balcke[418]. *Am 18. Oktober waren allein in Norderdithmarschen noch rund 9.500 deutsche Soldaten stationiert. Jeweils 17 Einheiten unterstanden der (deutschen) Ortskommandantur Heide und der Bezirkskommandantur Wesselburen, 14 der Bezirkskommandantur Tellingstedt*[419]. *Am 29.*

Oktober gab es in Norderdithmarschen noch 9.071 Wehrmachtsoldaten, in Süderdithmarschen 4.570 und in Eiderstedt 1.429[420].

Zu Heide gehörten damals noch der Abwicklungsstab Korps Witthöft, der Sonderstab Holz und Torf, das Feldpostamt, der Stab, die Militärpolizei Norderdithmarschen, Ortslazarett, Heeres-Standortverwaltung in Heide, Außenstelle des Gerichts des Kreis-Gruppen-Kommandos, insgesamt 1.615 Mann in Heide und Borgholz (Gemeinde Weddingstedt). Zu Tellingstedt gehörten die Ortslazarette Tellingstedt, Hennstedt und Pahlhude (Gemeinde Pahlen), die Veterinärkompanie Schalkholz, der Luftwaffenaufstellungs(!)-stab Pahlhude, Transportabteilung Witthöft in Süderholm (heute zur Stadt Heide), Kraftfahrzeug-Instandhaltungskompanie Linden, Wirtschaftskommando Delve, Kranken-Kraftwagen-Zug Süderholm, die Baueinheiten Heide, Wrohm und Tellingstedt sowie die Resteinheiten der Feldgendarmerie in Kleve, insgesamt 5.045 Mann. Zu Wesselburen gehörten das Sammellager der Bezirkskommandantur in Süderdeich, die Ortslazarette Hedwigenkoog, Lunden, Wesselburen und Büsum, das Offizierslager Hedwigenkoog, die Wehrmachtoberschule Büsum, der Hafenkapitän Büsum (im „Schloß am Meer" am Ostdeich), die meteorologische Versuchsanstalt Büsum (in der Hafenstraße), die Nachrichteneinheit in Reinsbüttel, das Pionier-Deichschutzbataillon I in Wittenwurth (Gemeinde Stelle-Wittenwurth), die Feldzeugkompanie 199 in Stelle (Gemeinde Stelle-Wittenwurth), die Neuntonner-Einheit in Weddingstedt, die Kfz-Instandhaltungskompanie 21/X in Weddinghusen (Gemeinde Weddingstedt), die Technische Verwaltungskompanie in Weddingstedt sowie die Hauptkasse für Norderdithmarschen in Borgholz, zusammen 2.766 Mann.

Zum Ortslazarett Büsum ist auszuführen: Chirurg Dr. Nonnenbroich wirkte mit seinem von Pudewitz bei Posen nach Büsum verlagerten Lazarett im Hotel „Holsteinisches Haus" an der Ecke Bahnhofstraße/Kirchenstraße – heute Anker-Apotheke, das Hotel „Seegarten" sowie die Schule gegenüber der alten Post (die spätere Realschule) als Behelfslazarett, später in der heutigen Landesberufsschule zusammengefaßt, Heider Chaussee. Die Ärzte und Sanitäter waren schon innerhalb von drei Monaten keine Kriegsgefangenen mehr, blieben aber für die drei Lazarettbereiche zuständig, erinnert Sohn Manfred Nonnenbroich[421].

Als Liegenschaften des Reichsarbeitsdienstes (RAD) wurden in Norderdithmarschen im Januar 1946 noch geführt: ein RAD-Lager, eine RAD-Unterkunft und ein Übungsplatz an der alten Bundesstraße 5 in Bargen (Gemeinde Rehm-Flehde-Bargen), zwei RAD-Lager in Pahlhude, drei in Hennstedt, Marne (Fahrstedt) und Heide. Die RAD-Liegenschaften wurden am 11. Januar 1946 den Kommunen übergeben[422].

Wehrmachtkommandant in Süderdithmarschen war 1945 zuerst Oberst Freiherr Hans-Jürgen von Ledebur, dann Oberstleutnant von Munchow. Beschäftigt waren hier 18 Offiziere, 30 Unteroffiziere und 83 Mannschaftsdienstgrade. Bezirkskommandanturen waren in Albersdorf und Marne eingerichtet[423].

Auch in Eiderstedt können verschiedene deutsche Kommandanturen detailliert nachgewiesen werden. Die Kreiskommandantur Eiderstedt hatte ihren Sitz in Tönning[424]. *Eiderstedter Wehrmachtkommandant war 1945 Oberstleutnant Heinrich Haupt aus St. Peter*[425]*. Bei der Kreiskommandantur waren 14 Offiziere, 25 Unteroffiziere und 59 Mannschaftsdienstgrade bedienstet.*

Zur Ortskommandantur Garding, die nachweislich in der Zeit vom 18. Oktober bis zum 11. Dezember 1945 bestand, gehörten die Kirchspiele Garding, Osterhever, Tating, Welt, Vollerwiek, Katharinenheerd, Tetenbüll, Poppenbüll und Westerhever. Ortskommandant war Major Möckel. Er sorgte für Soldatenbetreuung durch Film und Rezitation

Weg mit den Erinnerungen an den Krieg! In Brunsbüttelkoog wird eine Panzersperre aus Beton demontiert. (Foto: Heimatmuseum Brunsbüttel)

von Schiller. Die Nachfrage war aber „nicht zu befriedigen“[426]. *Theater und Varieté rundeten das Veranstaltungsprogramm ab. Gedacht war alles „für Soldaten des Standortes unter Zulassung zivilen Publikums“. Weitere wichtige Aufgaben waren Beratung, Auskünfte über Wehrmachtangehörige an Zivilpersonen, Kriegergräbererfassung, Stellung von Arbeitskräften zur Hilfeleistung bei Umquartierungen von Flüchtlingen. Als die Stadt Garding eine Geldsammlung für Flüchtlinge startete, spendete die Wehrmacht 400 Mark. Außerdem bereitete die Kommandantur eine Weihnachtsfeier für Flüchtlingskinder vor.*

Eine zweite Ortskommandantur gab es in Sankt Peter. Am 4. Januar 1946 gab Ortskommandant Oberstleutnant Ritter das Kurhotel „Stadt Hamburg“, das seit Oktober 1944 für die Wehrmacht beschlagnahmt war und zuletzt als Sitz der Ortskommandantur diente, an den Besitzer Hans Werner Schwarz zurück[427].

An weiteren Wehrmachtseinrichtungen gab es: Ortslazarette in Tönning, Garding und St. Peter-Ording, das Flüchtlingslager St. Peter-Böhl und das Evakuierungskommando Tating, das aber spätestens im November aufgelöst wurde. Es transportierte Flüchtlinge zu ihren Bestimmungsorten. Diese Aufgabe übernahm danach die Ortskommandantur Garding[428]. *Einrichtungen des Reichsarbeitsdienstes waren das RAD-Barackenlager in Garding, Seefliegerhorst (es war erst mit Flüchtlingen belegt und wurde Ende 1945 instandgesetzt[429]) und das RAD-Lager für die weibliche Jugend im früheren Hermann-Göring-Koog (jetzt Tümlauer Koog[430]).*

Die Wehrmachtskommandanturen wurden Ende Dezember/Anfang Januar aufgelöst. Noch bis Januar 1946 gab es zum Beispiel die Festungskommandantur Sylt[431].

6.1 Unvorstellbare Wohnungsnot

Seit dem Eintreffen der ersten Flüchtlinge und Heimatvertriebenen aus dem deutschen Osten Ende 1944 mehrten sich gerade in der Marsch die Beschlagnahmungen von Wohnraum. Die Elendstrecks wollten und wollten nicht aufhören. Besonders drastisch verhielt es sich in Eiderstedt, dessen Bevölkerung sich durch die Flüchtlinge ungefähr verdoppelte[432]. *Die NSDAP-Gauleitung in Kiel teilte dem Eiderstedter Landrat am 13. April 1945 mit, der Reichsverteidigungskommissar habe das Unterbringungssoll für Flüchtlinge auf 300 Prozent der vorhandenen Haushalte erhöht. Eiderstedt war da mit 9.065 Flüchtlingen und Evakuierten am 8. April unterbelegt, 12.591 sollte der Kreis aufnehmen[433]! Einzig Sankt Peter mit seinen vielen Gästebetten hatte das Soll übererfüllt.*

Die Zahl der Aufzunehmenden mußte wegen anhaltender Flucht und Vertreibung auch nach der Kapitulation immer höher geschraubt werden. Die Verteilung der neu ankommenden Flüchtlinge auf die einzelnen Kreise legte nach dem 8. Mai im Zusammenwirken mit den deutschen Behörden die „Manpower Division" fest, die Abteilung für Arbeitskräfte bei der Militärregierung[434]. *Schon früh versuchten die Briten, sich einen genauen Überblick über die Lage zu verschaffen. Zum 3. Juni war die Anzahl der Umquartierten (Evakuierte und Flüchtlinge) von Bürgermeistern, Amtsvorstehern und Landräten an die Militärregierung zu melden, aufgeteilt nach Herkunftsprovinzen.*

Obwohl alle Flüchtlinge in Einzelunterkünften untergebracht werden sollten, mußten in Eiderstedt doch auch Gemeinschaftsunterkünfte geschaffen werden. Noch 1950 gab

Halbrunde Nissenhütten dienten in der Nachkriegszeit den Flüchtlingen als Notquartier. Rechts ein Holzverschlag, aus dem ein provisorischer Schornstein hervorragt. Die Schweine im Koben vorn rechts hausten nicht viel schlechter. (Foto: AKG Pressebild)

Soldaten in den Dünen St. Peter-Ordings, beim Alten Badweg (nicht mehr vorhanden). Mit der Feder festgehalten zu einem vergleichsweise ruhigen Zeitpunkt, normalerweise waren hier viel mehr Soldaten anwesend. (Zeichnung nach eigener Anschauung von Marianne Oppel, 1995 für dieses Buch leicht verbessert).

es in Eiderstedt Kriegsfolgenhilfelager (KFH-Lager) im ehemaligen Fliegerhorst Tönning, auf dem Elisenhof bei Tönning, in der ehemaligen Flakstellung Süderfriedrichskoog in Oldenswort, in der Mariensiedlung Garding, ehemalige Flakstellung Kating, Flüchtlingslager St. Peter-Böhl sowie an nicht für die Verrechnung bei der Kriegsfolgenhilfe anerkannten Lager Pelikan in St. Peter-Bad und ehemalige Flakstellung Süderfriedrichskoog. Daneben existierten einige wenige „wilde Lager", besonders in Baracken ehemaliger Rüstungsbetriebe, der Reichsbahn oder in privaten Gebäuden[435].

Zu all den Flüchtlingen kamen nun immer mehr deutsche Soldaten in den Internierungsraum. Sie wurden beständig aus dem Norden zugeführt. Die Einheiten belegten Häuser, Scheunen, Ställe, Heuböden, Schulen[436]. *Vornehmlich wurden sie in der Marsch untergebracht. Anfangs mußten die Landser noch in Wäldern kampieren, in Zelten, unter Wellblech und in Erdhöhlen, halb in der Erde unter einer Plane.*

Auch in den Dünen von Sankt Peter, am alten Badweg, lagerten Soldaten[437]. *Ein Augenzeuge berichtet: „In den Dünen jenseits der Straße waren überall Zelte und kleine Hüttchen, die aus gebogenen Wellblechstreifen gebaut waren. Sie waren etwa 1,50 m breit und konnten je nach Vorrat der Streifen beliebig lang gemacht werden. Darin hatte an jeder Seite gerade ein Mann Platz. Der Gang in der Mitte war genau zwei Stiefel breit. Die Soldaten schliefen alle auf dem nackten Sand. Es war ein Glück, daß es so ein warmer, trockener Sommer war. In unserem Waschhause war die Küche für 400 Mann. Der Koch bekam pro Tag einen Rinderknochen, zum Beispiel einen Unterschenkel mit winzigen Fleischresten daran. Dazu kamen vielleicht zwei Kilo Möhren oder Kartoffeln. Das mußte reichen als Mittagssuppe für 400 Menschen. Jeder bekam einen Dreiviertelliter von dieser Wassersuppe. Der Koch schlief im Nebenzimmer und hatte die Brote hinter seinem Bett aufgestapelt, damit ihm keines gestohlen würde. Auch vom Brot gab es nur winzige Rationen, kein Fett, manchmal einen Teelöffel Marmelade pro Mann. Die*

Gedenktafel am Matthießen-Hof in St. Peter-Ording. (Foto: Piening)

armen Kerle mußten mehr hungern als wir. Kein Wunder, daß sie jeden Tag an den Strand gingen und Muscheln gruben. Diese wurden dann in den Dünen sorgfältig zurechtgemacht und gekocht. Dazu liehen sie sich unseren Wolf aus. Wir haben ihn oft wochenlang nicht gesehen, aber immer wiederbekommen. Gefeuert haben die Soldaten mit Kiefern und mit Strandholz. Dabei fanden sie auch Holzkisten mit Zündstäben, einer Art gepreßtem Schwarzpulver, das mit weißer Stichflamme sehr schnell abbrannte"[438].

Im Stall von Martha Thomsen in Ording waren 40 Soldaten auf dem kleinen Heuboden untergebracht[439]. *Auf dem Haubarg Matthießen in Wittendün bei Sankt Peter lagen vom 14. Mai bis zu ihrer Entlassung 65 internierte Soldaten, wie eine Gedenktafel heute noch bezeugt. Auf dem Tofthof in Westerhever standen zwei Gulasch-Kanonen für die 200 dort kampierenden Soldaten*[440].

Der Bürgermeister von Tetenbüll auf Eiderstedt klagte dem Landrat am 11. Juni 1945, die Gemeinde habe auf 3.600 Hektar 1.000 Einwohner in 242 Häusern und zuerst 11.000 Soldaten aufgenommen. Seit dem 10. Juni seien die zwischenzeitlich entlassenen Soldaten fünffach wiederaufgefüllt worden. Unglaublich: 50.000 Menschen sollen sich hier befunden haben, sicher eine Zweckbehauptung, die aber die Not anschaulich macht[441]. *Auf dem Hof von Johan Redlef Volquardsen im Trockenkoog in Tetenbüll lagen allein 130 Soldaten*[442].

Nun einige Beispiele für die Wohnungsnot in Dithmarschen 1945. Im kleinen Hedwigenkoog nördlich von Büsum, wo auch 350 Flüchtlinge untergebracht werden mußten, lagen 3.000 bis 4.000 Soldaten und warteten auf ihre Entlassung[443].

Auf dem Altenhof von Gertrud Thiessen[444] *in Büsum, Heider Straße 14 (1957 abgebrannt, wo heute die Aral-Tankstelle steht) hatten sich 220 Wehrmachtsoldaten im 50 Meter langen und 20 Meter breiten Wirtschaftsgebäude ihre Bettstatt eingerichtet. „Da lag einer neben dem anderen", erinnert sich Sohn Uwe Thiessen. Ihre Vorgesetzten, zwei Offiziere, schliefen im Wohnhaus des Altenhofes, das aber auch mit insgesamt 24 Per-*

Wie hier in Lübeck, wurden auch bald in Heide auf dem Markt deutsche Internierte gesammelt, so daß der größte deutsche Marktplatz einem Heerlager glich. Aufnahme vom 3. Mai 1945. (Foto: Seargent Laing, Rechte: Imperial War Museum)

sonen besetzt war. Die Soldaten hatten sich im rückwärtigen Hofplatz zwei „Donnerbalken" für ihre menschlichen Bedürfnisse errichtet, die zwecks Sichtschutz provisorisch mit Reet eingezäunt waren.

Der Hof von Otto Eggers im Karolinenkoog war ebenfalls Heerlager. Frauke Johannsen[445] erinnert sich daran: *„Unser Hof war an dem Windrad zu erkennen. Im Krieg war daran eine kleine Leuchte angebracht, weil hier die Einflugschneise für die Wasserflugzeuge in Tönning war, die in der Eidermündung wasserten. Wir hatten zuerst fünf bis sechs Flüchtlingsfamilien auf dem Hof, bis dann etwa 350 Soldaten kamen, darunter auch ungarische Wehrmachtsangehörige. Der Hofplatz war voller Zelte. Das Haus war so stark belegt, daß auch meine Eltern im Stall schlafen mußten." Auf dem benachbarten Hof von Johannes Möller lagen 500 bis 600 ungarische Soldaten. Insgesamt warteten Mitte Juli im Karolinenkoog 3.200 ungarische und 250 deutsche Soldaten auf 16 Höfen (also im Schnitt über 200 pro Hof) auf ihre Entlassung, berichtete Bürgermeister Wiborg dem Landrat*[446].

Im Wesselburener Obstgeschäft Schlichting waren erst Flüchtlinge untergebracht, dann Soldaten. Die Verkaufstheke wurde zur Seite geschafft, um Liegefläche zu schaf-

Noch am 3. Mai 1945 wurden die Häuser Stiftstraße 47 und 49 in Heide (Ansicht vom Garten) durch eine Fliegerbombe zerstört. Es gab mehrere Leichtverletzte. Die Bombenschäden verschärften die beispiellose Wohnungsnot 1945 noch mehr. (Foto: Stadtarchiv Heide)

fen[447]. *Es ist bezeichnend für die damalige Rangordnung, daß dort zwei einfache Soldaten ihr Zimmer für einen Offizier räumen mußten.*

Der Heider Marktplatz war zuerst in ein großes englisches Heerlager verwandelt[448]. *Ab 5. Juni, als Heide ins Sperrgebiet G mit einbezogen wurde, wurden dann deutsche Soldaten einquartiert. Flüchtlinge und Heimatvertriebene wurden vor allem vom Roten Kreuz betreut und versorgt im Ballhaus „Tivoli", im „Stadttheater", „Heider Hof" und in der Landwirtschaftsschule[449].*

Im kleinen Geestdorf Tensbüttel bei Albersdorf lagen 1.200 Mann auf Bauernhöfen (nach anderer Quelle sogar 5.500[450]*), im angrenzenden Sarzbüttel 3.500. Hier waren in jedem Haus einige, auf kleinen Höfen 30 oder 40 und auf dem Hof Tiedemann mehrere hundert[451] Soldaten einquartiert. Die Feldküche stand in Sarzbüttel beim Hof Harbs. Für Flüchtlinge und Vertriebene gab es auf Vorzeigen des Ausweises Verpflegung in der Volksküche im Birkenweg bei Albert Ott. Die Briten errichteten ihre Ortskommandantur dort, wo jetzt die Sparkasse ist. Die Wehrmachtskommandantur für Sarzbüttel befand sich in der Österstraße bei Jacob Heesch. In Nordhastedt lagen 1500 bis 2000 deutsche Soldaten[452]. Für Bargenstedt wird von 5000 Internierten gesprochen. In Hennstedt befand sich das Regimentskommando im Gebäude der Geest-Sparkasse.*

In der Süderdithmarscher Kreisstadt Meldorf lebten 13 Menschen in der Parterre-Wohnung des Wichern-Hauses (jetzt Diakonisches Werk[453]) *und 50 im Haus Südermarkt 6, das heute nur noch von einem Ehepaar bewohnt wird[454]. In Brunsbüttelkoog entstanden ab 1945 für Flüchtlinge sieben Barackenlager an der Cuxhavener Straße, an der Schillerstraße, auf der Kippe vom Kanal, in der Schulstraße, Unter dem Deiche und an der Mole IV[455].*

Barackenlager in Brunsbüttelkoog an der Cuxhavener Straße, 1945 mit versteckter Kamera aufgenommen. (Foto: Heimatmuseum Brunsbüttel)

Offiziere bekamen Quartier in festen Häusern[456], *mußten sich aber einmal am Tag melden*[457]*. Manchenorts übernachteten sie in viel zu kurzen Kinderbetten*[458]*. Bei allem ist zu bedenken, daß die Häuser auch durch Ferneinwirkungen von Bombenabwürfen oft kaputte Scheiben oder Dächer aufwiesen. War einmal ein Fensterglas zerbrochen, gab es keinen Ersatz. Gegen die Kälte wurden auch Türschwellen verfeuert. Daß es dann durch die Ritzen pfiff, störte weniger*[459].

Hier und da mußten in den Internierungsgebieten auch die Flüchtlinge den internierten Soldaten und britischen Truppen weichen. Heinrich Wollatz aus dem Hedwigenkoog erinnert sich 1980: „Auf Befehl des englischen Oberbefehlshabers sollten hier im Kreise ein großer Teil der deutschen Soldaten als Gefangene wohl bis zur Auflösung der Truppen gesammelt werden. Dazu mußten nun alle Vertriebenen, die hier einquartiert waren, wiederum fortgeschafft werden... Sie kamen alle auf die Geest und wurden dort in Ställen zusammengepfercht. Wieder ein bitteres Schicksal! Die Höfe wurden voll mit Soldaten belegt, bis zu 200 Mann. Die Offiziere blieben Vorgesetzte und hatten nun die Aufgabe, bei den Mannschaften Ordnung zu halten. Die Soldaten waren natürlich entwaffnet. Bei mir wurde für einen Bezirk, ich weiß nicht die Abgrenzungen, das Oberkommando eingerichtet, die Leitung hatte ein Oberst Grohe. Mein Haus hatte eine Schreibstube, Offiziere, Feldwebel und im Stall 100 bis 150 Soldaten als Belegschaft. Der Oberst hatte sein eigenes Zimmer. Von dort aus wurden an alle Stellen Fernverbindungen gelegt... Als alles am Ende war, konnten die auf der Geest zusammengelegten Flüchtlinge wieder zurückkehren. Für sie waren die zuerst bei ihrer Flucht gefundenen Unterkünfte nun schon eine Art neue Heimat geworden, sie kamen gerne zurück, nicht weil sie keine gute Behandlung gehabt hatten, sondern weil sie zu eng eingepfercht waren."[460]

Auch in Büsum ordneten die Engländer die Verlegung der Flüchtlinge aus Büsum in Kirchen und Schulen in die Ortschaften der Marsch und Geest an, um Platz zu machen für die zurückkommenden deutschen Soldaten aus Dänemark[461]. *Viele Flüchtlinge wurden in den Raum Tellingstedt/Wrohm auf die Geest verlegt.*

Das Belegen der Bauernhöfe mit Flüchtlingen und Heimatvertriebenen aus Ostdeutschland war indessen nicht unproblematisch. Die oft alten Gebäude waren von ihrem Grundriß her für die Unterbringung nur einer Familie und bestenfalls noch für das Gesinde vorgesehen. Manches Notquartier war dementsprechend menschenunwürdig. Hinzu kamen soziale Probleme, da gerade die Einheimischen ländlicher Räume die Anwesenheit so vieler Menschen nicht gewohnt waren und ein äußerstes Maß an Gastfreundschaft oft über viele Monate hinweg aufgebracht werden mußte. „Es gab doch Spannungen. Man hat die Flüchtlinge in vielen großen Bauernhäusern nicht aufs Klo gelassen", erinnert sich ein früherer Büsumer[462]. *Umgekehrt quälten viele Vertriebene die ungewisse Zukunft, der Verlust der Heimat und der Habe, die Obdachlosigkeit und die Arbeitslosigkeit. Die Bevölkerung, die sich nach so vielen Opfern für „Volk, Reich und Führer" endlich nach Ruhe sehnte, hatte diese schwere Belastungsprobe noch durchzustehen. Nur durch einen gewaltigen „Solidarpakt", der damals noch im wahrsten Sinne des Wortes praktiziert wurde, konnten die kaum zu bewältigenden Probleme doch ohne Katastrophen gemeistert werden.*

6.2 Torfstechen und Stubbenroden

Um genügend Heizmaterial für den Winter zu haben, wurden vom Juli bis zum Oktober 1945 Freiwillige aus Büsum und Wesselburen nach Welmbütttel zum Torfstechen befördert. „Morgens 7 Uhr startete ein Extrabus mit sechs Männern und ca. 10 bis 15 Frauen bis in die Nähe von Welmbüttel. Diese freiwilligen Helfer bekamen als Belohnung Schwerstarbeiter-Lebensmittelkarten"[463]. *Der Torf wurde mit dem Spaten gestochen und mit Schiebkarren zum Trocknen gebracht. Eine Presse hatte man noch nicht. „Leider ergab diese neue Anstechfläche, die obere Schicht im neuen Torfgebiet, nur leichten, minderwertigen Torf. Eine weitere Schwierigkeit brachte der nasse Boden mit sich. Die aufgestellten Torfsoden trockneten nur recht langsam. Dieser Jung-Torf oder Weißtorf hatte wenig Heizkraft." Im Sommer wurde mit Käschern aus Moorlöchern Schwarztorf herausgeholt, den der Volksmund Torfmatsch nannte. Die dünne Masse wurde in einem Holzrahmen angetrocknet und danach zu Haufen aufgerichtet zum Trocknen. – Auch im Sarzbütteler Moor wurden Zigtausende Soden Torf gestochen, der* im Volksmund „Sarzbütteler Flick" genannt wurde[464].

Der Sonderstab Hogrebe war im Sommer 1945 im Sperrgebiet G vom Korps Witthöft eingesetzt, um für die internierten deutschen Soldaten Holz und Torf zu beschaffen. Am 21. Juli wurde für den Bereich Eiderstedt ein Vertrag mit der Tönninger Firma Awut (Inhaber Konrad Flögel) geschlossen. Demnach führte Leutnant Träger aus Tönning das Torfstechkommando Tönning. Seine Männer stachen den Torf in den Mooren und transportierten ihn zu Schuten auf der Eider. Dann beluden sie die Boote unter Aufsicht der Firma, die den Soldaten auch Löhne zahlte. Die Wehrmacht war verpflichtet, die mit Torf beladenen Schuten aus den Mooren auf der Eider nach Friedrichstadt und Tönning zu schleppen. Das Schleppen besorgte das Fährkommando Tönning unter Führung des Leutnants zur See Krüger.

Dann kam der Befehl: „Das Torfstechen ist am 31.8.1945 einzustellen. Ausnahme: vorbereitete Wintertorfgewinnung der Fa. Flögel, Tönning, im Offenbütteler Moor.“ Das Torfstechkommando bleibt jedoch bestehen, ebenso wie die Holzkommandos, die auch weiterarbeiteten[465].

Im Herbst kam es zu einem Zwischenfall. Die Schute „Helgoland“ war im Offenbütteler Moor sehr voll beladen worden. Auf Höhe Süderstapel wurden die Einwirkungen einer Sturmflut so groß, daß die Schute kurz vor einem Festmachmanöver sank. Um den 20. Dezember wurden die Soldaten plötzlich auf britischen Befehl entlassen. Landrat Karl Wolff forderte daher am 10. Januar 1946 die Herausgabe des Torfs von der Firma Flögel „an mich als Rechtsnachfolger der Wehrmacht“[466].

Im Herbst setzte das „Stubbenroden“ ein, das heißt, es wurden mit den Händen Baumwurzeln ausgebuddelt. 1945 bis 1947 wurde es in Hohn bei Rendsburg durchgeführt. Die Arbeitsämter Büsum, Tellingstedt und Wrohm leiteten den Arbeitseinsatz, der zunächst im September 1945 mit der Gewinnung von Strauch und Nadelholzzweigen von Fichten, Kiefern und Lärchen begann. Die Stämme waren den Briten als Reparationen abgeliefert worden. Gearbeitet wurde hier, solange es das Tageslicht zuließ. Die stundenlange Heimfahrt – unterbrochen von mehreren Kontrollen – mußte zur Sperrstunde beendet sein. Für das Freisprengen von Aufforstflächen wurde bis 1947 Sprengmaterial aus Wehrmachtbeständen in Kiel verwendet, das unter Transportbegleitung der Militärpolizei geholt wurde nach Überprüfung durch die Besatzungsstellen in Heide und Rendsburg[467].

Die Not in den kalten Wintern 1945/46 und 1946/47 war in der baumlosen Marsch besonders groß. Das Brennmaterial war sehr knapp. Wie es in vielen Häusern aussah, schildert Zeitzeugin Gretel Steen eindrucksvoll: „Eine Katastrophe waren die glitzernden Frostwände, die Eiszapfen von den Zimmerdecken und unter den Matratzen in vielen Wohnungen. Es gab kaum eine warme Mahlzeit“. Die Zuteilungen an Kohlen, Koks und Briketts wurden immer geringer, viele Menschen müssen frieren. Das E-Werk lieferte nur stundenweise Strom. So blieben Öfen und Heizungen kalt. Eisenbahnschwellen, Buschlahnungen wurden verheizt, um wenigstens ein Zimmer, meistens noch während des Essenkochens – warm zu bekommmen[468]. *Schließlich wurden auch Bäume gefällt. Internierte Soldaten, die bei Bauern im Stroh einquartiert waren, halfen den Frauen und wenigen einheimischen Männern dabei und versorgten sie mit Strauchwerk und Stücken von Baumstämmen. „Zigaretten, Bekleidung und Decken oder anderes war ihre Belohnung. Das war auch ein Stück Tauschgeschichte“, erinnert eine alte Büsumerin*[469].

Aus den Eisenplatten, die für U-Boottürme vorgesehen waren, wurden auf der Büsumer Werft „Brennhexen“ gebaut, wärmende Notherde aus Blech. An der Küste explodierten mitunter Küchenherde, da sich im für die Feuerung gesammelten Strandgut manchmal noch Sprengkapseln verbargen[470]. *Erst ab 1946 besserte sich die Brennstoffversorgung allmählich.*

6.3 Langeweile macht erfinderisch

Den Soldaten in Büsum wurde nicht nur von manchen Wirten, sondern auch von Hausfrauen, mancher „gute Happen zugesteckt“[471]. *„Auch fanden hier zahlreiche Soldaten bald sehr netten Familienanschluß.“ Die Internierten versuchten sich dadurch zu revanchieren, daß sie im Kinosaal des Hotels „Stadt Hamburg“ Kabarettvorstellungen veranstalteten, zu denen ihre Wirtsleute Freikarten erhielten. Das war immerhin der Wiederbeginn von lustigen Unterhaltungen in Büsum nach dem Kriege. Abgesehen von ein paar Strandkörben war in dem mit Soldaten völlig überbelegten Büsum von einem Kurbetrieb natürlich noch keine Rede.*

Im Offiziersgefangenenlager Büsum fanden Kurse und allgemeinbildende Vorträge statt[472]. *Der Lehr- und Lernbetrieb bei den Soldaten wirkte ansteckend auf die Zivilbevölkerung. Pastor Nikolaus Christiansen und der Kirchenvorstand führten diese kulturellen Einrichtungen weiter. Am 6. Februar 1946 begann das erste offizielle Semester der Büsumer Volkshochschule, der ersten auf dem Gebiet der späteren Bundesrepublik Deutschland*[473].

Eine willkommene Abwechslung im Leben der Internierten bot die Musik. Sie wurde ins Sperrgebiet G „mitgebracht“ vom Heeresflakregiment 280, das in der Endphase des Krieges die Westküste von Oxbüll aus vor einer englischen Invasion schützen sollte. Hier hatte der aufgeschlossene Kommandant die musikalischsten Sänger seiner Truppe unter Leitung des damals 37jährigen bayrischen Unteroffiziers Dr. Robert Seiler, von Beruf Musikleiter, vereint. Das Heeresflakregiment mußte sich nach der Kapitulation in der zweiten Maihälfte ins Internierungsgebiet begeben. „Nach dem Marsch nach Büsum blieb dieser Chor mit einem bereits stattlichen Repertoire im Nordseeheilbad hängen“, berichtet Robert Seiler[474]. *Er nahm auch stimmbegabte Soldaten ohne Notenkenntnis auf und gliederte sie dem Klangkörper der Männerstimmen harmonisch ein. So fanden sich in Büsum weitere sangesfrohe Soldaten anderer Einheiten hinzu, so daß der Chor zwischen 40 und 50 Mann umfaßte.*

„Wir gaben im Sperrbezirk Konzerte für Einheimische, an denen vereinzelt auch Offiziere der englischen Besatzungsmacht teilnahmen – ein gutes Vorzeichen!“ erinnert Seiler. Auf Anregung Seilers wurde der vierstimmige Soldatenchor mit dem kirchlichen Frauenchor in Büsum zu einem gemischten Kirchenchor zusammengelegt. Der Chor gab nicht nur Kirchenkonzerte in der dabei oft überfüllten Fischerkirche Sankt Clemens, sondern sang auch im Büsumer Erlengrund unter freiem Himmel und in Scheunen – letzteres gilt heute übrigens wieder als schick, wie das Schleswig-Holstein Musik Festival beweist. Auf dem Programm standen romantische Chöre und Volkslieder. Die Hörer wurden zu offenem Mitsingen ermuntert. Waren Instrumente erforderlich, unterstützte eine Spielgruppe aus Soldaten und Einheimischen des weiteren Umkreises den Chor. Die Briten dankten Seiler sein Engagement durch eine bevorzugte Unterbringung auf dem Altenhof, einem prächtigen Bauernhof in Büsum. Hier fanden auch die Proben statt. Abends mußte Seiler zu seiner Einheit, dem Heeresflakregiment, zurück. Nach dem Abschied Seilers von Büsum am 18. Juli konnte der Chor fortgeführt werden, da inzwischen genügend einheimische Männer beigetreten waren[475]. *Die Leitung übernahmen die ebenfalls süddeutschen Leutnants Dr. Figur und Dr. Boß. Am 2. September wurde im Hotel „Stadt Hamburg“ in Büsum ein Konzert unter Mitwirkung von Solisten des Offizierslagers gegeben, das besonderen Eindruck machte. Seiler arbeitete zunächst beim Bayerischen Rundfunk und wurde dann Direktor des Musikakademie in Nürnberg, wo er noch lebt.*

Holsteinische Lagerzeitung

FÜR UNSERE LANDSER UND SEEMÄNNER IN EIDERSTEDT UND DITHMARSCHEN

Mittwoch, den 20. Juni 1945 — Nummer 2

So erfolgt die Entlassung

Von der Ankunft bis zum Abtransport / Besuch bei der Entlassungsstelle 6

Ueber dem ehemaligen Finanzamt in Heide weht der Union Jack, auf dem breiten Bürgersteig stehen drei Panzer. Drinnen ist Hochbetrieb: In nicht abreißender Kette wandern Soldaten an reihenweise aufgestellten Tischen vorbei, hinter denen Schreiber vor dicken Stößen von Papier sitzen und halblaut stets die gleichen Fragen stellen. Die Bogen, die sie ausfüllen, erfordern, gemäß den Anordnungen der Besatzungsmacht, genaueste Angaben. Ein den meisten von uns bekannter und geläufiger Geruch, der diesen Gänsemarsch umschwebt, weist zum zweiten Vorgang in diesem Hause: zur Entlausung, die mit englischem Pulver erfolgt. Im Anschluß daran untersuchen englische Sergeanten auf tätowierte Blutgruppenbezeichnung. Nach Beendigung des Frage- und Antwortspiels werden die Soldbücher oder deren Ersatzbescheinigungen abgenommen, und in Trupps geht es weiter zum Sammellager in der Kaserne.

Zuerst in die Auffanglager

Um allen Kameraden ein genaues Bild des ganzen Vorganges zu geben, haben wir in Gesprächen mit den leitenden Männern die Grundzüge festgestellt. Wir müssen darauf hinweisen, daß die meisten Maßnahmen der Auffanglager bereits von den Kompanien und Unterkunftsbereichen erledigt werden können, aber schroff nicht gemacht werden. ...

ausgegeben, und dann muß gruppenweise eine englische Kontrollbaracke durchlaufen werden, in der alle überzähligen Uniformstücke, Rangabzeichen und Koppel verbleiben. Dann wird der Entlassungsschein ausgehändigt.

In einem stacheldrahtumzäunten Platz warten nun die neugebackenen Bürger, um numerierte große Tafeln geschart, auf die englischen Lkw., die in schneidiger Fahrt, zwei Dutzend und mehr, herangebraust kommen und die Heimkehrer zur Hauptstadt ihres Regierungsbezirkes bringen, je nach Entfernung in einem, oder, mit Uebernachtung, in zwei Tagen.

Diese von allen so sehnsüchtig erwartete Angelegenheit kann mehrere Tage dauern, während der in den einzelnen Lagern eine regelmäßige Betreuung und Verpflegung selbstverständlich ist. Räudige Schafe allerdings werden zwischendurch eingesperrt und können von der Entlassung zurückgestellt werden.

Nun rollen sie in den mißlungenen Junitag hinaus und nehmen die große Frage mit, was zu Hause ihrer harrt. Wir winken ihnen einen letzten Gruß zu und hoffen, daß der Tag bald käme, an dem auch wir diese Schilderung am eignen Leibe erlebten.

Letzter Entlassungsstand

Bis 16 Juni wurden aus den 4 Entlassungsstellen abtransportiert: rund 31 000 Mann.

Deutsche Geheimwaffen entdeckt

Von britischen Truppen in Fernost sichergestellt

London. **Zahlreiche geheime deutsche Kampfmittel wurden seinerzeit Japan von Deutschland mitgeteilt. Vorausabteilungen der Alliierten haben diese Geheimmittel gefunden und britische Spezialabteilungen haben sie sichergestellt.** Aus dem Hauptquartier von Feldmarschall Montgomery wird gemeldet, daß u. a. folgende Geheimmittel festgestellt ...

In drei belgischen Bezirken brauchten 200 000 Familien Kleidung, Möbel und finanzielle Unterstützung. Viele belgische Familien würden auch im kommenden Winter noch obdachlos sein.

Ein Interview Francos

Aus unserer Heimat

Flensburg. Als Stadtkämmerer von Flensburg wurde vom Oberbürgermeister der 65jährige Regierungs- und Finanzrat Schumann (Düsseldorf) bestellt. Schumann war bis 1934 Beamter der Stadt Flensburg, wurde aber von den Nazis aus dem Amte entfernt, obwohl nichts gegen ihn vorlag. Als Stadtschulrat wurde Oberstudiendirektor Dr. Swane bestellt, der auf gleiche Weise aus dem Amt entfernt worden war.

Flensburg. Die Einzahlungen bei der Flensburger Sparkasse sind wieder höher als die Abhebungen. Die erste Junidekade verzeichnet ein Mehr von 350 000 Mark, ein Zeichen der wachsenden Zuversicht der Sparer.

Oldenburg. Die Oldenburger Kraftanlage ist wieder in Betrieb genommen. In vorläufig noch kleineren Mengen ist jedoch Kraftstrom für die ganze Oldenburger Gegend verfügbar.

Berlin. 37 U-Bahnstationen und 52 Kilometer Straßenbahn sind wieder in Betrieb. Vier Telephonämter arbeiten wieder und bedienen 12 000 Anschlüsse. 20 000 Häuser haben elektrisches Licht und 80 000 Häuser in den Außenbezirken dabei Wasser.

Uckermünde. Das Kraftwerk ist wieder instandgesetzt. Auch gibt es wieder Gas.

Dahme. Sechs Bäckereien und drei Schlächter haben ihre Läden wieder geöffnet. Das Kraftwerk, das Wasserwerk und eine Textilfabrik werden in Kürze wieder arbeiten.

Pirna. Fast 11 000 Personen arbeiten auf dem Güterbahnhof und anderen Eisenbahnanlagen.

Kirchheim. Mehrere Gerbereien haben [illegible] ...

Entlassungsstelle 6 in Heide in zwei Teillager gegliedert ist, getrennt nach Regierungsbezirken. Hier werden Gruppen zu dreißig Mann zusammengestellt und einer Soldbuchkontrolle unterworfen. Festgestellt werden: Truppengattung, Sonderausbildung, Zivilberuf, Heimatanschrift. Erforderlich sind: Ersatzbescheinigung für Soldbuch, Bescheinigung über Orden und Ehrenauszeichnungen, Marschbefehle für Soldaten ohne ordnungsgemäße Papiere (was nicht vorkommen dürfte). Jugendliche erhalten einen Betreuer zugewiesen. Jedes Teillager kann täglich 1200 Mann überprüfen.

Dann erfolgt der Abmarsch ins Durchgangslager. Nach einer listenmäßigen Erfassung wird eine neue Einteilung in Dreißig-Mann-Gruppen vorgenommen, die nunmehr abrufbereit sind für die beiden britischen Entlassungsstellen, deren Arbeitsgang zu Beginn geschildert wurde.

40 Mark Entlassungsgeld

Im Sammellager werden die Trupps von Unterkunfts-Offizieren erwartet und nach Regierungsbezirken geordnet untergebracht. Nach Abruf durch die englischen Dienststellen wird entlöhnt — jeder Mann erhält 40 RM. Entlassungsgeld und die Löhnung seit der letzten Zahlung —, für drei Tage Marschverpflegung

Ueber Brunei hinaus

London. Die unter dem Oberbefehl von General Mac Arthur stehenden australischen Truppen auf Borneo haben bei ihren Vorstößen gegen die Widerstandslinie der Japaner gute Fortschritte erzielt. Die australischen Einheiten stehen bereits 10 km über Brunei hinaus und haben sich auf rund 70 Kilometer der wichtigen Oelstadt Seina genähert.

Auf Okinawa sind die Amerikaner weiter in das japanische Verteidigungssystem eingedrungen. Die Japaner sind jetzt auf einem Raum von nur 12 Quadratkilometer zusammengedrängt. Die Zahl der, die sich ergibt oder Selbstmord verübt, nimmt ständig zu.

Regierungskrise in Brüssel

Brüssel. Der Entschluß des belgischen Königs Leopold, nach Belgien zurückzukehren, hat das Land in eine starke politische Krise gestürzt. Wie amtlich bekannt gegeben wird, ist die Regierung zurückgetreten. Die Sozialistische Partei beschloß den Generalstreik.

Der belgische Minister Janssen sprach dieser Tage über die ungeheuren Schäden dieses Krieges. 30 000 Zivilisten kamen ums Leben, ca. 200 000 Heimstätten wurden beschädigt.

... Vereinigten Staaten im weitesten Sinne zusammenzuarbeiten. Hinsichtlich der Einstellung zu Deutschland und Italien betonte General Franco, daß zwischen den beiden genannten Ländern und Spanien niemals eine Allianz bestanden hätte, und daß Politiker, die für eine solche Allianz eingetreten seien, gehen müßten. Im Verlaufe des Gesprächs streifte Franco andeutungsweise die Bemühungen um die Wiederherstellung einer Monarchie. In ganz Spanien werden Vorbereitungen zu Wahlen getroffen.

Um das Tangerstatut

Tanger. Radio Paris meldet, die Beratungen Großbritanniens, Frankreichs und der USA. über den zuständigen Status von Tanger gehen weiter. Die alliierten Mächte haben die seinerzeitige einseitige Aktion Francos niemals anerkannt.

Als Kriegsverbrecher vor dem Richter. Aus dem Hauptquartier Montgomerys wird gemeldet, der berüchtigte Kommandant des Konzentrationslagers Belsen, Josef Schamen, sowie die weiblichen Lagerwachen werden als Kriegsverbrecher vor ein Kriegsgericht gestellt werden.

Zum Tode verurteilt. In Agram wurde Dr. Ante Pavelio von einem Gerichtshof zum Tode verurteilt.

Görings Marschallstab an Truman. Hermann Görings Marschallstab wurde von dem Führer der 7. amerikanischen Armee Präsident Truman überreicht.

Die „Europa" als Truppentransporter. Der deutsche Dampfer „Europa" ist in ein Trockendock abgeschleppt worden. Es wird der größte deutsche Dampfer unter amerikanischer Flagge sein, auf dem Truppen nach Japan befördert werden.

Begrenzte USA.-Besetzung. Aus Amerika verlautet, daß alle amerikanischen Einheiten innerhalb eines Jahres nach dem Siegestag aus Europa evakuiert seien.

Wehrpflicht auch nach dem Kriege in USA. Vor seiner Abreise nach Washington erklärte General Eisenhower, daß er sich in den Staaten für die Beibehaltung der Wehrpflicht auch nach dem Kriege einsetzen werde. Viele hohe amerikanische Militärs seien derselben Ansicht.

Dankgottesdienst für Befreite. Für die aus österreichischen Konzentrationslägern und Nazigefängnissen befreiten Oesterreicher fand in Wien eine Feier statt, die in einem Gedenkgottesdienst ausklang.

... Artikel in beschränktem Maße und Artikel für die alliierten Truppen herstellen. Die Produktion der IG. Farben wurde z. B. auf gewisse Desinfektionsmittel beschränkt.

Darmstadt. Eine deutsche Provinzialregierung für die Provinz Starkenburg hat mit Genehmigung der Besatzungsbehörden die Arbeit aufgenommen. An der Spitze steht Dr. Bergstetter. In einer Proklamation der neuen Verwaltung heißt es: „Trümmer und Tränen sind die Hinterlassenschaft des Naziregimes."

München. In München ist ein Drittel der Straßenbahnen wieder in Betrieb. Wiederaufbauarbeiten werden energisch durchgeführt.

München. Auf Anordnung der Besatzungsbehörden haben alle Buchläden, Verleger, Druckereien, Zeitungen, Versandbuchhandlungen usw. sofort zu schließen. Ausgenommen sind nur Betriebe, die für die Besatzungsbehörden arbeiten.

Ein Brief Hitlers

Hamburg. Wie gemeldet wird, soll einer der Briefe, die bei Ribbentrop anläßlich seiner Verhaftung in Hamburg aufgefunden wurden, eine Botschaft Hitlers enthalten, die dieser kurz vor seinem Tode Ribbentrop mitgegeben hat. Die Botschaft ist mit einer Mantelnote an den britischen Oberbefehlshaber, Feldmarschall Montgomery, adressiert, in der Montgomery gebeten wird, den Brief mit der Botschaft an Premierminister Churchill weiterzugeben.

Prozeß gegen die sechzehn Polen

Moskau. Die Botschaften der alliierten Mächte in Moskau sind aufgefordert worden, Vertreter zu dem Prozeß gegen die sechzehn verhafteten Polen zu entsenden. Der Prozeß wird vor dem höchsten sowjetischen Militärgericht beginnen. Außenminister Eden erklärte in San Franzisko, alle diese Männer hätten sich während des ganzen Krieges ausgezeichnet durch ihren Widerstand gegen die Deutschen.

Kriegsverbrecherprozesse

Hamburg. Die ersten Prozesse gegen deutsche Kriegsverbrecher werden in drei Wochen in der britischen Besatzungszone beginnen. Drei oder vier Gerichte zur Aburteilung von Kriegsverbrechern sollen sofort in der britischen Besatzungszone errichtet werden.

Wer kann nach Hause schreiben?

Einzelheiten zum Postverkehr in Schleswig-Holstein

Wie bereits gemeldet, ist am 14. Juni auf Befehl der Militärregierung die Zivilpost innerhalb der Provinz Schleswig-Holstein und dem von britischen Streitkräften besetzten Teil der Provinz Mecklenburg wieder aufgenommen worden. In den Bereich einbegriffen sind Schwerin, Ludwigslust, Dömitz, Lauenburg und Hamburg. Für unsere Kameraden des Korps sind folgende Maßgaben wichtig:

1. Nur offene Karten sind zugelassen.
2. Es darf lediglich mit lateinischen Buchstaben geschrieben werden. Die Anschrift ist auf die rechte Seite, der Absender daneben auf die linke Seite zu setzen. Mitteilungen sind nur auf die Rückseite der Postkarte zu setzen.
3. Postverkehr zwischen Wehrmachtangehörigen und deren Familien nur dann, wenn beide Teile im oben beschriebenen Bereich wohnen.
4. Die anfallende Post von Wehrmachtangehörigen und Zivilisten innerhalb der Kriegsgefangenenzone wird durch die Dienststellen der Korps Witthöft und Stockhausen eingesammelt.
5. Post, die innerhalb von 7 Tagen nicht geliefert werden kann, wird an den Absender zurückgeschickt.
6. Post von Wehrmachtangehörigen ist portofrei. Sonst beträgt das Porto 6 Pfennige.

Schweiz soll Russen heimschicken

Moskau. Die Sowjetregierung hat ihre zuständigen Stellen angewiesen, schweizer Staatsangehörige nicht mehr in die Heimat zu befördern. Sie begründet es damit, daß die Schweiz vorher erst Maßnahmen treffen muß, die Lebensbedingungen russischer Staatsangehöriger in der Schweiz zu verbessern oder sie schnellstens nach Rußland zurückzubefördern. Zirka 9000 russische Kriegsgefangene und Staatsangehörige, die aus der Gefangenschaft in Deutschland entweichen konnten, befinden sich noch in der Schweiz.

Die wenigen erschienenen Nummern der „Holsteinischen Lagerzeitung" wurden teils ausgelegt, teils den Soldaten in ihre Zelte geworfen. Der verantwortliche Redakteur Grothey wurde 1949 erster Chefredakteur der „Dithmarscher Landeszeitung".

Dirigent Dr. Robert Seiler (geboren 1908), später Leiter des Nürnberger Konservatoriums. (Foto: Privatbesitz)

In Wesselburen sorgte der vor wenigen Jahren verstorbene Hamburger Unterhaltungskünstler Addi Münster „mit de scheepe Mütz" für Wehrmachtbetreuung. Zur Unterstützung hatte er ein von Dänemark nach Dithmarschen marschiertes Musikorchester[476]. *Addi Münster war in der Brauerstraße untergebracht. „Einer spielte Klavier, einer Schlagzeug, einer Klarinette, einer Geige – so sammelte sich alles zusammen", erinnert Hermi Friedel aus Heide, früher Wesselburen. Eine Gruppe von Künstlern (Theater, Varieté, Kabarett) nannte sich „Die Craddies". Dabei mischte unter anderem der verstorbene Karl-Heinz Haag mit. Die Leitung hatte der hier internierte Vater des bekannten Rock'n'-Roll-Sängers und Entertainers Peter Kraus (geboren 1939), der von Beruf Bühnenschauspieler war.*

Im Juli 1945 setzte sich der für die Einheiten in Hennstedt zuständige Betreuungsoffizier Wilhelm Järisch zusammen mit dem Theaterwissenschaftler Hans-Hermann Rief,

Der Soldatenchor unter Seilers Leitung bei einem Auftritt im Mai 1945 in St. Peter-Ording. (Foto: Privatbesitz)

dessen Vater Peter außerhalb Hennstedts einen großen Hof hatte. Auf dem Hof wohnte auch das in Hamburg ausgebombte Schauspielerehepaar Bruno und Marita Kobelt. In der alten Post wohnte Luftwaffengefreiter Karl-Philipp Grisch, ein Operettensänger. Und Järischs Frau war Konzertpianistin. Gemeinsam entwarfen sie ein niveauvolles Programm, mit dem sie im August 1945 über die Dörfer zogen.

In Marne wurden Standortkonzerte gegeben[477]. *In Sankt Peter gab es bald eine Musikkapelle, die aus internierten Soldaten bestand. Auch Bert Kaempfert hat in St. Peter seine spätere Kapelle zusammengesetzt*[478]. *Daneben boten Theateraufführungen etwas Zerstreuung. „So gab es Varieté-Vorführungen bei Thomsen in der Loh", erinnert ein St. Peteraner*[479]. *„Da die Männer auch die Frauenrollen spielen mußten, gab es viel zu lachen."*

Der „Danz op de Deel" war eine ganz wichtige Sache bei der Zerstreuung der Menschen in den Sperrgebieten. „Bei so vielen Soldaten hatte man als Frau ja Chancen", erinnert sich Anita Gehre. In Sarzbüttel etwa war mittwochs, sonnabends und sonntags Tanz auf den großen Dielen geeigneter Bauernhöfe. Da anfangs um 9 Uhr Sperrstunde war, fing man schon um 6 Uhr mit dem Tanz an.

Zur Zerstreuung der Soldaten dienten Vorträge, oftmals von Wehrmachtangehörigen für die Kameraden ausgearbeitet. Pastoren hielten Feldgottesdienste, die Kirchen waren voll. Im Meldorfer Dom waren „1.000 bis 1.500 Besucher keine Seltenheit", berichtet Pastor Jacobsen in der Kirchenchronik. Die in den Nachbardörfern untergebrachten Soldaten nahmen rege am Gottesdienst teil[480]. *Jacobsen selbst sprach zum Beispiel am 31. Mai in Barlt und am 18. Juni in Nindorf vor der Wehrmacht über die „Schlacht bei Hemmingstedt", die Ruhmestat der Dithmarscher im Jahre 1500.*

NORDSEEBAD BÜSUM

Im Juni 1945: In der Kirche zu Büsum

Kirchenmusik

Ausführende: Fräulein **Studt**, Sopran
Frau **Hundt**, Alt
Oberleutnant **Zeddies**, Tenor
Obergefreiter **Eugen Klein**, Bariton
Frau **Berndt** u. Obergefr. **Salber**, Violine
Obergefreiter **Beck**, Cello
Oberleutnant **Brahmstaedt**, Sprecher
Gemischter Chor
(Frauenchor Büsum und Soldatenchor des I. u. II. Heeres-Flakart.-Rgts. 280)
Leitung u. an der Orgel: Unteroffiz. **Seiler**

Folge:

1. J. S. Bach: Präludium u. Fuge in G für Orgel
2. Klopstock: „Dem Unendlichen"
3. Händel: Adagio für Cello und Orgel
4. Matthias Claudius: „Der glückliche Bauer"
5. Haydn: Aus „Die Jahreszeiten" für Soli, Chor und Instrumente. (Rez. und Arie: „Schon eilet froh der Ackersmann". — Rez. und Chor: „Sei nun gnädig")
6. Haydn: Andante und Allegro für Cello und Orgel
7. Hebbel: „Gebet"
8. Mozart: „Ave verum corpus" für Chor u. Instrumente
9. Schubert: „Litanei" für Alt und Orgel.
10. Hebbel: „Requiem".
11. Schubert: „Preghiera" für Violine, Cello und Orgel
12. Schubert: „Sanctus" a.d. „Deutsch. Messe" für Männerchor
13. Beethoven: „Bußlied" (Gellert) für Bariton u. Instrumente
14. Goethe: „Gottes ist der Orient"
15. Beethoven: „Die Himmel rühmen des Ewigen Ehre" für Bariton und Orgel
16. Mozart: „Gloria" a. d. „Krönungsmesse" für Soli, Chor und Instrumente.

Wortlaut der Gesänge umseitig.

Buchdruckerei Johann Haack, Büsum

Programm eines mehrfach vom Soldatenchor aufgeführten Konzerts.

Nicht vergessen werden darf aber auch, daß die Verwaltungen öfters Soldaten für Arbeitseinsätze anforderten, vor allem bei Ladearbeiten, Instandsetzungsarbeiten an Straßen, Schulen und öffentlichen Anlagen[481].

6.4 Die Wehrmachtoberschule

Der Schulunterricht in Schleswig-Holstein ruhte nach der Kapitulation für mehrere Monate. Teilweise war er bereits in den letzten Kriegsmonaten stark eingeschränkt worden, oft aufgrund von Kohlenmangel. In Büsum kamen die Schüler ab Januar 1945 nur noch für eine halbe Stunde in die Schule, ins Rathaus und ins „Bahnhofshotel", um Hausaufgaben zu empfangen[482]. *Die Schulen im Land nahmen Ostflüchtlinge auf, wurden zur Heimstatt durchziehender Soldaten oder zu Lazaretten umfunktioniert (Werner-Heisenberg-Gymnasium Heide, Gelehrtenschule Meldorf).*

Am 7. Mai 1945 wurde die Büsumer Schule geschlossen. Das Schulgebäude wurde Reservelazarett. Lehrbücher mußten an die Schule zurückgegeben werden, den Schülern wurden ihre Schreibhefte wieder ausgehändigt. Am 8. Mai wurden alle Kinder über die neuen Verhältnisse belehrt. Schulleiter Peters schreibt in der Schulchronik: „Das gewaltige Ringen ist zu Ende. Deutschland hat bedingungslos kapituliert. Büsum ist voll von deutschen Soldaten ..."

Bevor die Militärregierung wieder den Schulunterricht erlaubte, sollte erst die Entnazifizierung der Lehrer, Lehrpläne und Lehrmittel sichergestellt sein. Das Kreisschulamt von Norderdithmarschen gab am 16. August bekannt: „Auf Befehl der Britischen Militärregierung sind zur Vorbereitung für die Wiederaufnahme des Unterrichtes in den Volksschulen unter Mithilfe der Schüler und der Elternschaft die vor und nach 1933 benutzten Lernbücher zu sammeln und auf ihre Brauchbarkeit zu überprüfen." In einer Kategorie waren die Bücher aus der Zeit vor 1933 anzugeben, in der anderen die Bücher

Der Unterricht an der Wehrmachtoberschule fand oft in den Höfen von Gaststätten statt. Ein festes Gebäude hatte die Schule nicht. (Foto: Amtsarchiv Büsum)

Schülergruppe 1945 am Ostdeich in Büsum vor Einfärbung der Uniformen. 4. von rechts (mit Marineuniform in der hinteren Reihe) Willi Dreyer aus Neustrelitz (Offizier, wurde Leiter des Arbeitsamtes Uetersen, ca. 1920–1993), 6. von rechts Klaus Schnepel aus Meldorf, 8. von rechts (Kleiner in Marineuniform) U-Boot-Mann Hans Kranich, 9. von rechts (vorn in dunkler Uniform, Hände an der Hosennaht) Kapitän zur See Frerichs, 10. von rechts (hintere Reihe, größter) Emil Dreyer (erst Geschäftsinhaber, dann Bankkaufmann in Neustrelitz, 1924–1994, Witwe lebt in Neustrelitz). Die beiden Dreyers waren Zwillinge und im Krieg U-Boot-Fahrer. Sie marschierten von Dänemark in die Internierung und waren auf dem Hof von Eggers im Karolinenkoog/Dithmarschen untergebracht. Willi mußte immer eine Fliege und Emil eine Krawatte tragen. Das hatten die Kameraden verlangt, um die beiden auseinander halten zu können. (Foto: Amtsarchiv Büsum)

aus der NS-Zeit, „die durch Überkleben und Ausschneiden einzelner Seiten noch gebrauchsfähig gemacht“ werden konnten.

General Witthöft telegrafierte im August an den Landrat Norderdithmarschens, bis 30. August seien alle Schulen von Flüchtlingen und Soldaten zu räumen, da mit dem Unterricht bald wieder begonnen werden sollte[483]. *Zuerst sollten 17 kleine Dorfschulen mit je einem Lehrer geöffnet werden[484]. So wurde am 18. September 1945 der Grundschulunterricht in Warwerort genehmigt, am 24. September in Büsum und in Oesterdeichstrich und im Oktober in Westerdeichstrich. Die Grundschule Heide wurde am 15. Oktober mit 1.678 Kindern eröffnet[485], die in Sankt Annen am 1. November. Da in Hedwigenkoog die Schulstube Krankenrevier war, begann der Unterricht hier erst am 3. Dezember, in Lehe gar erst am 18. Dezember. In den höheren Klassen wurde der Unterricht erst später wieder zugelassen, so ab 10. Dezember in der Oberstufe in Warwerort (aber ohne die Fächer Geschichte, Erdkunde und deutsche Literatur), am 3. Januar 1946 in Büsum und im Laufe des Januars in Hedwigenkoog[486]. Der Unterricht an höheren Schulen im Land wurde teilweise erst noch später aufgenommen. Mit einer Ausnahme: der Wehrmachtoberschule.*

Ein Zeugnisdeckblatt der Wehrmachtoberschule. (Sammlung Amtsarchiv Büsum)

Sie hatte ihre Anfänge in Eiderstedt. An der Windmühle östlich von Tating sammelte der Oberleutnant Oskar Schüler wenige Wochen nach der Kapitulation eine Zeltgemeinschaft von 30 Mann, die höhere Schulen besucht hatten, aber wegen vorzeitiger Einberufung nur ein Notabitur (Reifevermerk) vorweisen konnten. Diese bekam man im Krieg ausgehändigt mit der Versetzung in die zwölfte Klasse, die Prima (eine 13. Klasse wurde erst nach dem Krieg eingeführt). Schüler wollte sie unterrichten und vorbereiten auf eine ordentliche Abiturprüfung. Da die im Sperrgebiet internierten Soldaten überwiegend zur Untätigkeit verurteilt waren, vergößerte sich schnell der Kreis der interessierten Notabiturienten. Nach wenigen Tagen waren Fachlehrer gefunden, die im Bahnhofswarteraum und im Gasthof Stahl schon 75 Soldaten unterrichteten. Im Juni wurden einige der Lehrer entlassen. Daher schloß sich der Lehrgang am 15. Juli der Berliner

Klasse 8d. Sie bekam Unterricht im „Café Timm“. Vorn zweiter von rechts der aus Ebling stammende Oberstudiendirektor Dr. Kurt Gerstenberg. Oben links in der Ecke der spätere Bürgervorsteher Franz Hosek, daneben der spätere Büsumer Archivar und Ehrenbürger Kurt Schulte. (Foto: Amtsarchiv Büsum)

Oberschule in Sankt Peter als Oberstufe an. Die Oberschule bestand aus 200 Berliner Schülern der Unter- und Mittelstufe und ihren Lehrern, die im Rahmen der Kinderlandverschickung ins Nordseebad gekommen und wegen der ungeklärten Verhältnisse in Berlin hiergeblieben waren[487].

Der Lehrplan für die kriegsgefangenen Soldaten wurde schnell genehmigt, kannte Oskar Schüler doch zufällig den Stabschef des 8. britischen Corps in Kiel, Brigadier Fitzgeorge Balfour. Die Arbeit begann Anfang August mit vier Klassen und 140 Teilnehmern. Nach einem kräftigen „Sieben“ blieben noch 80 Schüler übrig. Inzwischen waren im Sperrgebiet Eiderstedt/Dithmarschen weitere 400 Schüler und 38 Lehrer gemeldet worden. Auch im Sperrgebiet Ostholstein hatten sich 110 Schüler und sieben Lehrer gemeldet. Sie wurden im Lager St. Peter-Böhl (an der Stelle, wo heute das Nordsee-Gymnasium steht) „unter die Lupe genommen“ und mehrheitlich aufgenommen.

Auf Befehl der britischen Militärbehörde wurden alle am 3. Oktober 1945 nach Büsum verlegt. Militärischer Kommandeur der Schule wurde Generalmajor Dieckhoff, sein Stellvertreter Oberleutnant Schüler. Für die militärische Betreuung der Schüler war Hauptmann Willi Kuhnt (1893–1963) zuständig (dessen Ehefrau Thea wohnt noch in Plön). Die Schule unterstand unmittelbar dem Wehrmachtstab Nord in Hamburg. Nach Überprüfung der Lehrkräfte auf ihre Vergangenheit unterrichteten schließlich 32 Lehrer die deutschen Soldaten. Es gab eine sechste Klasse, fünf siebte Klassen und elf achte Klassen. Hinzu kam eine „R-Klasse“ mit „fertigen“ Abiturienten, die keine Universität besuchen konnten.

Soldaten lernen für das Abitur

Eine Oberschule besonderer Art im Nordseebad Büsum

BÜSUM. Eine Schule, wie man sie selten antreffen wird, wurde am 28. Oktober im Rahmen einer Weihestunde im Nordseebad Büsum ihrer Bestimmung übergeben. Es handelt sich dabei um eine Schule, in der Soldaten aus den Internierungsräumen „G" und „F", die nicht im Besitz eines vollgültigen Abiturs sind, hier im Laufe des Winterhalbjahres zur Reifeprüfung geführt werden sollen.

Ist schon dieser Kreis von Schülern — 700 in 18 Klassen — ungewöhnlich, so noch vielmehr die Gruppe der 25 Lehrer, die sämtlich Wehrmachtsangehörige sind oder waren und alle Ränge vom Major bis zum gemeinen Soldaten umfassen. Dank der großzügigen Unterstützung durch die britischen Schulbehörden und durch die schleswig-holsteinische Schulverwaltung konnte die Schule nach Überprüfung der Lehrer und der Unterrichtsbücher ins Leben gerufen werden. Die aufzunehmenden Schüler hatten alle vor der Aufnahme in die Schule ein Fleißexamen zu bestehen.

Es sind in der Hauptsache Soldaten, die in den Ostgebieten ihre Heimat haben. Der Lehrplan, der sie auf den Stand der Reifeprüfung bringen soll, ist dem der übrigen Oberschulen in der Provinz Schleswig-Holstein angeglichen. Es besteht kein Zweifel, daß die meist 20—25-jährigen Schüler, unter denen auch eine Anzahl von Verwundeten ist, mit Eifer an die Arbeit gehen werden. Wenn die zur Verfügung stehenden Räumlichkeiten der neuen Oberschule auch nur beschränkt sind und der Vorstellung von einer Schule als einheitlichem Gebäude nicht ganz entsprechen, so bilden Zielsetzung und Kameradschaft, die Lehrer und Schüler miteinander verbindet, eine desto festere Einheit. — el —

Die offizielle Presse berichtet über die ungewöhnliche Schule. (Kieler Kurier 3. 11. 1945)

Die Schülerzahl stieg im Herbst sprunghaft an. Am 18. Oktober 1945 gehörten zur Wehrmachtoberschule 104 Offiziere, 59 Unteroffiziere, 214 Mannschaftsdienstgrade und 20 Sonstige (es wurden also längst nicht nur Offiziere unterrichtet, die „einfachen" Landser stellten die Mehrheit der Schüler). Im November wurden 800 Schüler gezählt[488].

Der frühere Offizier und Wehrmachtoberschüler Klaus Schnepel aus Meldorf erinnert sich: „Ich habe mir gleich gedacht, das Abitur nachzumachen, denn ein Notabitur ohne Prüfung war nichts richtiges. Die Meldorfer Gelehrtenschule diente noch als Lazarett. Oberleutnant Oskar Schüler ließ verbreiten, daß sich alle, die Lust haben, zur Wehrmachtoberschule nach Büsum melden können. So schrieb ich mich ein."

Als die Korpsgruppe Witthöft im Oktober 1945 aufgelöst wurde, sollten die Abiturienten zunächst geschlossen dem weiterbestehenden Sperrgebiet F in Ostholstein zugeführt werden[489] *und dort „die während des Winters in der Gefangenschaft verbleibenden Soldaten zur Reifeprüfung führen"*[490]*. Im Büsumer Hotel „Stadt Hamburg" fand dann aber am 28. Oktober 1945 die offizielle Eröffnung der „Oberschule kriegsgefangener Soldaten" statt.*

Die Wehrmachtoberschule war eine Schule ohne Gebäude und ohne Klassenräume. Der Unterricht fand an den verschiedensten Orten in Büsum statt, im Rathaussaal, in der Jugendherberge (heute Ärztezentrum), im Pastorat, in den Schulen, in fünf Gaststätten, im Hof eines Cafés und auch unter freiem Himmel. Die Verwaltung war im alten Muschelsaal untergebracht, wie sich die ehemalige Mitarbeiterin Thea Kuhnt, jetzt Plön, erinnert. Im „Schloß am Meer" war die zentrale Kantine für die Schüler. Die meisten Schüler schliefen in Hochbetten oder auf Strohsäcken, wo Platz war. Die verwundeten

Schüler waren im „Holsteinischen Haus“ untergebracht an der Ecke Kirchenstraße/Bahnhofstraße. Verpflegung und Wehrsold, der noch bis Anfang 1946 gezahlt wurde, gab es im „Schloß am Meer“, das eine Art Zentrale der Schule darstellte[491].

Kreide, Bleistifte und Schulbücher waren Mangelware. Geschrieben wurde auf den weißen Rändern alter Zeitungen, die man auf einer festen Unterlage mit Kleister aneinander klebte. Im Winter erschwerte die Kälte den Unterricht. Es gab fast nichts zum Heizen. Kohlenklau und Abholzungen halfen über die Runden.

Nach der Entlassung der Lehrer und Schüler aus der Wehrmacht wurde die Lagerschule im Januar 1946 in „Staatliche Oberschule Büsum – Internat für entlassene Soldaten“ umbenannt. Inzwischen gab es auch an anderen Jungenschulen in Schleswig-Holstein Lehrgänge für entlassene Soldaten[492].

Ostern 1946 bestanden in Büsum 142 Schüler der achten Klassen das Abitur. Für die Entlaßschüler war eigens ein Berufsberatungswerk eingerichtet worden. Ende April 1946 wurde ein weiterer Abiturlehrgang eingeschult. Die Schule hieß nun „Staatliche Oberschule Büsum – Internat für Flüchtlinge und Versehrte“. Dann verfügte der Alliierte Kontrollrat in Berlin nach einer sowjetischen Eingabe die sofortige Auflösung der Oberschule in Büsum zum 30. Mai 1946. Schließlich fand der Unterricht immer noch durch ehemalige Wehrmachtsoffiziere statt.

Schüler und einige der Lehrer wurden auf andere Schulen verteilt, nachdem sie verhört worden waren über etwaige Mitgliedschaften in nationalsozialistischen Organisationen[493]. *Eine Stammgruppe zog samt Lehr- und Lernmaterial und den Hochbetten ins leerstehende Plöner Schloß, wo sie die Internatsoberschule Plön aufbauten, ein anderer Teil kam als „Internatsoberschule“ an das Flensburger Gymnasium. Einige Lehrer waren auch am Aufbau des Nordseegymnasiums St. Peter und am Aufbau der Oberschule für Kriegsblinde im Seebad Timmendorfer Strand (das außerhalb der Sperrzone F lag) beteiligt.*

In Büsum nahmen neue Flüchtlinge schnell die von den Soldaten geräumten Plätze ein. Pastor Nikolaus Christiansen betrieb zunächst ein paar Oberschulklassen weiter. Dank des starken Anwachsens der Bevölkerungszahl erreichte eine Elterninitiative 1947 die Übernahme als Außenstelle der Meldorfer Gelehrtenschule. Die Tradition der allerersten Nachkriegszeit konnte in Barackenunterricht mit primitiven Mitteln fortgesetzt werden bis zur Selbständigkeit der Schule 1953 als „Nordsee-Gymnasium Büsum“[494].

6.5 Das Luftwaffenlazarett Hedwigenkoog

Im Hedwigenkoog, einer selbständigen Gemeinde nördlich von Büsum, waren seit 1938 umfangreiche militärische Anlagen am Außendeich entstanden. Neben dem Ortsteil Hirtenstall wurden über 30 Baracken gebaut. Ein Lager diente der Bauleitung der Luftwaffe, ein zweites Fallschirmjägern der Wehrmacht und der Marine-Lehrabteilung. Am Strand wurde ein Schießplatz für die Flugabwehrraketen-Artillerie gebaut. Kommandeur des Luftwaffenlagers war Oberst Gerths. Als sich der Krieg dem Ende näherte, wurde noch eine schwere Marinebatterie in den Außendeich eingebaut. Bevor die Arbeiten im April 1945 ganz abgeschlossen waren, wurde die Batterie aber wegbeordert, denn die Briten standen schon vor Hamburg.

V.

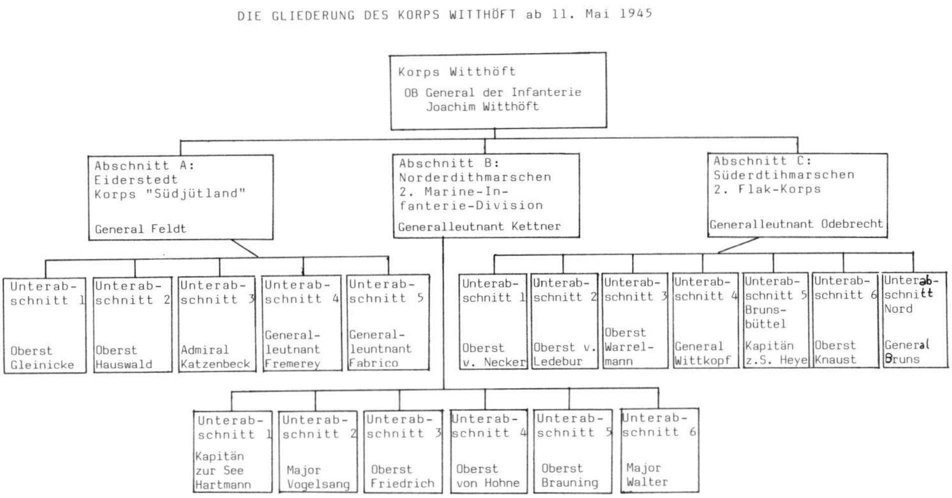

Die Gliederung des Korps Witthöft vom 11. Mai 1945 bis zur Aufhebung des Sperrgebietes 6. (Grafik Piening)

Der Chirurg Dr. med. Bayer, Luftgauarzt von Hamburg, erhielt zur gleichen Zeit vom Kampfkommandanten der Stadt Hamburg, Generalmajor Alwin Wolz, den Befehl, mitsamt der Medizinischen Ambulanz in Blankenese und der Außenstelle Buchholz nach Hedwigenkoog zu verlegen und den bisherigen Flakartillerie-Schießplatz in ein Lazarett der Luftwaffe umzuwandeln. Im Hedwigenkoog sollten Verwundete und Kranke der immer zahlreicher zurückflutenden deutschen Truppen aufgenommen und versprengte Sanitätseinheiten gesammelt werden.

Dies geschah dann auch auf einem Areal von über 20 Hektar Fläche. In den Baracken wurden Verwundete, Kranke und Lazarettpersonal untergebracht. Nord- und Südteil des Lagers hatten jeweils eine große Wirtschaftsbracke mit Großküche, Wäscherei und Speisesaal, der auch als Kino und Veranstaltungssaal genutzt werden konnte. Außerdem gab es ein Kasino, eine Kantine und eine eigene Poststelle („Post Hirtenstall" lautete die offizielle Anschrift). Außerhalb des eingezäunten Geländes gehörten zwei im Sommerdeich eingebaute Bunker dazu, die als Leichenhalle und Obduktionsraum dienten.

Nach der Kapitulation verstärkte sich der Zustrom. Die Soldaten kamen zum Teil auch aus aufgelösten Lazaretten in Dänemark und mit Schiffen über die Ostsee. Außerdem brachten die Briten „nichtdeutsche" Soldaten aus den sich ergebenden Verbänden der Wehrmacht in ein Zeltlager im Sommerkoog von Hedwigenkoog. Die Ungarn, Kroaten, Baltendeutschen und viele andere hier mußten ebenfalls von den Wirtschaftseinrichtungen des Lazaretts versorgt werden. Lehrer Ernst Beecken schreibt am 4. August in der Schulchronik: „Heute liegen hier ca. 3.500 Legionäre, d.h. Soldaten anderer Länder, die auf unserer Seite gekämpft hatten! Es waren über 20 verschiedene Nationen. Auch die Danziger, Memelländer, Österreicher sind jetzt Fremde für uns. Zu Hunderten liegen sie auf den Höfen, wissen mit ihrer Zeit nichts anzufangen. Gestohlen wird alles, bei Tag und in der Nacht. Kartoffeldiebstähle, Abschlachtungen von Schafen und Gänsen sind an der Tagesordnung. Feldgendarmerie ist aufgeboten"[495].

Ein anderer Chronist meint, das Lager Hedwigenkoog sei ein wichtiger Zufluchtsort gewesen, „zumal sich die einheimische Bevölkerung gegenüber der Masse der Internierten und Flüchtlinge verständnisvoll und tolerant gezeigt hatte"[496].

Der im Luftwaffenlazarett tätige Mediziner Dr. Gerhard Czaja erinnert sich später: „Als ich im August 1945 von der Entlassungsstelle in Tellingstedt den Befehl erhielt, mich mit den Resten meiner Truppenarztdienststelle eines Nachtjagdgeschwaders zum Lauftwaffenlazarett Hedwigenkoog zu begeben, kam ich dort in ein weitgehend geordnetes Großlazarett. Die dortigen Verhältnisse standen im deutlichen Gegensatz zu den Zuständen in den Internierungsgebieten, die bereits Auflösungserscheinungen zeigten"[497].

Mit „Auflösungserscheinungen" meinte der Arzt offenbar mangelnde Zucht und Ordnung, wie er ja auch wenig später die „straffe Organisation und Disziplin" als Ursache für das „reibungslose Funktionieren" der Versorgung von über 3.000 Verwundeten und Kranken nennt.

Daß Zucht und Ordnung in manchen Wehrmachtlazaretten noch nach der Kapitulation auch den Patienten abgefordert wurde, weiß Erwin Rehn zu berichten, der kurz nach seiner Entlassung aus dem KZ Moringen erfahren muß, „daß das Kriegsende keine grundlegende Änderung bewirkt hat. Die Ärzte in sämtlichen Lazaretten waren, bis auf den jeweiligen Kommandanten, deutsche Wehrmachtärzte, denn die Einrichtungen hatten bis zum Waffenstillstand bzw. bis zur Besetzung deutschen Zwecken gedient, und das Personal war voll übernommen worden. Die deutschen Ärzte verlangten von uns Kranken Grüßen in strammer Haltung mit Kopfwendung, Strammstehen im Gespräch und Liegen im Bett in strammer Haltung während der Visite, Verfolgung des visitierenden Arztes mit Kopfwendung"[498].

Hören wir aber weiter den Bericht über Hedwigenkoog: „Die in einem guten Zustand befindlichen Baracken machten eine befriedigende Unterbringung der Verwundeten, Kranken und auch des Lazarettpersonals möglich. Durch die umfangreichen Erfahrungen, die die verschiedenen Sanitätseinrichtungen während des Krieges mit der Improvisation in der medizinischen Versorgung gesammelt hatten, gelang es auch hier, die notwendigen Einrichtungen wie aseptischer und septischer Operationstrakt, Laboratorium, Röntgendiagnostik usw. zu erstellen, so daß jederzeit ein geregelter Lazarettbetrieb möglich war."

Alle Räume – auch die Operationstrakte – waren nur durch Kachelöfen vom Barackenflur aus beheizbar und damit kaum regulierbar. Sobald z.B. im Sterilisator der Dampfdruck bedrohlich anstieg, mußte schnell die Glut aus dem Ofen entfernt werden, zwangsläufig verbunden mit enstprechender Staubentwicklung"[499].

Etwa jeder zehnte Kranke war an den Gliedmaßen amputiert. „An der Versorgung und Betreuung waren in unterschiedlichen Zeitabschnitten 70 Ärzte beteiligt. Der Umstand, daß das Lazarett [Barackenkrankenhaus] im Internierungs- und Sperrgebiet lag, bedingte einen raschen Wechsel der Belegschaft durch Entlassung aus Wehrmacht und Internierung einerseits und Zuzug und Überstellung aus aufgelösten Einheiten andererseits... Die ausreichende Versorung dieser großen Menschenansammlung, besonders in den ersten Monaten nach der Kapitulation, war nur dadurch möglich, daß von den verschiedenen Einheiten, die sich nach dem Hedwigenkoog abgesetzt hatten, erhebliche Vorräte an Lebensmitteln und Konserven mitgebracht und im Lagerbereich in Erdbunkern gelagert worden waren."

Ein Soldat schreibt am 15. Juli 1945 aus dem Reserve-Lazarett 505 in Hedwigenkoog an seine Frau: „Ich habe ja nur den einen Wunsch, endlich von Dir einige Zeilen zu erhalten, damit ich weiß, was mit Dir ist. Ob Ihr noch lebt und wo Ihr Euch befindet. Nur Nachricht zu bekommen, alles andere ist mir gleich..."[500]

Personal und Patienten wurden am 26. Januar 1946 von einer britischen Kommission

Operations- und Stationsschwestern der Chirurgie in Hedwigenkoog bunkern Heizmaterial. (Foto aus: Schulte: Hedwigenkoog)

„aus der Internierung und Wehrmacht entlassen", Lazarettleiter Bayer zu Vernehmungen nach England mitgenommen, und das Wehrmachtlazarett Hedwigenkoog an diesem Tag mit seinen 900 Betten in ein ziviles Kreiskrankenhaus des Kreises Norderdithmarschen umgewandelt. Dadurch konnten alle bisherigen Hilfskrankenhäuser, die zum Teil auch aus Wehrmachtlazaretten hervorgegangen waren, aufgehoben werden. Ärztlicher Direktor des Kreiskrankenhauses wurde Dr. Gillmeister aus Berlin, der unter anderem eine vollständige Röntgeneinrichtung in abenteuerlicher Flucht von Berlin nach Wesselburen hatte retten können. Es zog 1949/50 in die Kreisstadt Heide um. Die Hedwigenkooger Baracken beherbergten nun noch Flüchtlinge, teilweise wurden sie auch als Alters- und Pflegeheim vom DRK geführt. Von 1961 bis 1979 war hier ein Munitionsdepot der Bundeswehr untergebracht (erneut für die Luftwaffe!).

6.6 Der Post- und Fernmeldeverkehr

Die Briten stellten im Gesetz 76 gleich nach der deutschen Kapitulation den Postverkehr ein, wobei diese Postsperre für Versorgungsbetriebe und lebenswichtige Einrichtungen Ausnahmen erlaubte[501]. *Um den 13. Mai 1945 herum wurde speziell der deutsche Feldpostverkehr verboten. Für die Sperrgebiete wurde am 2. Juni auch der gesamte Fernmeldeverkehr von jeweils schriftlich vorliegender Genehmigung durch den „Chief Signal Officer" des 8. Corps abhängig gemacht. Pro Dorf sollte nur jeweils ein Fernsprechanschluß – und zwar der des Bürgermeisters – erlaubt werden. Als eventuelle Ausnahmen wurden besonders Ärzte, Hebammen in Betracht gezogen*[502]. *Seit dem 16. Juni durfte kein öffentlicher und dienstlicher Fernmeldeverkehr über die Grenzen der Sperrgebiete hinweg stattfinden. Nur die Landräte in Oldenburg, Heide, Meldorf und*

Tönning waren mit je einer Leitung für ihren dienstlichen Verkehr angeschlossen geblieben. Für Heide sollte am 15. Juni eine unmittelbare Telefonleitung zum Landratsamt Husum gelegt werden. „Von dort kann sich der Landrat in Heide mit allen Landräten der Provinz verbinden lassen" [503]*. Die anderen Kabel und Leitungen in die Sperrgebiete waren getrennt worden mit Ausnahme weniger englischer und deutscher Wehrmachtsleitungen* [504].

Doch selbst ein Landrat war isoliert. „Wie es im übrigen in der Provinz aussieht, vermag ich von hier aus nicht zu beurteilen, zumal wir in unserem Camp fast völlig von der Welt abgeschnitten sind", schreibt Landrat Postel aus Heide am 25. Juli an eine Privatperson[505].

Am 11. Juni ordnete das 8. britische Corps an, die im Sperrgebiet G anfallende zivile und militärische Ausgangspost zu sammeln und zur Reichspost in Hademarschen zu liefern. Umgekehrt wurde alle Post für das Sperrgebiet G in Hademarschen gesammelt. Es war die Eröffnung des Briefverkehrs in den Sperrzonen. Am 20. Juni nahm die Reichspost in Heide die Arbeit wieder auf[506]. *Die Zivilpost für Eiderstedt und Dithmarschen kam nun von Hademarschen zu den Kreispostämtern in Tönning, Heide und Meldorf und von dort zu den Zustellpostämtern. Anfangs unterstützten Rot-Kreuz-Kuriere die reguläre Beförderung durch die Post.*

Zivil- und Militärpost unterlagen der Zensur durch die alliierte Militärregierung. Für die von deutscher Feldpost beförderte ausgehende Militärpost fand eine deutsche Vorzensur statt. Sie wurde von einem Offizier des jeweiligen Truppenteils durchgeführt. Dabei ging es um Tarnung des Standortes und Truppenteils, Kontrolle auf etwaige „wehrkraftzersetzende Äußerungen" (!) und Streichung aller Hinweise auf militärische Bewegungen[507]. *Da Belege mit deutscher und britischer Zensur noch nicht aufgetaucht sind, ist anzunehmen, daß die Briten den deutschen Zensoren vertrauten.*

Für die deutschen Truppen, Lazarette und Wehrmachtskommandanturen in den Sperrzonen galt Gebührenfreiheit[508]. *Sendungen an Wehrmachtsangehörige waren dagegen gebührenpflichtig. Im Feldpostbrief eines in Büsum internierten Soldaten vom 26. Juni heißt es: „Ich schreibe Euch diese Zeilen in der Hoffnung, daß ich sie Euch durch irgendeine Vermittlung oder Verbindung bald zustellen kann." Dies war in der Tat ein frommer Wunsch, denn lange war den Soldaten nur die Versendung von Postkarten erlaubt, und sie durften auch nur eine pro Woche verschicken* [509]*. Um auch Briefe abschicken zu können und um die deutsche Militärzensur zu umgehen, bedienten sich manche Internierte einer zivilen Deckadresse als Absender. Dafür mußten sie dann aber auch Portogebühren berappen, die sie sich sonst hätten sparen können.*

Anfangs gab es noch tagelange Verzögerungen bei der Zustellung, resümiert der von der Deutschen Reichspost für das Sperrgebiet G beauftragte Beamte: Die Lastwagen der Feldpost verkehrten zunächst nur drei Mal in der Woche und erst ab Anfang Juli täglich. Mitte Juli wurde die „Umarbeitung" der gesamten Wehrmachts- und Zivilpost vom räumlich und personell ungeeigneten Postamt Hademarschen nach Rendsburg verlegt. Eine weitere Verbesserung ergab sich, nachdem der Feldpost-Landkraftwagen von Tönning nach Heide nicht länger die Eiderfähre Tönning-Karolinenkoog nutzte und so von den Gezeiten (Ebbe und Flut) abhängig war, sondern über Friedrichstadt fuhr.

Außerhalb der Sperrgebiete sammelten die Kreiskommandanturen die Soldatenpost und übergaben sie der Reichspost in der jeweiligen Kreisstadt[510]. *Zwecks Geheimhaltung (vor den Sowjets) hatten die Absender ihre Adresse zu tarnen. Bis etwa Mitte Juli wurde dafür eine Buchstaben-/Ziffernkombination genommen, dann eine offene Truppenteilangabe, jedoch mit der Ortsangabe Hademarschen (später sicher Rendsburg* [511]*)*

Die Korpsgruppen befahlen, daß jeder Soldat eine vom DRK-Flüchtlingshilfswerk Flensburg ausgegebene Stamm- und Suchkarte ausfüllen sollte. Daraus wurden Namenslisten angelegt, die an die Landräte und von diesen weiter an die DRK-Kreisgeschäftsstellen geleitet wurden. Diese wiederum benachrichtigten die Angehörigen: „Mit Genehmigung des 8. Britischen Korps wurde... vor kurzem mitgeteilt, daß Ihr Angehöriger... sich als entwaffneter deutscher Wehrmachtsangehöriger im Raum von Schleswig-Holstein befindet.“ Es folgten Angaben zum Gesundheitszustand und die Postadresse für den Zeitpunkt, an dem der Postverkehr mit Kriegsgefangenen freigegeben werden würde.

Anfang September richteten die Briten eine „Hauptermittlungsstelle Hamburg“ ein. Sie sollte Anschriften zwischen Wehrmachtsangehörigen und ihren nächsten Familienangehörigen vermitteln. Dafür wurden jeweils eine Vordruckkarte für Internierte und eine für Angehörige bearbeitet. Die eine Karte lautete: „Ein Mitglied der geschlagenen Wehrmacht sucht seinen nächsten Angehörigen“, im vorgedruckten Text hieß es: „Ich bin noch am Leben und befinde mich z.Z. in britischer Hand. Ich bin gesund/im Lazarett. Meine Anschrift ist wie unten.“ 25 persönliche Worte durften hinzugefügt werden, in lateinischer, nicht in deutscher Schrift. Militärische Angaben waren unzulässig[512] *Neben ihren Angehörigen schrieben die Soldaten besonders den verschiedenen Suchdiensten und kommunalen Suchstellen. Angehörige erhielten Vordruckkarten auch bei den Verwaltungen und Postämtern. Während die Soldatenkarten noch bei manchem Ganzsachensammler zu finden sind, sollen „echt gelaufene“ Angehörigenkarten noch nicht aufgetaucht sein, stellt Philatelie-Experte Menschenmoser fest[513]. Die Hauptermittlungsstelle dürfte mit der Flut an Karten nicht fertiggeworden sein: Sie bestand nur kurze Zeit.*

Am 14. Juni wurde Zivilpost innerhalb Schleswig-Holsteins und Hamburgs wieder zugelassen, jedoch nur Postkarten. Die Post wurde nur bei Postämtern angenommen. Briefkästen wurden nicht geleert[514]. *Am 6. Juli wurde der Zivilbevölkerung das Schreiben von Postkarten innerhalb der ganzen britischen Zone erlaubt, im September wurden auch Päckchen zugelassen. Im September kamen erste private Telefongespräche und die Post aus Berlin nach Büsum durch[515]. Erst am 30. Oktober 1945 wurde der zivile Postverkehr über die Zonengrenzen hinweg offiziell gestattet, auch für Briefe, Drucksachen und andere Versandformen.*

Die Feldpostämter in Tönning, Heide und Meldorf blieben noch mindestens bis zum Dezember 1945 bestehen[516]. *Eigene Feldpostnummern hatten Ende 1945 noch Tönning, das Reservelazarett Tönning, die Einheiten Kating, die Einheiten Garding und die Einheiten Sankt Peter.*

6.7 Chronik des Sperrgebietes G

Das Kriegstagebuch der Briten in Norderdithmarschen registriert am 10. Mai: Neben dem Chef der Bremer Kriminalpolizei, der sich gerade in Heide aufhält, werden Bürgermeister Karl Herwig, der Landrat und der leitende Polizeibeamte in der Kreisstadt verhaftet[517]. *In Heide greift man auf die inzwischen greisen Honoratioren der Weimarer Zeit zurück.*

Im Hause Jansen am Südermarkt bereiteten Meldorfer Sozialdemokraten und Kommunisten am 11. Mai 1945 den Gang zum Rathaus vor. Die Weinhandlung wurde 1980 abgerissen (jetzt Volksbank). (Repro: Piening)

Zu einem letzten Opfer des Faschismus kommt es am 11. Mai 1945 in der Süderdithmarscher Kreisstadt Meldorf[518]. *Es ist ein schwarzer Tag in der Geschichte der Domstadt. Der Kapitulation und Besetzung des Landes durch die Briten zum Trotz verharrt im Rathaus der Domstadt der NSDAP-Kreisleiter Ferdinand Diekmann in seiner Eigenschaft als Bürgermeister, der er seit 1939 ist. Am 11. Mai nun versammeln sich politisch interessierte Männer im Haus des Weinhändlers Friedrich Jansen, um die neue politische Lage zu besprechen. Da der NSDAP-Bürgermeister keinerlei Anstalten macht, seinen Stuhl zu räumen, wird beschlossen, eine Abordnung zu Diekmann ins Rathaus zu schicken und ihn in höflicher Form zu bitten, sein Amt niederzulegen. Die Stadtwache befindet sich an diesem Spätnachmittag geschlossen im Sitzungssaal des Rathauses. Da kommt Diekmann herein und sagt zum Wachmann Falkenberg: „Es ist soweit." Dann geht er wieder hinaus. Falkenberg greift zum Karabiner, aber der Führer der Stadtwache, Werkmeister Heinrich Kammrath, hält ihn zurück, denn er weiß, wes Geistes Kind Falkenberg ist. Friedrich Jansen und seine beiden Begleiter Max Nommensen und Friedrich Schröder sehen den Bürgermeister ins Souterrain des Rathauses gehen. Jansen ruft: „Ferdinand, wi much'n mol mit di snacken"*[519]*. Da schießt Diekmann dem Weinhändler in den Bauch. Hausmeister Schubert alarmiert die Stadtwache. Kammrath nimmt einen Karabiner und läuft nach unten. Jansen kommt ihm, auf Knien kriechend, blutend entgegen. Als Kammrath über das Treppengeländer zum Außenausgang des Heizungskellers sieht, schießt Diekmann dicht an seinem Kopf vorbei. Daraufhin reißt Kammrath seinen Karabiner hoch und tötet den Bürgermeister durch einen Kopfschuß.*

Diekmann hat zwei geladene Pistolen bei sich gehabt. Kammrath läßt seine Wache das Rathaus sichern und befiehlt, auf jeden Nationalsozialisten, der sich dem Rathaus nähere, ohne Warnung zu schießen. Für Jansen kommt indessen jede Hilfe zu spät. Sein Sohn Hans August[520] *führt die Weinhandlung weiter.*

Zwei Stunden nach diesem späten Kriegsdrama verfügt die britische Militärregierung Sühnemaßnahmen. Die führenden Nationalsozialisten der Süderdithmarscher Kreisstadt werden sofort verhaftet[521]. *Einige Tage später wird eine große Zahl englischer Soldaten in Meldorf einquartiert. Die Brücken von Süderau und Miele werden gesperrt oder kontrolliert. Englische Panzer furchen die Straße auf. „Es ist heute nach zehn Jahren noch verwunderlich, daß nicht härteres Kriegsrecht unser altes Städtchen bezw. seine Einwohnerschaft traf", urteilt die Heimatzeitung in einem Rückblick 1955*[522]. *Die Bemerkung zeigt, daß das britische Regime von Zeitgenossen als relativ mild angesehen wird.*

Dieses Geschehen ereignete sich sechs Tage, nachdem in Schleswig-Holstein die Kriegshandlungen eingestellt worden sind, sieben Tage nach der Kapitulationserklärung des nationalsozialistischen Regimes, elf Tage nach dem Tod Hitlers. Damals ist „keinesfalls jedwede nationalsozialistische Regung tot", erinnert sich der Zeitungsredakteur. Eine große Trauergemeinde erweist Jansen am 19. Mai die letzte Ehre, während Diekmann sang- und klanglos verscharrt wurde[523]. *Als erster Nachkriegsbürgermeister wurde Fritz Bremer eingesetzt. In einem britischen Dossier heißt es über ihn: „Zeigt starke anglo-deutsche Neigungen, hat das Zeug zu einem sehr tüchtigen Demokraten"*[524].

Am selben 15. Mai wird der aus Hamburg ausgebombte Rechtsanwalt Karl Wolff, St. Peter, später Hamburg, als Landrat in Eiderstedt eingesetzt, nachdem der Vorgänger, Dr. Henning von Rumohr, seinen Posten am 1. Mai geräumt hatte. In Norderdithmarschen wird Landrat Johannes Beck, der am 9. Mai sein Amt niederlegen mußte, ab 13. Mai durch den Rechtsanwalt Dr. Otto Postel ersetzt. „Beim Amtsantritt des Landrats Dr. Postel wurden, soweit die Stellen in den Ämtern nicht durch Nationalsozialisten besetzt waren, Stahlhelmer oder Gleichgesinnte eingesetzt. Eine derartige Führung in den öffentlichen Behörden in der heutigen Zeit ist untragbar und führt naturgemäß zu Unzufriedenheiten mit der Bevölkerung, die zum größten Teil demokratisch gesinnt ist", ereifert sich darüber später ein Lundener Sozialdemokrat[525]. *In Süderdithmarschen folgt auf Regierungsrat Klinkhardt ab 10. Mai Landgerichtsdirektor a.D. Dr. Karl Henningsen*[526].

Am 21. Mai 1945, zwei Tage vor Verhaftung der Geschäftsführenden Reichsregierung in Flensburg, gibt das Marine-Jagdregiment 1 in St. Peter zwei Befehle von Dönitz weiter, die sofort der Truppe bekanntzugeben seien:

„1) Unser Auftreten bei der Berührung mit unseren ehemaligen anglo-amerikan. Feinden hat voller Stolz und Würde zu sein. Wir haben uns nicht zu schämen. Was die deutsche Wehrmacht im Kampf um das deutsche Volk im Erdulden in diesen 6 Jahren geleistet hat, ist einmalig in der Geschichte und in der Welt. Es ist ein nie dagewesenes Heldentum. Ohne Flecken an unsere Ehre stehen wir Soldaten da. Deshalb ist es würdelos, sich jetzt an unsere ehemaligen Gegner heranzudrängen. Richtig ist, sie auf uns zukommen zu lassen, ihnen aber dann mit Anstand und Höflichkeit zu begegnen.

2) Jeder Soldat verbleibt an seinem Platze, bis er von seinen Vorgesetzten weitere Befehle erhält. Der Zeitpunkt der Entlassung aus dem Wehrdienst hängt von der Entscheidung der Besatzungsmacht und dem Abtransport ab. Bis dahin ist es Ehren-

Weinhändler Friedrich Jansen (1883–1945) aus Meldorf mit seiner Frau Bertha (ebenfalls 1945 gestorben) und Enkel Reimer Jansen, der heute bei Bremen lebt, im Garten seiner Weinhandlung.

pflicht jedes deutschen Soldaten, sich seiner Uniform durch Wahrung der inneren und äußeren Haltung würdig zu zeigen und sich durch den festen Willen, unserem Volke und der eigenen Familie weiterhin als nützliches Glied zu dienen, die äußere Haltung durch militärisches Auftreten und Grußdisziplin. – Auf Befehl! (Unterschrift)".

Der Kommiß feiert noch fröhliche Urständ!

Am 29. Mai 1945 schreibt das 8. britische Corps an die Reichspostdirektion in Kiel wegen Absperrung der Internierungszonen bezüglich Telefon und Telegraphendienst[527]. *Diese ist am 15. Juni bereits erfolgt.*

Meldorfs Bürgermeister Ferdinand Diekmann (1897–1945, NSDAP), der am 11. Mai 1945 auf den Weinhändler Jansen schoß. (Foto: Dithmarscher Landesmuseum)

Im Juni wird die Aktion, mit der alle Jagdwaffen, Fotoapparate und Ferngläser in Dithmarschen durch die Besatzungsmacht eingezogen werden, abgeschlossen[528]. *Die minderwertigen wurden später zurückgegeben*[529]. *Begehrte Souvenirs für englische Soldaten sind übrigens deutsche Kriegsauszeichnungen, für die sich allerhand Zigaretten eintauschen lassen. „Einkassiert" wurden auch die Fahnen, Gewehre und Munition der Kriegervereine und Soldatenverbände.*

Am 2. Juni gibt das 8. britische Corps der Reichspostdirektion die Sperrgebietsgrenzen bekannt. Auch ein Einzelschicksal mag in dieser kleinen Chronik interessant sein: Der damalige Oberleutnant Friedrich Johannsen, der in Eiderstedt heute noch zahlreiche ehrenamtliche Funktionen ausübt, wurde in Uelzen überrannt und schlug sich „schwarz zurück über die Felder nach Hause". Am 17. Juni kommt er in seinem Zuhause an, dem Kirchspielskrug in Witzwort. Da steht ein junger Leutnant an seinem Bücherschrank und bedeutet ihm, er solle sich bis morgen früh im Offiziersgefangenenlager Sankt Peter einfinden. „Das war meine Begrüßung in der Heimat", erinnert Johannsen. In St. Peter wird er verhört und hat sich dann marschbereit zu machen. Von Tönning aus wird mit der Fähre über die Eider zum Karolinenkoog nach Dithmarschen übergesetzt. Vom 19. Juni bis 19. Juli ist Johannsen dann beim Bauern Thiessen in Tensbüttel untergebracht. 14 Tage später ist Entlassungsvernehmung[530].

Am 22. Juni erscheint die erste Ausgabe der „Dithmarscher Nachrichten", ein amtliches Bekanntmachungsblatt für Süderdithmarschen.

Der inzwischen zum Oberdeichgraf ernannte Eiderstedter Johan Redlef Volquardsen muß am 10. Juli zum Entlassungslager Nordhastedt, wo am 12. Juli seine „ärztliche und politische" Entlassungsuntersuchung inklusive Entlausung stattfindet. Am 14. Juli „wurden wir auf englische Lastwagen geladen und ab gings nach Segeberg – 30 Mann immer auf einem Wagen", schreibt er in sein Tagebuch. Nach zwei Tagen wird er mit weiteren Eiderstedtern per Laster nach Tönning zurückgebracht[531]. *Am 14. August führt Norderdithmarschens Landrat Dr. Postel im Beisein des britischen Kreisoffiziers in seiner Antrittsrede aus: „Wir wolllen nicht politischen Fernzielen nachjagen, sondern unsere Politik muß darin bestehen, daß wir von heute auf morgen, von Tag zu Tag, von Jahr zu Jahr durch harte Arbeit und äußerste Sparsamkeit das nackte Leben unseres Volkes erhalten, bis die Zeit kommt, daß wir unser Schicksal wieder selbst in die Hand nehmen müssen. Dabei geben wir uns der Hoffnung hin, daß die Maßnahmen der Alliierten Mächte gegen unser Land und gegen unser Volk nicht so hart sein werden, daß unser Volk in Verzweiflung gerät und wieder, wie schon wiederholt in seiner Geschichte, falschen Propheten nachläuft. Die bisherigen Maßnahmen der britischen Besatzungsmacht, die sofortige Wiederherstellung der öffentlichen Sicherheit und Ruhe, die Wiederingangsetzung der Wirtschaft, die Zuführung von Brotgetreide berechtigen uns zu der Hoffnung, daß auch für uns und vor allem für unsere Kinder das Leben wieder lebenswert werden wird. Daß uns hier in unserem Lande Schleswig-Holstein das Recht zur Führung unserer alten Landesflagge gewährt worden ist, wissen wir zu würdigen"*[532].

Vom 17. bis 20. August müssen alle Personen im Alter von 16 bis 65 Jahren erfaßt werden. Wer dann ohne „Erfassungsbescheinigung" angetroffen wird, erhält keine Lebensmittelkarten und keine Arbeit. Vorher mußten schon auf den Kennkarten die Hoheitszeichen der Nationalsozialisten überklebt werden[533]. – *Am 25. August wird in Heide die Genehmigung für ein erstes Musikkonzert erteilt*[534].

Am 29. August strahlt der Hamburger Rundfunk die BBC-Sendung „Sie fragen, wir antworten" aus. Dabei wird der Brief eines deutschen Schriftstellers aus einer kleinen Ortschaft in Dithmarschen an den Londoner Rundfunk vorgelesen. Nach Angabe der Ansagerin hatte diese Person wohl mit ihrem Namen unterschrieben, aber nicht dabei angegeben, ob dieser Name veröffentlicht werden dürfe. Daher ist die Namensnennung unterblieben. Der Brief geht davon aus, daß dem Schreiber durch die Anwesenheit von etwa 400 Offizieren und Soldaten in seinem Orte oft Gelegenheit gegeben wurde, sich mit diesen Wehrmachtangehörigen zu unterhalten. Unverändert herrsche der nationalsozialistische Geist in den Wehrmachtangehörigen: Während 60 Prozent der Zivilbevölkerung sich bereits vom Nationalsozialismus abgewandt habe, würden noch 80 bis

90 Prozent der Wehrmacht an den Führer glauben. Ein Major, der die Sendung gehört hat, erstattet seiner vorgesetzten Dienststelle ob dieser Äußerung Meldung[535]. *Um welchen Schriftsteller es sich gehandelt haben mag, bleibt der Spekulation überlassen. Arno Schmidt, der eine Zeitlang in Tellingstedt gewohnt haben soll, scheidet aufgrund seiner Biographie aus[536]. Vielleicht war Martin Luserke, Meldorf, Urheber der Äußerung, die dem Major anrüchig erschien.*

Am 1. September verurteilt das britische Militärgericht in Heide (auch in Meldorf gibt es ein solches) einen Wesselburener zu zwölf Jahren Gefängnis wegen Besitz von zwei Pistolen und Munition. Dies ist die höchste in Heide ausgesprochene Strafe für Waffenbesitz. Nach mehreren Petitionen wird er schließlich 1949 entlassen[537]. *In den späteren Jahren der Besatzung wirken mildere britische Richter in Heide.*

Am 3. September treffen sich in Heide die Gewerkschaften unter Teilnahme von Captain Hunt[538]. *Bisher ist die Wiedererrichtung von Gewerkschaften verboten.*

Im September werden die noch nicht entlassenen Soldaten des Gebietes G in die Korpsgruppe von Stockhausen überführt. Die Räumung des Gebietes G von Soldaten innerhalb der Operation „Treck" ist bis zum 30. September weitgehend abgeschlossen[539]. *Das geräumte Gebiet G wird der Besatzungsherrschaft überstellt.*

Am 9. Oktober richtet Regierungsrat Dr. Dauge von der Abteilung Volkspflege in der DRK-Kreisstelle Norderdithmarschen (Markt 7 in Heide) ein Schreiben an die Wehrmachtführung in Hamburg. Er bittet, Kleidungsstücke aus Wehrmachtbeständen aufkaufen zu können, um Kriegsbeschädigten zu helfen. „Die Kreisstelle Norderdithmarschen des Deutschen Roten Kreuzes sieht sich trostlosen Zuständen gegenüber, was die Ausstattung der entlassenen Kriegsversehrten mit Kleidungsstücken anlangt. Schnelle Hilfe ist geboten. Das DRK möchte zunächst um Zuweisung von Kleidungsstücken für etwa 150 Kriegsversehrte bitten. Erwünscht werden: Röcke, Hosen, Stiefel, Mäntel, Unterzeug." Die Antwort aus Hamburg vom 16. Oktober lautet: „Der Wehrmachtstab Nord hat sich in voller Würdigung der äußerst schwierigen Lage der Kriegsversehrten aufs Äußerste bemüht, Kleidungsstücke für diese zu beschaffen. Die angespannte Bekleidungslage – insb. die dringend notwendige Versorgung der Kriegsgefangenen ... lassen es aber nicht zu, daß irgendwelche Bestände dem Dt. R.Kr. abgegeben werden können. Auch aus Kleiderbeständen, die im Zuge der Fahndung nach Wehrmachtgut festgestellt worden sind, kann Bekleidung nicht zur Verfügung gestellt werden ..."[540] *Büsums Bürgermeister Cornelius teilt am 10. Oktober den einzelnen Haushaltsvorständen mit, „gemäß Anordnung der Militärregierung sind von der Zivilbevölkerung Bekleidungsgegenstände und Bettwäsche ... abzuliefern. Sie und die in Ihrem Hause lebenden Bewohner haben abzugeben: [folgt handschriftlicher Eintrag]. Die Abgabe hat sofort zu erfolgen ... beim Kaufmann W. Rickert, hier, Alleestr. Nichtbefolgung hat zwangsweise Einziehung zur Folge."*

Norderdithmarschens Wehrmachtkommandant Friede gibt am 21. Oktober einen Befehl heraus, nach dem alle deutschen Soldaten Kopfbedeckung und Dienstgradabzeichen zu tragen und die Offiziere auf bessere Grußdisziplin zu achten haben. Bei Nichtbeachtung drohen der Entzug von Zigaretten und die Absage von Kinoveranstaltungen[541].

Am 23. Oktober sollen knapp die Hälfte der 68 Generäle, 210 Oberste und 32 Generalstabsangehörigen ins rückwärtige Gebiet verlegt werden nach Hedwigenkoog[542]. *Hier ist bald darauf eine ganze Baracke des Luftwaffenlazaretts (siehe Kapitel 6.5) mit internierten Generälen und Admirälen belegt. Sie werden später nach England abtransportiert[543].*

Am 4. und 5. November haben sich alle Flüchtlinge im Heider Rathaus zu melden, die in die russische, amerikanische, französische Zone oder nach Österreich ausreisen wollten, da die Militärregierung einen Austausch von Flüchtlingen zwischen den einzelnen Besatzungszonen erwägt.

Im November weist die Kreisverwaltung darauf hin, daß die Quartiere für Soldaten weiterhin für die Wehrmacht freigehalten werden müßten[544]. *Tatsächlich muß Norderdithmarschen kurz vor Weihnachten 1945 weitere 4.000 Soldaten aufnehmen! Das Amt Büsum bekommt 170 Soldaten zugewiesen*[545].

Die Wehrmacht wird in Norderdithmarschen zwischen dem 20. Dezember 1945 und dem 10. Januar 1946 aufgelöst[546]. *Ende 1945 / Anfang 1946 wird ernsthaft überlegt, das Hauptquartier der Britischen Rheinarmee aus den verschiedenen westfälischen und niedersächsischen Orten nach Hamburg zu verlegen und dort zusammenzufassen. In diesem Fall müßten die Kreise Eiderstedt, Norderdithmarschen und Süderdithmarschen 70.000 Hamburger aufnehmen*[547]. *Zu dieser neuerlichen Zumutung für die Westküstenbewohner kommt es aber nicht mehr.*

7 Die Korpsgruppe von Stockhausen (Ostholstein)

Auf dem Gut Weißenhaus (Gemeinde Wangels) an der Ostsee war bereits im April 1945 der nicht mehr aktive Generalfeldmarschall Erich von Manstein untergekommen. „Graf und Gräfin Platen nahmen sich vorbildlich und selbstlos der vielen Flüchtlinge an, die sie als ihre Gäste behandelten, und bald auch der Unzahl dort von den Engländern internierter Soldaten", berichtet der berühmte Heerführer in seinen Memoiren[548]. *Als er sich am 3. Mai mit Generalfeldmarschall Fedor von Bock auf Weißenhaus verabredet hatte, wurde dieser auf der Fahrt dorthin bei einem Angriff britischer Tieflieger auf die spätere Bundesstraße 207 nördlich Lensahns tödlich getroffen*[549].

Doch lassen wir den Augenzeugen von Manstein weiter sprechen: „In den ersten Maitagen strömten von allen Seiten letzte Truppenteile der Wehrmacht, Wlassow-Einheiten sowie ungarische und diverse andere Soldaten, vor allem aber Flüchtlinge nach Holstein. Am Horizont sah man den Feuerschein der von englischen Kampfflugzeugen angegriffenen Flüchtlingsschiffe, die in ununterbrochenem Einsatz... Soldaten und Zivilisten aus den Ostgebieten evakuierten"[550].

Die britische Verwaltung zog in ein Nebengebäude der Oldenburger Kreisverwaltung. Seit dem 4. Mai war der britische Major Quail als Kommandant des 619. Military Government Detachments Militärbefehlshaber des Kreises Oldenburg[551]. *Am 8. Mai rückten die Briten auf Fehmarn ein. Deutsche Marinesoldaten hatten besonders an der Ostküste der Insel ihre Schiffe auf den Strand gesetzt und sich abgesetzt. Die Briten vermuteten Himmler auf der Insel, da sich hier der Hof der SS-Stiftung „Nordhav" befand*[552].

Am 9. Mai wird befohlen, im Raum Oldenburg ein Auffanggebiet für die von See und Land her eintreffenden deutschen Soldaten und Verwundeten einzurichten[553]. *Die britischen Kampftruppen räumten den Bereich, um Platz zu machen*[554].

Am 14. Mai heißt es im Lagebericht des Oberkommandos der Wehrmacht, auf der Oldenburger Halbinsel werde ein Kriegsgefangenengebiet für Truppen aus dem Osten eingerichtet[555].

Bei der Einrichtung des Sperrgebietes F kümmerten sich die Briten nicht um Gemeinde-, Amts- oder Kreisgrenzen. Sie richteten sich allein nach natürlichen Gegebenheiten, Straßen und Eisenbahnlinien. Abgeriegelt wurde das Gebiet Ostholsteins nördlich der Linie Laboe – Malente – Eutin – Neustadt bis zur Ostsee. Im Westen bildete die Kieler Förde die Grenze, im Norden die Kieler Bucht und im Osten die Lübecker Bucht. Landschaftlich gesehen waren das die Probstei, das östliche Wagrien (mit einem Teil der Holsteinischen Schweiz) und die Insel Fehmarn; politisch gesehen der gesamte Kreis Oldenburg mit Ausnahme von Neustadt, der östliche Teil des Kreises Plön und der nordöstliche Teil des Kreises Eutin, nicht aber die Kreisstadt Eutin und die zur Lazarettstadt erklärte Gemeinde Malente.

In der Sperrzone lagen die Städte Lütjenburg, Oldenburg, Heiligenhafen und Burg auf Fehmarn. Anfang Juli 1945 wurde die Sperrgebietsgrenze verändert. Neustadt, bisher vollständig im Sperrgebiet gelegen, ohne dazuzugehören, konnte die Insellage abstreifen: Südlich der Stadt wurde das Land um Süsel mit Haffkrug und Sierksdorf aus dem

Sperrgebiet ausgeklammert, so daß Neustadt nun ohne Grenzkontrollen mit Lübeck verbunden war. Im Sommer wurden Lutterbek, Prasdorf, Dannau, Sielbeck und Sibbersdorf ins Sperrgebiet einbezogen[556]. *Die Grenze zum Sperrgebiet wurde hin und wieder von englischen Flugzeugen aus nach Ausreißern abgesucht, die über Knicks und Gatter stiegen und so die Grenze zu überqueren suchten*[557].

Zur Korpsgruppe Stockhausen kamen unter anderem die deutschen Soldaten in Holstein, die zuletzt gegen das 8. und 12. Corps gekämpft hatten. Im Kriegstagebuch des Hauptquartiers Kiel Brigade Area heißt es für Mai 1945: „Kiel ist so schlimm zerstört, daß dort niemand mehr unterzubringen war… Es wurde folglich entschieden, die Wehrmachtgefangenen nach Heiligenhafen zu schicken … und in das Gefangenen-Areal von Oldenburg marschieren zu lassen." An der Versorgungsstelle in Kiel-Mönkeberg wurden rund 100.000 Wehrmachtangehörige mit Nahrung und Wasser ausgestattet.

Der Korpsgruppe Stockhausen wurden auch die im Gebiet um Hagenow in Mecklenburg internierten Soldaten zugeführt. Erwin Obermeier gehörte dazu. Er berichtet, er habe das Internierungsgebiet Pfingsten 1945, am 20. Mai, erreicht[558]. *Nach Übergabe Mecklenburgs an die Sowjets am 1. Juli kamen neue Lazarettzüge in Ostholstein an: Die Sowjets hatten sich geweigert, die zurückgebliebenen Verwundeten und Kranken aufzunehmen*[559].

Viele Internierte waren per Schiff aus dem Osten gekommen. Zuletzt behalf man sich damit, sie so, wie sie vom Schiff kamen, in Kompanien, Bataillone und Regimenter einzuteilen, nur um eine Ordnung zu haben. Die Einheiten, die im Sperrgebiet zusammengezogen werden sollten, wurden meistens von den Engländern bis dorthin begleitet und dann sich selbst überlassen[560].

Unter Befehl des deutschen Generalleutnants Wilhelm-Hunold von Stockhausen wurde in Ostholstein auf die Entlassung gewartet. Von Stockhausen residierte auf dem Gut Weißenhaus von Graf Platen[561]. *Der Stab war in Putlos, wo in den vielen Baracken des Panzerschießplatzes genug Platz war*[562]. *Zu seinen Aufgaben zählten die Aufrechterhaltung der Ordnung, Anordnungen über Waffengebrauch, Aufstellen von Verhaltensmaßregeln gegenüber Zivilisten, Requirierung von Häusern und die Bearbeitung von Suchbefehlen, die „einfache" Soldaten wie auch ranghohe Offiziere betrafen, deren Verbleib unbekannt war.*

Kurz nachdem Manstein den Briten am 5. Mai seinen Aufenthaltsort hatte mitteilen lassen, traf eine englische Kommandotruppe ein und beschlagnahmte Weißenhaus weitgehend. Manstein konnte sein Quartier behalten. Die englische Truppe verhielt sich ihm gegenüber „korrekt, so ruppig sie auch sonst gegen die Bevölkerung und die bald heranströmenden hungrigen deutschen Soldaten war… [Das ehrenhafte Verhalten] entsprach Churchills Richtlinien für die Behandlung der Soldaten, die vor der Kapitulation noch nicht in Gefangenschaft geraten waren[563]." *Die Einheiten blieben unter ihren bisherigen Vorgesetzten bestehen und verwalteten sich selbst. Versprengte Gruppen und Einzelpersonen wurden neu in Regimentern organisiert und mußten sich wieder in Ordnung und Disziplin eingliedern. Da es sonst keine Verpflegung gab, versiegten anfängliche disziplinare Schwierigkeiten schnell. Der Schutz von Lagern und Weidevieh wurde von bewaffneten Einheiten durchgeführt. Das gleiche galt für einzelne deutsche Kommandostellen, wie das Hauptquartier der Korpsgruppe Stockhausen in Weißenhaus…*[564] *Wichtige Aufgabe der Stäbe war die listenmäßige Registrierung der deutschen Soldaten – Papierkrieg.*

Die Korpsgruppe wurde in sechs Abschnitte mit je knapp 100.000 Mann gegliedert[565]. *Die Abschnitte waren nach ihren Kommandeuren benannt: Hecker, Gumpel, Schill,*

Gut Weißenhaus (Gemeinde Wangels/Ostsee) war 1945/46 Sitz der deutschen Verwaltung des Sperrgebietes F (erst Residenz von General von Stockhausen, dann von General Witthöft). (Foto: Piening)

Jank, Ansat und Rieve[566]*. Von West nach Ost handelte es sich um folgende Abschnitte: Probstei mit den größeren Gemeinden Schönberg und Probsteierhagen (Kommandostandort und Stab in Pülsen), Holsteinische Schweiz mit Neukirchen und Blekendorf (Kommandostandort Kletkamp), Schönwalde mit Altenkrempe, Grömitz und Cismar (Kommandostandort Hasselburg), Lensahn mit Kellenhusen und Grube (Kommandostandort Damlos), Wagrien nördlich des Oldenburger Grabens mit Oldenburg, Heiligenhafen und Großenbrode (Kommandostandort Siggen, später in den Baracken von Heiligenhafen) und Insel Fehmarn (Kommandostandort Hotel „Kaiserhof" in Burg).*

Auch von Stockhausen teilte die Abschnitte nach den Divisionen ein. Vorübergehend wurden die Regimenter als „mittlere Wirtschaftsbereiche" und die Bataillone als „untere Wirtschaftsbereiche" bezeichnet.

In Neukirchen im Abschnitt Holsteinische Schweiz lag die Feldjägerbrigade mit Kommandeur Oberst von Zitzewitz. Sie bestand aus zwei Regimentern. Das Feldjägerregiment 2 unter dem Kommando von Oberstleutnant Wackernagel hatte seinen Sitz in Sielbeck, dessen 1. Bataillon lag in Sieversdorf unter Hauptmann Neudamm, die 1. Kompanie in Sasel unter Hauptmann Wiskot[567]. *Die Schreibstube befand sich in der Saseler Schule, die Küche beim Bauern Göttsch. Die Kompanie bewachte den zehn Kilometer langen Grenzabschnitt zwischen Rantzau und Neversfelde. Am Dorfausgang Sasel in Richtung Schönweide stand ein Schlagbaum*[568]*. Die Feldjäger trugen eine gelblichweiße Armbinde mit dem schwarzen Aufdruck „Military Police". Dazu ein Zeitzeuge: „Überwiegend waren es Soldaten der Panzer-Ersatzbrigade „Großdeutschland", die in diesen Einheiten Dienst machten. Die Aufgabe bestand in der Überwachung des Sperrgebietes. Kleinere Einheiten der Feldjäger wurden auch im Auftrage der*

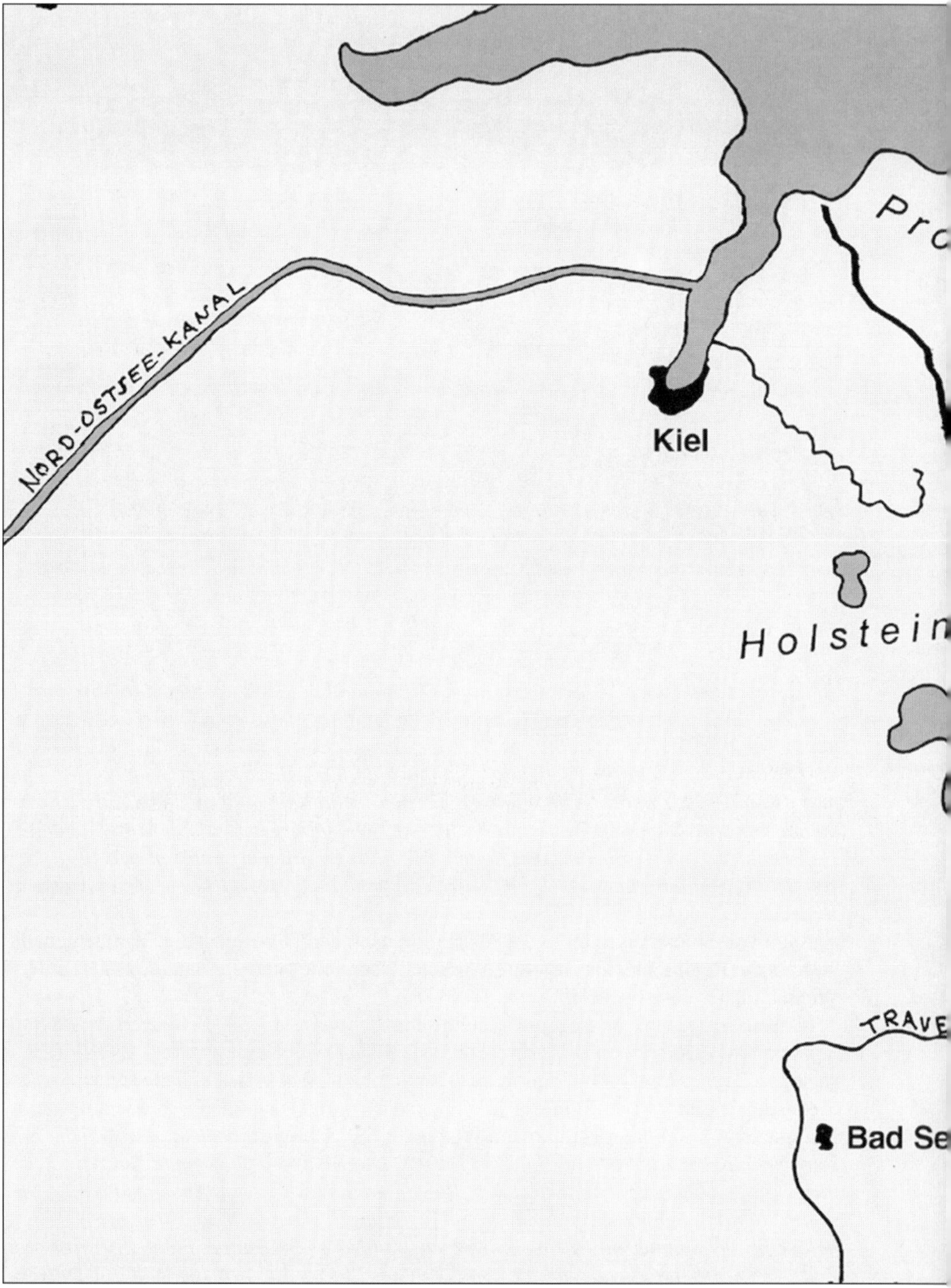

Das Sperrgebiet F (Ostholstein) mit der ab Juli 1945 gültigen Grenze und mit den Hauptquartieren der einzelnen ohne Grenzkontrollen von Lübeck aus erreichbar war.

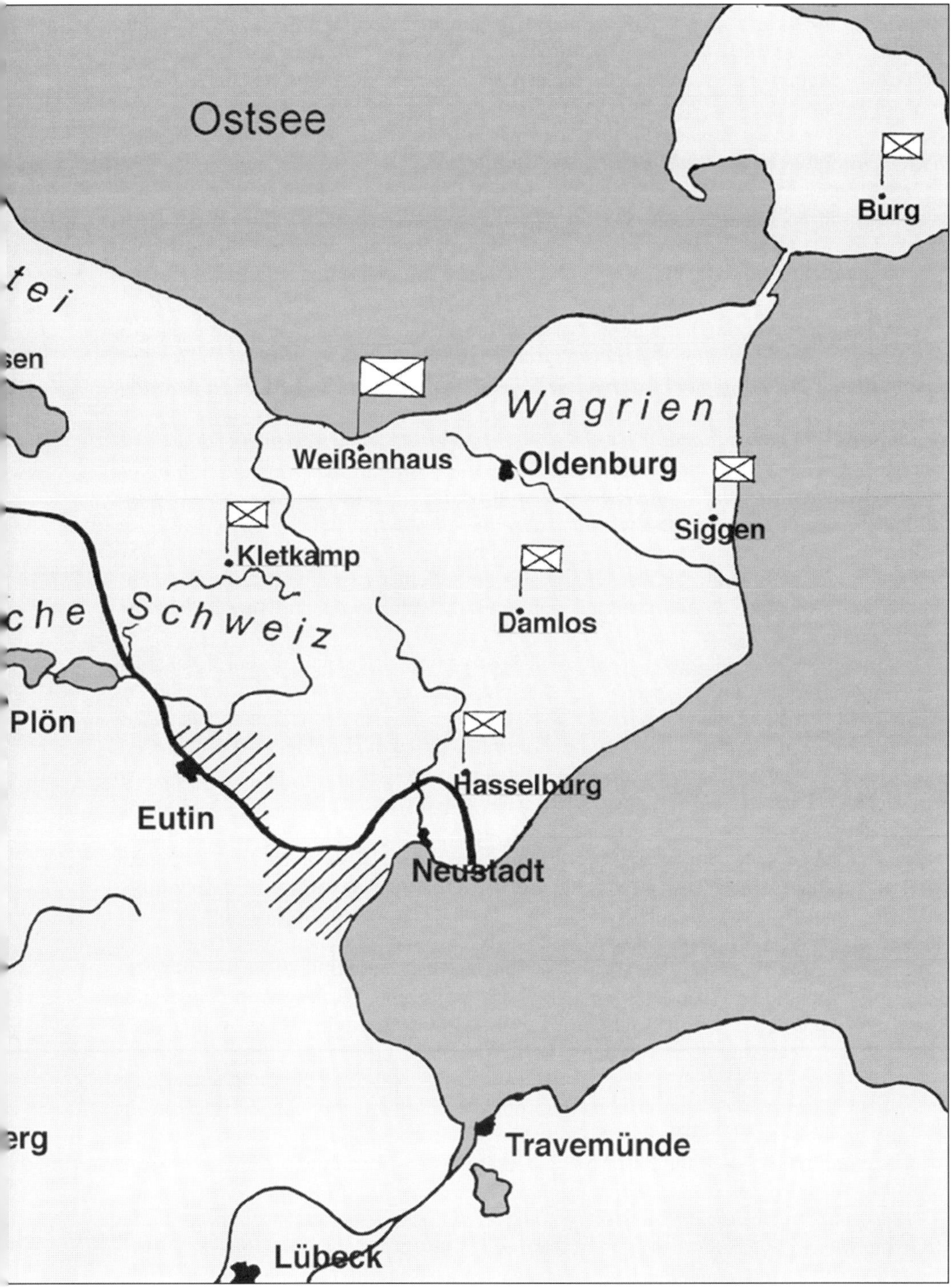

rpsabschnitte. Bis Juli gehörten auch Süsel, Haffkrug und Sierksdorf zum Internierungsgebiet, so daß Neustadt nicht

Engländer zur Bewachung von Versorgungseinrichtungen und Verpflegungslagern eingesetzt. In den ersten Wochen nach Kriegsende gab es auch Einsätze gegen Plünderer, besonders im Raume Neustadt mußte gegen plündernde Polen eingeschritten werden... Bewaffnet waren die Feldjäger mit Gewehren, Feldwebel und Offiziere mit Pistolen. Pro Gewehr gab es sechs Schuß Munition... Der Dienst war erträglich, und die Feldjäger hatten es erheblich besser als die Kameraden im Kral.“ [569]

Der Abschnitt Schönwalde beherbergte die 818. Division im Ostseebad Grömitz (hier war auch ein SS-Lazarett), die 819. in Schashagen und Rettin, die 820. in Neustadt, Sierksdorf und Altenkrempe, die 821. in Schönwalde (hier war auch ein Luftwaffenlazarett eingerichtet) und die 822. Division (mit dem Artillerieregiment 1549) in Kasseedorf[570].

Der Abschnitt Wagrien hatte Divisionsstäbe für die Unterbringung und Betreuung in Großenbrode, Heiligenhafen, Nanndorf, Kröß, Fargemiel und Goddersdorf[571]. *Das Entlassungslager befand sich bei Wahrendorf*[572]. *Auf dem Flugplatz in Großenbrode waren Letten interniert, die in der deutschen Wehrmacht gedient hatten. Sie brannten schwarz Schnaps und handelten damit*[573]. *Auch die „Blitzdeerns“, Wehrmachthelferinnen, waren interniert, allerdings nur für kurze Zeit. Für sie war in Großenbrode ein Auffanglager eingerichtet worden*[574]. *Die Soldaten nannten die vor allem im Nachrichtenwesen tätig gewesenen Damen respektlos „Steckdosengeschwader“.*

Im Abschnitt Fehmarn lag die 804. Division. Nach Fehmarn kamen vor allem die Mariner, darunter wohl auch die im Korpsgebiet befindliche ehemalige Marinekommandantur Swinemünde[575]. *Bauern stellten den Marinesoldaten auf deren Weg zur Insel Eimer mit Säften oder sogar Milch an den Weg*[576].

Englische Soldaten hielten sich selten im Sperrgebiet auf, manche Landser bekamen sie erst bei ihrer Entlassung wieder zu Gesicht. „Zur Bewachung und Kontrolle des Raumes setzten die Engländer auch deutsche Soldaten ein. An den Hauptstraßen in dieses Sperrgebiet gab es Schlagbäume und Kontrollen durch die Engländer selbst. Nebenstraßen und Wege wurden von deutschen Soldaten kontrolliert. Zwischen den einzelnen Posten liefen Tag und Nacht Doppelposten. Kontrolliert wurden alle Personen und Fahrzeuge, die diese Grenze überschritten.“[577]

Im Volksmund hatte das Sperrgebiet F bald den Namen „Deutscher Kral“ weg. Als Kral bezeichnet man allgemein eine von einem Dornverhau umschlossene Rundlingssiedlung südafrikanischer Völker mit einem Viehpferch in der Mitte. Auch die Soldaten fühlten sich eingepfercht in diesem letzten „Kessel“ des Zweiten Weltkriegs. „Von Wolga, Kaukasus, Finnland und Norwegen, von der Adria, dem Balkan, von Frankreichs letzten Schlachtfeldern bündelten sich hier im wagrischen Brückenkopf ungezählte Schicksale zu einem Finale zusammen“, faßt Landeskirchenarchivar Dr. Weimann die Eigenart des „deutschen Krals“ in hehre Worte[578].

Am 23. Mai 1945 schrieb Generalleutnant von Stockhausen an die Landräte, er habe in seinem Bereich auch die Zivilverwaltung übernommen. Wer als Zivilperson die Grenze zum Sperrgebiet F ohne Sonderausweis überschreiten wollte und erwischt wurde, erhielt von den Briten drei Monate Gefängnis aufgebrummt[579]. *Im Korpsgebiet blieben alle Reichsgesetzte in Kraft, ergänzt durch die Richtlinien der alliierten Militärverwaltung*[580]. *Aufgehoben wurde im Gebiet des Korpsstabes von Stockhausen das Reichsleistungsgesetz, soweit es die Fragen der Naturralleistung und Unterkunftsvergütung für die Angehörigen des Korps betraf. „Die Unterkunftsvergütung entfällt gänzlich. Naturalabgaben dürfen nur noch nach Maßgabe der von den Landräten ausgeworfenen Auflagen erfolgen.“* [581]

Es gab verschiedene Entlassungsschleusen, wie zum Beispiel die Ziegelei in Gottesgabe (Gemeinde Giekau bei Lütjenburg). Hier wurden die Soldaten zu neuen Einheiten zusammengestellt, verpflegt und zu einer Entlassungsstelle weitergeleitet. Das Wehrmeldeamt in Eutin entließ die Soldaten der Kreise Eutin und Oldenburg nach Hause. Die ehemalige Mitarbeiterin der Dienststelle Ruth Krüger berichtet: „Aber die Engländer waren mit unseren so unbürokratisch durchgeführten Entlassungen nicht zufrieden und bestanden auf Prüfung durch britische Dienststellen“[582]. *Die Entlassung hier hieß im Soldatenjargon „Eutinisierung“*[583]. *Weitere Entlassungsstellen gab es in Zarnekau (Gemeinde Süsel), Neustadt und Pelzerhaken*[584]. *Dort fand nochmals eine politische Überprüfung durch die Engländer statt – sie suchten Kriegsverbrecher und andere wichtige Personen. „Dann gab es den Entlassungsschein und 60 Reichsmark, und die Reise in die Heimat konnte losgehen ... So mancher Soldat ging hier mit einem Kameraden in dessen Heimat“*[585].

Am 12. Juni befanden sich in der Eutiner Rettbergkaserne fünf Entlassungsstellen für die Soldaten im Sperrgebiet F, durch die täglich je 1.000 Mann entlassen wurden. „Jeden Morgen verlassen englische Lkw mit den Entlassenen das Lager und neue strömen aus den wenige Kilometer vor Eutin liegenden Auffanglagern wieder nach der Rettbergkaserne herein, wo sie die verschiedenen Stellen, Registrierung, Arzt usw. durchlaufen“, schrieb ein Internierter damals nieder[586].

Die Wohnungsnot war ähnlich wie an der Westküste. Allein auf dem Hof Klostersee (Gemeinde Grömitz) lagen etwa 600 Mann[587], *in den zur gleichen Gemeinde gehörenden Dörfern Brenkenhagen 2.800 und in Suxdorf 2.200. Im Dorf Hansühn (Gemeinde Wangels) zählte man 1.200 Soldaten.*

Die Soldaten lagerten in Zelten, Erdlöchern und anderen behelfsmäßigen Unterständen in den Wäldern. Viele schliefen auch auf Stroh in Kuhställen, oder sie richteten sich einen Liegeplatz in einem Backhaus ein. Feldwebel und Offiziere kamen in der Regel in Bauernhäusern und anderen Privatunterkünften unter. Auch in Ostholstein mußten manche Flüchtlinge zugunsten von Wehrmachtoffizieren ihr Quartier räumen oder ganz das Sperrgebiet verlassen[588].

Ein Soldat schrieb nach Hause, er habe Langeweile, das Leben sei stumpfsinnig. Abwechslung biete lediglich ein Unterricht in Deutsch und Englisch[589]. *Im Ortslazarett Heiligenhafen gab es ein Kino, eine Bücherei und vielfältige Vorträge, zum Beispiel über Literaturgeschichte und Musikerziehung*[590]. *Ein anderer erinnert sich: „Es gab Verpflegung und auch Truppenbetreuung. Bunte Abende und Sportveranstaltungen halfen die Langeweile des Gefangenendaseins aufzulockern.“*[591]

In den Zelten lebten viele Wissenschaftler und Künstler, die Vorträge hielten und Unterhaltungsprogramme auf die Beine stellten. Manche Schauspieler zogen von Lager zu Lager. Unter den Schauspielern im Abschnitt Wagrien befand sich zum Beispiel Mathias Wieman, der 1933 Darsteller im Film „Der Schimmelreiter“ gewesen war. Neben Wieman hielt auch Schriftsteller und Chefdramaturg Eckart von Naso Vorträge. Im Kasinosaal von Putlos wurde eine Lesung mit Schauspieler und Rezitator Will Quadflieg veranstaltet[592]. *In Großenbrode gab es ein eigenes Theater der Luftwaffe. Ebenfalls in Ostholstein interniert waren der Schlagersänger Rudi Schuricke und der „Jud Süß“-Regisseur Veit Harlan.*

„Das Verhältnis zur angestammten Bevölkerung war sehr gut“, so ein Zeitzeuge. „An vielen Wochenenden wurden auf dem Hofe Bumann (ein Räucherhaus [in Sasel]) die Tanzdielen aufgelegt und bis zum Morgengrauen dort fröhlich getanzt, denn durch die Sperrstunde durfte niemand vor 5 Uhr auf die Straße“[593]. *Zwischen Kralern und Einhei-*

Die deutsche Kapitulation.

Bisher haben 95 000 Mann Dänemark verlassen. Vor Ueberschreiten der Grenze wurden sie genauestens untersucht und überprüft. 2500 Gestapomänner und Naziführer, die widerrechtlich Wehrmachtsuniformen angelegt hatten, wurden verhaftet.

Die deutschen Truppen in Eiderstedt.

In den letzten Tagen trafen Reste der geschlagenen deutschen Kapitulationsarmee im Kreise Eiderstedt ein. Derzeit stellt der Kreis ein großes Kriegsgefangenenlager dar. Den deutschen Truppen ist es nicht gestattet, ohne die Genehmigung der alliierten Militärregierung Eiderstedt bezw. den Kreis zu verlassen.

Die Zonen „F" und „G" dürfen nur mit besonderer Erlaubnis betreten werden

Verbot des Befahrens der Eider.

Auf Befehl des Militär-Gouverneurs ist das Befahren der Eider sowie das Verlassen der Häfen des Kreises Eiderstedt auch mit kleinsten Booten, wie Ruderbooten, Paddelbooten, Gummi- und Segelbooten ohne Erlaubnis der Alliierten Besatzungsbehörde verboten. Die englischen Posten haben Befehl, bei Uebertreten des Verbots von der Schußwaffe Gebrauch zu machen.

Tönning, den 20. Mai 1945.

Der kommissarische Landrat des Kreises Eiderstedt.

Wolff.

Bekanntmachung.

Viehbesitzer, deren Vieh sich außerhalb des Kreises Eiderstedt befindet, können das Vieh durch Vermittlung des Landratsamtes in Tönning selbst, oder mit Hilfe von Beauftragten, sofort in den Kreis überführen.

Der kommissarische Landrat des Kreises Eiderstedt

Wolff.

Die Evakuierung im Kreise Eiderstedt.

Da der Kreis Eiderstedt das Konzentrationsgebiet der deutschen Truppen bilden soll, werden alle zugewanderten oder unbeschäftigten Personen evakuiert. Zunächst betrifft dies die Frauen zwischen 16 und 35 Jahren. Hebammen, Krankenpflegerinnen und andere in lebenswichtigen Betrieben beschäftigten Frauen, die nicht durch einen deutschen Soldaten vertreten werden können, dürfen bleiben. Um zusätzliche Härten wie die Hilflosigkeit bejahrter oder erkrankter Familienangehöriger zu vermeiden, kann den Eltern in einzelnen Fällen die Genehmigung erteilt werden, die Tochter zu begleiten.

Die Zonen „F" und „G"

Mit Wirkung vom 5. November 1945 dürfen Zivilpersonen die Sperrzone „F" wieder ohne Ausweis der Militärregierung betreten. Der Verkehr von Zivilisten von und nach dieser Zone unterliegt künftig keinen Einschränkungen mehr, vorausgesetzt, daß ihre Personalpapiere in Ordnung sind.

Die Sperrzone „G" hat jetzt zu bestehen aufgehört, und der Verkehr von und nach den Landkreisen Eiderstedt, Norderdithmarschen und Süderdithmarschen ist künftig keinen Einschränkungen mehr unterworfen.

Meldungen über die Sperrzonen zwischen dem 16. Mai und 3. November 1945. Entnommen „Eiderstedter Nachrichten" und „Kieler Kurier".

mischen wuchs allmählich die Vertrautheit. „Niemand erfror in diesem Winter. Man rückte ganz eng zusammen", erinnert ein Landser dankbar[594]*. Zu Weihnachten verschloß sich kaum ein Haushalt dem Aufruf des Korpsstabes, Internierte zum Fest einzuladen. Die Soldaten brachten dann kleine Geschenke mit, für die Kinder selbstgebasteltes Spielzeug. Manche Freundschaft oder Korrespondenz existiert noch aus diesen Tagen des Zusammenrückens!*

Mitte November gab es einen Wachwechsel an der Spitze des Korps. General von Stockhausen, zu dem die Engländer wohl kein volles Vertrauen mehr hatten, sollte zu einem Verhör gefahren werden. Auf dem Weg dorthin passierte ein Unfall mit dem englischen Jeep. Von Stockhausen verunglückte schwer[595]. *Am 16. November wurde daraufhin auf Befehl des 8. britischen Corps der uns aus dem anderen Sperrgebiet wohlbekannte General der Infanterie Joachim Witthöft zum Kommandeur berufen und mit der Führung der Korpsgruppe beauftragt, die am selben Tag in „Gebiet F" umbenannt wurde*[596].

Trotz dieser schnellen Regelung der Nachfolge näherte sich von anderer Seite bereits das Ende des Gebietes F: von Moskau. Die Sowjets beschwerten sich, daß noch Zigtausende deutscher Soldaten, teils bewaffnet, im Sperrgebiet lebten. Immerhin hatten die „Großen Drei" (Roosevelt, Churchill und Stalin) im Februar 1945 auf der Konferenz in Jalta festgelegt, die geschlagenen deutschen Streitkräfte sofort aufzulösen und ihre Waffen zu vernichten: „Es ist unser unbeugsamer Wille, den deutschen Militarisumus und das deutsche Nazitum auszurotten und dafür zu sorgen, daß Deutschland nie wieder in der Lage sein wird, den Frieden der Welt zu stören. Wir sind entschlossen, alle bewaffneten Verbände Deutschlands zu entwaffnen und aufzulösen; den deutschen Generalstab ein für allemal zu zerschlagen, alles deutsche Militärgerät zu entfernen oder zu zerstören..." Die Russen bezeichneten den Kral in Ostholstein offen als „Schwarze Reichswehr" (Schlagwort für die unerlaubte Aufrüstung des Deutschen Reiches 1919 bis 1924 mit russischer Hilfe). Doch verletzten auch die Sowjets selbst permanent die gemeinsam gefaßten Grundsätze, etwa den von Jalta, die Regierungen Ostmitteleuropas nach dem Rückzug der Deutschen zu demokratisieren.

Am 20. November legte der sowjetische Oberkommandierende, Marschall Georgij Schukow, sogar dem Alliierten Kontrollrat eine Denkschrift vor und klagte erneut über das Vorhandensein deutscher Verbände im britischen Einflußbereich[597]. Das sowjetische Memorandum mit Datum vom 19.11.1945 hatte folgenden Wortlaut:

„Die Armeegruppe Nord besitzt Land-, Luft- und Luftabwehrverbände und -truppenteile. Dazu gehören die Korpsgruppen: a) Stockhausen, b) Witthoff. Jede Gruppe ist über 100 000 Mann stark. In der britischen Besatzungszone Deutschlands sind fünf deutsche militärische Korpsbezirke mit Verwaltungen und Dienststellen gebildet worden. Sie sind in folgenden Städten untergebracht: Hammer [gemeint ist wohl das Dorf Hammer in der Gemeinde Panten/Kreis Herzogtum Lauenburg], Itzehoe, Neumünster-Rendsburg, Flensburg und Hamburg. Als Ergänzung zu den deutschen Militärbezirken wurden in der britischen Besatzungszone Deutschlands 25 deutsche Kreis- und Ortsmilitärkommandanturen in folgenden Städten und Ortschaften geschaffen: Pinneberg, Segeberg, Lübeck, Lauenburg, Ütersen, Hörnerkirchen [Gemeinde Brande-Hörnerkirchen/Kreis Pinneberg], Beringstedt [Kreis Rendsburg-Eckernförde], Itzehoe, Schleswig, Eckernförde, Husum, Westerland, Rendsburg, Heide, Marne, Wesselburen, Hennstedt, Meldorf und Albersdorf. Beim sowjetischen Oberkommando vorhandenen Unterlagen und Angaben der ausländischen Presse zufolge bestehen in der britischen Besatzungszone Deutschlands weiterhin deutsche Streitkräfte und deutsche Heeres-, Kriegsmarine- und Luftwaffendienststellen. Bis heute besteht die deutsche Armeegruppe Müller, die in Armeegruppe Nord umbenannt wurde. Diese Armeegruppe hat eine Feldverwaltung und einen Stab. Zum Stab dieser Armeegruppe gehören: die Operationsabteilung, die Abteilung Oberquartiermeister, die Intendantur, die Abteilung Offizierskader, die Kraftfahrabteilung, der Sanitätsdienst. – Die Luftwaffenverbände und Dienststellen bestehen in der britischen Besatzungszone Deutschlands aus dem II. Luftabwehrbezirk, zu dem Luftabwehrverbände (Einheiten der 18. Flak-Division), Bomberstaffeln [purer Unsinn!], Zerstörerstaffeln, Schlachtflugzeugstaffeln und Nahaufklärungsgruppen gehören. Der Luftwehrkreis hat einen Stab nach dem Muster des Stabes einer Luftflotte der Kriegszeit. – Die deutschen Streitkräfte in der britischen Besatzungszone Deutschlands besitzen Nachrichtentruppen (über fünf Regimenter), Panzereinheiten [!] und ein weitverzweigtes Netz von Militärlazaretts mit insgesamt 20.000 Betten. – Die deutschen Seestreitkräfte nennen sich gegenwärtig „Deutscher Minensuchdienst". Er besitzt einen Stab und hat Sicherungsdivisionen und Flottillen. – Außer den genannten deutschen Verbänden, Truppenteilen und Dienststellen befinden sich in der Provinz Schleswig-Holstein etwa eine Million deutscher Soldaten und Offiziere, die nicht als Kriegsgefangene behandelt werden, sondern militärische Ausbildung erhalten. – Alle oben aufgezählten Heeres-, Kriegsmarine- und Luftwaffendienststellen wie auch ihre Verbände, Truppenteile und Verwaltungen werden nach Heeresnormen besoldet. Das Personal der aufgezählten Verbände, Truppenteile und Verwaltungen trägt Rangabzeichen und Orden. Es werden dienstliche Beförderungen vorgenommen und Urlaub mit Löhnung gewährt."

Für die Denkschrift wurde schlampig recherchiert. Den internierten Wehrmachtsoldaten wurde eine Kampfkraft unterstellt, die sie überhaupt nicht hatten (vermutlich, weil die Briten der Einfachheit halber den deutschen Einheiten erlaubt hatten, die alten militärischen Bezeichnungen beizubehalten). Natürlich sollte mit bewußten Übertreibungen auch politischer Druck auf Großbritannien ausgeübt werden, die Wehrmacht sofort aufzulösen.

Schukows falsche Beschuldigung, die britische Besatzungsmacht halte „weiterhin deutsche Streitkräfte und deutsche Heeres-, Kriegsmarine- und Luftwaffendienststellen" aufrecht, verfehlte nicht ihre Wirkung, da sie international für Aufsehen sorgte. Umsonst stellten die Befehlshaber der britischen Teilstreitkräfte die Behauptungen im sowjetischen Memorandum richtig [598]. Das Foreign Office bemerkte intern, es sei ein taktischer Fehler gewesen, „für die verschiedenen weiterbestehenden deutschen Verbände und Stäbe die militärische Terminologie" verwendet zu haben [599].

Der Alliierte Kontrollrat gab am 22. Dezember auf das mehrfache Drängen der Sowjets folgende Erklärung ab: „Ein Plan für die Auflösung der ehemaligen deutschen Streitkräfte in der britischen Besatzungszone wurde gebilligt. Dieser Plan sieht die endgültige Auflösung des Personalbestandes ehemaliger deutscher Streitkräfte, die sich im Bezirk ihrer Konzentration [also im Sperrgebiet F] befanden, sowie der Stäbe, die für deren Verwaltung erhalten blieben, bis zum 31. Januar 1946 vor" [600]. *Mit dazu beigetragen, daß die Briten dies unterschrieben, hat sicherlich auch der Regierungswechsel in London im Sommer 1945. Labour-Premier Clement Attlee hatte keine ehrgeizigen Schutz- und Trutzziele gegen den Osten wie Churchill. Er gelangte zu der Auffassung, daß eine Zusammenarbeit mit der Sowjetunion unverzichtbar sei, um finanzielle und politische Risiken zu vermeiden* [601].

Der sowjetische Marschall Georgij Schukow (1895–1974), Oberbefehlshaber der sowjetischen Besatzungstruppen, unterstellte den Briten, sie würden kampffähige deutsche Verbände in Bereitschaft halten.

Ende 1945 wurde die Operation „Clobber" eingeleitet (Slangausdruck für Kleidung; Klamotten). Alle Wehrmachtangehörigen, die nicht in Dienstgruppen beschäftigt waren, sollten nun ins Zivilleben entlassen werden. Die Demobilisierung der Wehrmacht und die Entlassung der Kriegsgefangenen sollte schnellstmöglich abgeschlossen werden.

Mitte Dezember wurden die ersten deutschen Soldaten in die russische Zone entlassen, per Eisenbahn von Neustadt aus. Belastete Wehrmachtangehörige wurden in besonderen Sammellagern zusammengefaßt. Nichtdeutsche Soldaten wie Österreicher und Südtiroler sollten möglichst dicht an ihr Bestimmungsland gebracht werden[602]. *Die Soldaten in den Lazaretten erhielten dort ihren Entlassungsschein*[603].

Das Sperrgebiet F wurde deutscherseits vom Hauptquartier Gebiet F, britischerseits von der Dienststelle Clobber-Controle (aufgelöst am 23. Februar 1946) abgewickelt. Schließlich wurden auch alle Deutschen, die sich außerhalb des Sperrgebietes befanden, hier entlassen.

Die Zahl der Internierten schrumpfte mehr und mehr bis auf die Nichtentlassungsfähigen zusammen. Zu diesen gehörten Belastete, aber auch manche der Soldaten aus den verlorenen Ostgebieten, die nirgends feste Bleibe finden und nachweisen konnten. Anfang Januar 1946 wurde das Gebiet F auf den Kreis Oldenburg östlich der Linie von Weißenhaus über Lensahn nach Grömitz verkleinert. Das heißt, das Sperrgebiet bestand nur noch aus der ostholsteinischen Landspitze zwischen Hohwachter Bucht, Fehmarnsund und Lübecker Bucht. Die Korpsabschnitte Probstei, Holsteinische Schweiz, Schönwalde und Fehmarn wurden freigegeben. Das verbliebene Gebiet (vormals Korpsabschnitte Lensahn und Wagrien) wurde neu in mehrere voneinander abgegrenzte Areale unterteilt, das Betreten eines anderen Areals war nicht zugelassen[604]. *Auf diese Weise wurden die Internierten nach ihrer Herkunftszone beziehungsweise nach ihrer Nationalität geordnet. Die aufgegebenen Gebiete wurden hingegen nach und nach in die reguläre Besetzung einbezogen.*

Der Befehl aus Weißenhaus vom 10. Januar 1946 dazu lautet: „Nach Abschluß der personellen Entlassungen (etwa 20.1.) bleiben im Gebiet „F" zur weiteren Durchführung der materiellen Auflösung nur noch Abwicklungsstäbe bezw. -kommandos und -einheiten bestehen. Mit diesem Zeitpunkt wird aus dem bisherigen Hauptquartier Gebiet „F" der Abwicklungsstab Gebiet „F" gebildet."

Unberücksichtigt blieben das Wehrmacht-Feldgefängnis und zurückgehaltene Zeugen, Wehrmacht-Ordnungstruppen, Entlassungs-Sammelstellen und die Schießplatzkommandantur Putlos. Am 20. Januar sollte folgende Stärke erreicht sein: zwei Nachrichten-Kompanien mit 168 Mann, Abwicklungs-Pionier-Kompanie 96 Mann, Kraftfahr-Abteilung (Stab, drei Kompanien, ein Instandhaltungszug) 827 Mann sowie die Kraftfahr-Parks (zwei Instandhaltungskompanien in Putlos, Schrottsammelplatz, Bergezug, fünf Kfz-Sammelplätze, vier Instandhaltungszüge) 730 Mann, Gerätesammelstelle Brunkow bei Putlos 74 Mann[605], *Verpflegungsausgabestelle Putlos 20 Mann, Bewachungspersonal Putlos 250 Mann. Zusammen ergab das 2.165 Mann*[606]. *Alles restliche Personal hatte sich in Putlos und Großenbrode zu sammeln.*

Ende Januar gab es folgende Areale:

I Oldenburg
II Großenbrode/Heiligenhafen
III Weißenhaus/Putlos
IV Grube
V Lensahn

I *für die 1.200 Soldaten, die in die westlichen Besatzungszonen entlassen werden sollten (Kategorien A, C und D).*

II *für die 4.100 Soldaten, die in die sowjetische Besatzungszone entlassen werden sollten (Kategorie B).*

III *für die 3.100 Soldaten, die ihren Entlassungsort östlich der Oder-Neiße-Linie angaben (ebenfalls Kategorie B). In einer Kaserne in Putlos wurden auch die 78 nicht zur Entlassung anstehenden ranghohen Offiziere untergebracht. Das Offizierslager unterstand der Korpsgruppe direkt*[607].

IV *für die etwa 4.900 nichtdeutschen Soldaten.*
V *für die 1.000 Soldaten, die nicht entlassen werden sollten (Undischargeables).*

Jedes Areal war – auch aus Geheimhaltungsgründen – mit einer Kennziffer versehen. In jedem Areal gab es mehrere Sammellager.

Die deutsche Militärpolizei hatte eine Stärke von 1.437 Mann, Verwaltungspersonal und Stäbe 460 Mann, kranke und verwundete Gefangene in Hospitälern in Heiligenhafen 1.472 Mann. Alles zusammen ergab das Ende Januar 20.547 Internierte im Gebiet F (2.800 listenmäßig erfaßte Gefangene galten als verloren und hatten wohl längst über Schleichwege die Sperrzone verlassen).

Die Inmarschsetzung erfolgte für das Areal I in Gremersdorf, für II in Heiligenhafen, für III (jedoch nur SS) in Sipsdorf und für die nichtdeutschen Wehrmachtsoldaten im Areal IV in Grube[608]. *Das Stammpersonal wird entsprechend der Zonenzugehörigkeit in Marsch gesetzt. Die deutsche Entlassungsbrigade im Ostseebad Pelzerhaken, ganz an der Südspitze des Sperrgebietes F, leitete die Soldaten weiter.*

Nach den Entlassungen der „breiten Masse" der Soldaten übernahmen es die Briten, den verbliebenen Abwicklungskommandos das Holz zum Heizen zu beschaffen. Sie lieferten für das Areal I nach Goel, für II nach Putlos, für III nach Heiligenhafen, für IV nach Cismar ins Kloster und für V nach Lensahner Hof (Gemeinde Lensahn).

Die Zahl der Internierten im Sperrgebiet F entwickelte sich wie folgt: 31.05.1945 etwa 600.000 Mann, 100.000 werden noch erwartet, ab 4.6.1945 sollen 150.000 entlassen werden[609]

18.06.1945	555.000 Mann Verpflegungsstärke[610]
31.07.1945	250.000 nicht Entlassungsfähige (Schätzung)
01.10.1945	236.000[611], *Wintervorbereitung aber nur für 150.000 vorgesehen*
30.11.1945	99.000[612]
17.12.1945	90.000, davon 26.000 nicht entlassungsfähige Angehörige der Waffen-SS[613].
03.01.1946	55.830[614]
28.01.1946	20.547[615]

Am 1. Februar wurden die Areale umbenannt:
I Oldenburg
II Putlos
III Großenbrode
IV Kellenhusen
V Lensahn (1.2.46 aufgelöst)

Die Auflösung erfolgte nun nach und nach durch Abwicklungsstäbe. Sie vollzog sich im einzelnen so[616]:

Areal I: *Am 9. Februar wurde die Bewachung der Bereichsgrenze aufgegeben. Die Weiterleitungsstelle in Oldenburg wurde noch bis 11. Februar bewacht. Das erweiterte Krankenrevier bestand bis zum 12. Februar. Bis zum 13. Februar mußten sich alle Einheiten zur Weiterleitungsstelle nach Pelzerhaken begeben. Der 13. Februar ist der offizielle Tag der Auflösung des Areals I. Einzig das Abwicklungskommando I, das an diesem Tag ins Dorf Kröß verlegte, blieb bis zur vollständigen Abwicklung des Höheren Pionier-Kommandos als letzte Dienststelle im Areal I bestehen.*

Areal II: *Vom 31. Januar bis 7. Februar wurde das Wehrmacht-Feldgefängnis Putlos aufgelöst. Die Strafgefangenen überführte man in Zivilstrafanstalten. Zum 3. Februar* *wurde die Verwaltungskompanie II aufgelöst (sie bestand als Verpflegungsausgabestelle Heiligenhafen noch einige Wochen weiter). Am 9. Februar wurde die Bewachung der Bereichsgrenze aufgegeben. Vom 12. Februar bis 8. März erfolgte die Auflösung des Areals II. Am 16. Februar wurde das Wehrmacht-Ordnungsbataillon (die Ordnungstruppen umfaßten zuletzt noch 330 Mann) aufgelöst, um den 20. Februar die Entlassungsbrigade II. Die 30 Mann der Lagerkommandantur Putlos hatten nun die im Lager Putlos verbleibenden Dienststellen und Einheiten unterzubringen, zu versorgen und wertvolle Objekte zu bewachen. Ihr unterstellt waren das Hauptquartier Gebiet F (42 Offiziere, 91 Unteroffiziere und Mannschaftsdienstgrade, 13 Stabshelferinnen und sieben Beamte*[617]*) mit dem Gut Weißenhaus, der Abwicklungsstab der Wehrmacht-Ordnungstruppen, das Offizierslager Putlos, die Unterkunftsverwaltung Putlos, die Schießplatzkommandantur Putlos. Außerdem gab es in Putlos noch ein Lazarett. Anfang März erfolgte wieder eine Neuorganisation der verbliebenen Wehrmachtseinheiten im Areal I. Es wurde ein 80 Mann starkes „Abwicklungskommando Hauptquartier Gebiet F" gebildet, das immerhin noch über zehn Autos und sechs Lastkraftwagen verfügte. Unterkunftsverwaltung Putlos und Schießplatzkommandantur Putlos blieben bestehen. Zudem wurden noch übriggebliebenes Personal vom Areal III aufgenommen sowie die letzten Generalstabsoffiziere von Heiligenhafen ins Offizierslager Putlos überführt. Die Gerätesammelstelle Brunkow bei Putlos wurde Anfang März dem 8. britischen Corps unterstellt. Der 8. März war der offizielle Tag der Auflösung des Gebietes F. Die Kaserne Putlos war von diesem Tag an nicht mehr bewohnt. Etwa 20 entlassene Wehrmachtsangehörige, die die weiterbestehende Schießplatzkommandantur einstellte, sollten sie bewachen. Bis zum 16. März blieben Witthöft und Oberst Kurt Fett, der „Chef des Generalstabs", für das frühere Gebiet F verantwortlich an ihrem Dienstsitz Gut Weißenhaus. Am 28. März wurde für acht Wehrmachtsangehörige (entlassene Soldaten) und drei Angestellte eine Verlängerung der Aufenthaltsgenehmigung durch das Arbeitsamt bis Ende April beantragt.*

Areal III: *Am 6. Februar befanden sich noch 140 Mann in Heiligenhafen, darunter die Verpflegungsausgabestelle. Großenbrode versorgte die letzten Einheiten auf Fehmarn mit (die Unterkunftsverwaltung Puttgarden und die meteorologische Versuchsstation Puttgarden bestanden noch bis in den März hinein). Am 9. Februar wurde die Bewachung der Bereichsgrenze aufgegeben. Einen Tag später erfolgte die Auflösung der Verpflegungsumschlagsstelle Lensahn. Deren sechs Offiziere und Beamte und 30 Unteroffiziere und Mannschaftsdienstgrade wurden ins Abwicklungskommando III eingegliedert. Das Abwicklungskommando zählte somit 16 Offiziere und Beamte und 70 Unteroffiziere und Mannschaftsdienstgrade. Vom 10. Februar bis 8. März fand die Auflösung des Areals III statt. In Großenbrode war bis zum 16. Februar eine Bezirksgruppe des Wehrmacht-Ordnungsbataillons tätig. Die Lazarette in Heiligenhafen und Großenbrode bestanden noch bis März, ebenso die Unterkunftsverwaltungen in Heiligenhafen und Großenbrode. Flugplatz und Kasernen in Großenbrode waren gleichfalls bis März besetzt. Anfang März bestand das Abwicklungskommando III aus 30 Mann, denen zwei Autos zur Verfügung standen. In der Woche vom 4. bis 8. März wurde das Lager für nicht entlassungsfähige Unteroffiziere und Mannschaftsdienstgrade im Bereich Großenbrode aufgelöst. Dem Generalslager in Heiligenhafen wurden bis 8. März auch die letzten Generäle aus dem Gebiet F zugeführt.*

Areal IV: *Erst am 11. Februar wurde die Bewachung der Bereichsgrenze aufgegeben. Das Lazarett in Kellenhusen bestand bis März. Dem 30 Mann starken Abwicklungskommando stand zuletzt nur noch ein Auto zu. Endgültige Auflösung des Areals am 8. März.*

Nach und nach wurden die einzelnen Abschnitte des Sperrgebiets F aufgehoben. Das Bild zeigt Soldaten beim Aufräumen, das in gewohnt gründlicher Manier der Deutschen vollzogen wurde.

Areal V: *Bereits am 1. Februar aufgelöst. Die am 14. Februar von der Kommandantur in Putlos versuchte ordentliche Übergabe scheiterte, da die Intendantur des Bereiches Lensahn schon nicht mehr erreichbar war.*

Alles durch die Auflösung schrittweise freigesetzte Wehrmachtspersonal wurde über Pelzerhaken bei Merkendorf entlassen. Die Entlassungsbrigade Pelzerhaken sollte zum 13. Februar aufgelöst werden, bestand dann aber doch noch bis zum 24. Februar. Dem „übriggebliebenen" Verbindungsoffizier Pelzerhaken stand noch am 28. Februar ein Kraftfahrzeug zu. Gleiches galt übrigens für den Verbindungsoffizier in Eutin, der den Kontakt zwischen Weißenhaus, deutschem und Wehrmeldeamt in Eutin und britischer Überprüfungsstelle in Fissau hielt.

Abschließend einige Auflösungsdaten für territorial nicht mehr zuzuordnende Einheiten: 18. Februar Nachrichten-Abwicklungskommando (26 Mann), 3. März Streifengruppe Strauch (früher im Wehrmacht-Ordnungsbataillon). Ende Februar bestanden noch die Entlassungsstellen 6,8 und 11, Anfang März nur noch die Entlassungssammelstelle 8 mit Entlassungssammellager 6.

Noch am 5. März hatten einige Männer in den Abwicklungskommandos noch keinen Freigabeschein. Am 6. März ordnete General Witthöft von Weißenhaus aus die Auflösung des Gebietes F bis zum 8. März 1946 an. Witthöft hatte sich gerade darauf eingestellt, nun ins Generalscamp nach Belgien gebracht zu werden, als ihm ein englischer Arzt Lagerunfähigkeit bescheinigte, wohl nicht zuletzt mit Blick auf Witthöfts Verdienste in der Nachkriegszeit[618]. *So ist Witthöft einer der ganz wenigen deutschen Generäle, denen das Schicksal der Verhaftung und Verbringung ins Ausland erspart blieb. Er starb 1966 in Wegberg bei Mönchengladbach. Eine Tochter lebt heute noch in Mölln*[619].

Noch Jahre nach der Auflösung des „Krals" kündeten kahle Stellen im Wald, Erdlöcher, Zeltstangen, Drähte und Fahrzeugswracks von der Internierung der Wehrmacht im Ostholsteinischen[620]. *Die Akten waren dem Deutschen Hauptquartier Nord auszuhändigen*[621]. *Von dort kamen sie über den Hamburger Oberfinanzpräsidenten*[622] *zum Bundesarchiv / Militärarchiv in Freiburg. So haben deutsche Behörden mehr als die britischen Dienststellen über die Internierungsgebiete über die Zeiten aufbewahrt.*

Die den Gemeinden entstandenen Besatzungskosten und Kosten durch die Unterbringung der internierten Soldaten konnten später bei der Reichskasse geltend gemacht werden[623], *doch war Geld wie gesagt wenig wert.*

Bei dieser überaus korrekten Abwicklung der geschlagenen deutschen Wehrmacht kann man sich nicht des Eindrucks erwehren, daß sie deutscherseits etwas verzögert wurde. „Es wurden Abwicklungsstäbe gegründet, hatten diese ihre Arbeit beendet, dann sollten wieder neue Abwicklungsstäbe die alten Abwicklungsstäbe abwickeln, und so fort", höhnte Jahre später die kommunistische „Berliner Zeitung"[624]. *Vielen noch mit der Abwicklung beschäftigten Wehrmachtsoldaten drohte natürlich bei Beendigung ihrer Aufgabe die Arbeitslosigkeit, höheren Militärs gar Gefangenschaft und Zwangsarbeit. So wurden Auflösungsfristen für bestimmte Einheiten immer wieder verlängert. Dennoch nötigt einem die bürokratisch-gründliche „Nachbereitung" der Kapitulation Respekt ab. Sie war „typisch deutsch" verlaufen, nach Katastrophe und völligem Zusammenbruch.*

7.1 Der Hunger

Die Soldaten quälte ein grausamer Hunger. „Rudelweise verließen oft die Kraler ihre Zeltstraßen, um Eßbares heranzuschaffen. In Mützen und Brotbeuteln brachten sie haufenweise gesammelte Brennesseln an, die gerade in allen Gräben und Knicks zu sprießen begannen, und der Koch brühte sie mit heißem Wasser ab; gierig den Atem einziehend, warteten die Sammler auf eine Kelle …"[625] *Selbst die schwarzen Wegschnecken wurden gegessen. Die Landser warfen sie in kochendes Wasser.*

„Hungerödeme traten auf, und die Gefahr eines Ausbruchs von Seuchen in den engbelegten Unterkünften war nicht von der Hand zu weisen"[626]. *Auf den Gütern wurden großzügig viel zu viele Hilfsarbeiter beschäftigt. „Die Hauptsache war, daß die Männer nicht das Gefühl hatten, Bettler zu sein"*[627].

Künstler malten oder schnitzten, Schuster flickten jeden Schuh, Schneider linderten einfallsreich die Kleidernot – ein jeder tat alles für ein Essen. Auch wurde getauscht, aber zu welchen Bedingungen: Für ein Paar gute Schuhe gab es in der Regel nur ein halbes Brot[628]! *Lebenswichtig und stark begehrt waren sogar leere Blechdosen, die zum Kochen, Essen und Trinken gebraucht wurden*[629].

So wurde alles im Kral auf Vordermann gebracht: „Das Ländchen war bald entkrautet, entschmutzt, entfleckt und entsteint"[630], *mit den gesammelten Steine wurden Feldwege gepflastert. Der Arbeitswille war vorbildlich, was das Verhältnis der Soldaten zu den Einheimischen positiv beeinflußte.*

Ein Besprechungsprotokoll des Korps-Stabes vom 22. Mai erwähnt den Bau von

Feldbacköfen[631]. *Es wurde gemeldet, daß Soldaten auf Bauernhöfen Verpflegung stehlen, Vieh schlachten und Kühe melken. Der Eisenbahnküchenzug stand damals in Heiligenhafen (am 18. Juni war er im Bahnhof Oldenburg zur Versorgung von 2.000 Offizieren eingesetzt). Oberstabsintendant Warnick betonte in der Besprechung, daß die augenblickliche Verpflegung zwar nicht üppig, aber den derzeitigen Umständen entsprechend zufriedenstellend sei. „Der Bekleidungszustand ist durchweg sehr dürftig. Die Soldaten nächtigen in Massenquartieren wie Sälen, Scheunen, Geräteschuppen usw.". Auf Straßen, Wiesen und in Wäldern waren Soldaten immerhin nicht mehr anzutreffen, obwohl es dort noch Spuren von Lagerstätten gab. „Wenn die Scheunen mit Heu voll sind, wird das Unterbringungsproblem akut. Stellenweise hilft sich die Truppe schon jetzt durch den Bau von Bunkern und Laubhütten"* [632].

Am 11. Juni war der Tiefststand bei der Verpflegung erreicht. Von diesem Tag an stieg die Zahl der verabreichten Kalorien wieder. Aber noch Mitte Juni gab es täglich nur 1.300 bis 1.500 Kalorien und nicht die geforderte Menge von 1828 Kalorien[633]. *Ein Grund dafür war auch, daß es den Bäckereien an Mehl und an Kohle mangelte. Die Zuteilungssätze schwankten innerhalb Schleswig-Holsteins je nach Versorgungslage. Nach der Ausgabe der Verpflegung liefen alle Kraler auseinander, um an privaten Feuerstellen ihre Mahlzeit zu kochen*[634]. *Die Soldaten unternahmen mit allerhand Tricks Fouragefahrten weit nach außerhalb des Sperrgebietes, um Essen heranzuschaffen, oft mit stiller Duldung der Briten*[635].

Wie zu Großmutters Zeiten.
„Die Sorgen der Frau.
Wir haben es sogar in vielen Dingen schwerer als unsere Großmütter, das weiß jede Leserin aus eigener Erfahrung. Manche kleine Kunstgriffe jedoch, deren sich die Frauen vergangener Zeiten bedienten, um sich das Leben etwas einfacher zu machen, kommen uns in diesen Notjahren wieder zugute. Auch die Kochkiste war unseren Urahnen vertraut. Sie ist eigentlich viel älter als unsere Zivilisation, denn wenn die Buschmänner ihr Fleisch zwischen heißen Steinen in einer mit glühender Holzasche gefüllten und sorgfältig verschlossenen Grube weich brieten, war das nichts anderes als eine Kochkiste nach dem Muster der Steinzeit. Und wenn unsere Vorfahren Zucker sparen wollten – sie hatten das zeitweilig nötig –, fügten sei beim Dünsten von Früchten dem Wasser eine Messerspitze Salz und Soda bei. Genau die Mode von 1945!
Das Strümpfestricken ist nie ganz vergessen worden, und der Krieg hat das seine dazu getan, die alte Kunst neu zu beleben. Auch wenn sie uns beim Ausbessern über die Schultern sähen, wären unsere Großmütter sicher mit uns zufrieden. Wir haben wieder Sparsamkeit gelernt, wir lassen nichts umkommen. Wie es Millionen von Frauen in Europa – und nicht zuletzt in Deutschland – gegenwärtig fertig bringen, ihre Kinder sauber und gesund, ihre Häuser rein, ihre Wäscheschränke in Ordnung zu halten und gleichzeitig im Berufsleben, in der Fürsorge, in öffentlichen Angelegenheiten ‹ihren Mann zu stehen›, das ist ein Kapitel für sich."
Aus: Lübecker Post 29. 9. 45

Der Stab erinnerte, daß die von der Besatzungsmacht freigegebenen 45 Millionen Reichsmark nun dem Zentralausschuß für Ernährung und Landwirtschaft zur Verfügung standen. Das Korps von Stockhausen wollte nicht schlechter gestellt werden als das Korps Witthöft. „Es ist bekannt, daß das Korps Witthöft z.B. laufend die volle Brotportion ausgeben kann", wurde neidisch bemerkt[636].

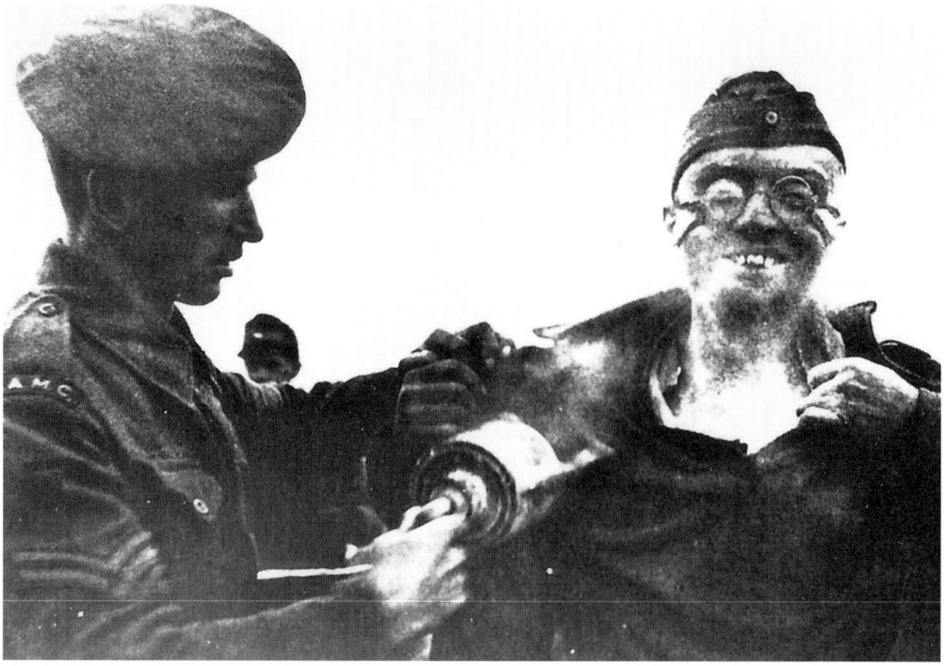

Zur Entlausung mußten die deutschen Landser ihre Gasmaskenbrille aufsetzen. Ein britischer Soldat bestäubte die Kleidung mit DDT-Pulver. Ein sehr seltenes Bild.

Generalleutnant von Stockhausen selbst beschrieb die Lage mit folgenden Worten: „Die Verpflegung der Truppe wird mit den primitivsten Mitteln zubereitet. Der größte Teil der im Gebiet F befindlichen Soldaten wurde nur mit dem persönlichen Gepäck zugeführt, so daß nur wenig Kocheinrichtungen vorhanden sind. z.B. müssen an manchen Stellen aus einem Kessel vier Mal am Tag gekocht werden, andere Stellen können überhaupt nur an jedem zweiten Tag warme Verpflegung ausgeben … Hochwertige vitaminhaltige Nahrungsmittel können auf die Dauer gar nicht entbehrt werden. Bereits jetzt leidet ein großer Teil der Soldaten an Zahnfleischerkrankungen. Die äußerst geringe Verschiedenartigkeit der Verpflegung wirkt sich schließlich auch auf die Haltung und Stimmung der Truppe nachteilig aus." Da im Schnitt täglich 5.000 Mann entlassen wurden und jedem etwa zehn Portionen Marschverpflegung zustanden für den Heimweg, mußten die Küchen täglich 50.000 Portionen zusätzlich ausgeben[637].

Umschlagstelle für Verpflegung war der Gutshof Neumeierei. Verpflegungs-Ausgabestellen gab es im Juni für die Internierten in Selent, Seekrug (Gemeinde Giekau), Blekendorf, Eutin, Kasseedorf, Schönwalde, Lensahner Hof und Sebent (Gemeinde Damlos[638]).

Im Sommer 1945 erklärte die Militärregierung die Hohwachter Bucht zum Schießgebiet. Heimatvertriebene Fischer ließen sich mit ihren Kuttern zumeist in den Ostseehäfen nieder und übten den Fischfang nun in der westlichen Ostsee aus. Anfang 1946 hatte sich die Ostseekutterflotte mit 200 Schiffen verdoppelt. Doch wegen dieser Überbesetzung blieben die Erträge gering, auch das wichtige Fanggebiet östlich und südöstlich Fehmarns war nicht zugänglich[639].

Unproblematisch blieb die Versorgung des Viehs mit Futter. Für die 800 Wehrmachtspferde im Sperrgebiet F gab es reichlich Weidemöglichkeiten[640].

Unangenehme Begleiter der im Kral eingepferchten Soldaten waren Läuse. „Es war praktisch unmöglich, hier frei von Läusen zu bleiben", erinnert sich ein früherer Landser. Die Briten gingen dieses Problem erst nach Wochen an. Deutsche Hilfswillige (Hiwis) richteten mobile Entlausungsstellen ein. Am Kellersee etwa hieß es: Alle Mann ins Wasser! Beim Herauskommen wurden sie mit dem Insektizid DDT besprüht. Auch gingen Hiwis herum und pumpten in jedes Zelt einen Stoß DDT-Pulver hinein[641].

7.2 Die Kälte

Bereits im Juli fand reger Holzeinschlag durch die Soldaten in Ostholstein statt. „Zusätzlich muß in großem Stil das Stubbenroden im Forstbad Segeberg aufgezogen werden", notierte die Korpsführung. Dafür waren 1.000 Mann erforderlich. Außerdem sollten 25.000 Ziegelsteinöfen – auch mit Firmenhilfe – errichtet werden. Die Beleuchtung geschah mittels Kerzenlicht und Hindenburglichtern. An Petroleum und Karbid war gar nicht zu denken[642].

Mitte Juli schätzte das 8. britische Corps, daß es im Oktober für 96.000 Mann, also für fast jeden zweiten, keine Baracke gäbe, wenn nicht weitergebaut würde[643]. *Die deutsche Seite wies auf ebendieses „Loch" hin: Derzeit seien 100.000 Mann mehr nicht entlassungsfähig als die für die Wintervorbereitung vorgegebene Zahl von 150.000*[644]. *Noch Ende Juli wurden weitere deutsche Soldaten aus Norwegen erwartet*[645]. *Die deutschen und englischen Führungsspitzen fanden folgende Lösung: Die Korpsgruppe sollte Baracken für 50.000 Mann selbst bauen. Die Briten wollten durch das 8. Corps Baracken aus englischen Beständen für weitere 40.000 Mann liefern*[646].

Unterdessen machten sich die einfachen Soldaten ähnliche Sorgen. Es verbreitete sich die Erkenntnis, daß immer noch Flüchtlinge über die Ostsee mit Schiffchen und Booten in Ostholstein anlandeten, andererseits aber die Entlassungen nur langsam vorangingen. „Wo bleiben wir im Herbst, wenn die Tiere in die Ställe zurückkommen?" war die bange Frage. Der Befehl zum Bau von Winterquartieren wurde dann mit gemischten Gefühlen aufgenommen: Einerseits war das eine Lösung des Problems, andererseits sollte dies wohl noch einen Winter in der Verbannung, fern der Familie, bedeuten.

Doch immer mehr Soldaten fügten sich in ihr Schicksal und meldeten sich zu Bautrupps, um nach alter Art Häuser zu errichten – mit Felsbrocken als Fundament, Holzstämmen als Fachwerk und selbst gebrannten Ziegeln als Mauerwerk, einer Mischung aus Lehm und Sand als Mörtel und Strohbündeln als Dachdeckung.

Um auch ja für alle ein Dach über dem Kopf zu haben, wurden auch Holzunterstände und Wellblechhütten gebaut[647]. *Aber durch die Forcierung der Entlassungen sank die Zahl der Internierten so weit, daß für alle verbliebenen Soldaten einigermaßen winterfeste Unterkünfte vorhanden waren*[648]. *Einige wenige der provisorischen Lehmhäuser dürften noch heute stehen*[649].

7.3 Probleme mit den Fremdarbeitern (Displaced Persons)

Die nationalsozialistische Kriegswirtschaft hatte hemmunglos Fremdarbeiter aus dem besetzten Ausland rekrutiert, um die Lücken zu schließen, die durch Einberufungen deutscher Industrie- und Landarbeiter zur Wehrmacht entstanden waren. Zuletzt lebten acht Millionen verschleppte Zwangsarbeiter auf deutschem Boden. Die Kapitulation am 8. Mai 1945 bedeutete ihre Befreiuung.

In der britischen Besatzungszone und Dänemark befanden sich gut eine Million Zwangsarbeiter, von den Briten „Displaced Persons“ (Verschleppte) oder kurz „DPs“ genannt. Zwei Drittel von ihnen sollten in osteuropäische Länder zurücktransportiert werden, ein Drittel wartete auf Rückbeförderung in westliche Staaten.

Die Zahl der DPs in Schleswig-Holstein wurde eine Woche nach der Kapitulation auf 300.000 geschätzt[650]. *Ihre Unterbringung, Versorgung, Disziplinierung und Rückführung in die Heimatländer barg mehr Probleme, als die bloße Zahl vermuten ließ.*

Während gerade die von ihren Herren gut behandelten DPs meist friedlich blieben, nutzten viele die Gelegenheit, sich an ihren Peinigern und den Deutschen allgemein zu rächen. Sie meinten, sich nun mit Gewalt nehmen zu können, was ihnen so lange vorenthalten war. Besonders die Osteuropäer bildeten Banden, plünderten und mordeten. Um eine bessere Kontrolle zu gewährleisten, wurden die DPs in Ausländerlagern konzentriert und nach Nationalitäten geordnet. Je etwa 30.000 DPs befanden sich in Kiel und Lübeck, wo haarsträubende Übergriffe zum Alltag gehörten[651].

Ein großes Ausländerlager wurde auch in der sofort nach der britischen Besetzung geräumten U-Boot-Schule in Neustadt eingerichtet[652]. *Die Zahl der DPs überstieg die der Einwohner Neustadts. In Ostholstein herrschte der Terror. „Verbrecherische Elemente hatten sich sehr schnell mit Waffen versorgt und suchten nun die umliegenden Dörfer, ja selbst die entlegendsten Orte der Kreise Oldenburg und Eutin heim. Wohnhäuser und Ställe wurden aufgebrochen und ausgeraubt, Widerstand wurde mit der Schußwaffe gebrochen. Auf der Straße wartende Autos brachten die Beute in das nächste Ausländerlager oder in die Großstadt. Viehabschlachtungen, Einbrüche, Mord und Totschlag waren an der Tagesordnung. Ein Sperriegel von Polizeiposten wurde um Neustadt und besonders um das Ausländerlager gelegt, um die Ordnung wiederherzustellen. Erst als unsere Polizei wieder mit Schußwaffen versehen war, gelang es allmählich, die Banden einzuschüchtern und Ordnung zu schaffen.“[653] Das 8. britische Corps hatte schon am 6. Juni den Antrag gestellt, einen Teil der deutschen Polizei wiederzubewaffnen, aber die Erlaubnis der 21. Armeegruppe ließ auf sich warten[654]. Bis dahin mußten sie dem Treiben praktisch machtlos zusehen oder die Briten holen.*

Am 13. Mai wurde den etwa 2.000 Einwohnern und Flüchtlingen in den Ostseebädern Haffkrug und Sierksdorf befohlen, ihre Orte mit Handgepäck bis zum nächsten Morgen zu verlassen, da hier Displaced Persons (DPs) einquartiert werden sollten – allein 6.000 Polen. Im Frühsommer 1946 wurden die letzten DPs von hier in die U-Boot-Schule Neustadt umquartiert und die Dörfer abschnittsweise wieder freigegeben. Die zurückziehenden Einwohner und neuen Flüchtlinge fanden sie vielfach voller Unrat und zerstört vor. In Haffkrug und Sierksdorf konnten dennoch 1946 die ersten Badegäste nach dem Krieg aufgenommen werden. Vermietet wurde aber meistens nicht für Geld, sondern für Sachwerte.

Im Sperrgebiet G, an der Westküste, waren die DPs zahlenmäßig schwächer vertreten, aber durchaus auch ein Problem. Auch aus Eiderstedt berichtet die Polizei von Banden, die vor allem aus DPs bestanden[655]. In der ersten Jahreshälfte 1944 waren in

Eiderstedt und Dithmarschen von 34 707 Beschäftigten 5555 Zwangsarbeiter, 4473 Zwangsarbeiterinnen und 5049 Kriegsgefangene gewesen. Anfang 1945 waren allein von den 1800 Beschäftigen der DEA in Hemmingstedt 1000 Verschleppte und Kriegsgefangene. *In Dithmarschen wurde schon am 12. Mai die Heider Kaserne geräumt, um Platz für die ersten 700 Sowjetbürger der Umgebung zu machen. „Außerdem müssen 363 Franzosen, 95 Belgier und 42 Holländer evakuiert werden. Die Zahl der DPs geht in die Tausende. Es häufen sich die Angriffe und Überfälle auf einstige deutsche Peiniger, so daß selbst die britischen Militärmachthaber vor Ort besorgt sind über diesen Unruhefaktor“ [656]. Ausländer erhielten die Möglichkeit, das Sperrgebiet G bis zum 10. Juni zu verlassen. Wer dies nicht wollte, mußte dann aber auch bleiben [657]. Mitte August waren noch mindestens 1.013 Ausländer in Norderdithmarschen verblieben, davon mindestens 260 in Heide [658]. Die Korpsgruppe Witthöft machte besonders gute Erfahrungen damit, „renitente Polenleute durch den Dauereinsatz katholischer Geistlicher wieder zur Disziplin zu bringen“, wie es beim Korpsstab von Stockhausen hieß [659].*

Noch am 22. August 1945 veröffentlichten die Briten einen Lagebericht, in dem es heißt: „In Bremen und anderen Teilen Norddeutschlands greift die Verbrecherplage immer mehr um sich. Die Täter rekrutieren sich fast ausschließlich aus den Reihen ehemaliger Zwangsarbeiter, die sich zu Banden vereinigen und alles deutsche Eigentum und Leben als gerecht erbeutet zu betrachten scheinen. Truppen sind von der alliierten Militärregierung aufgeboten worden, um die Verbrecherplage mit schärfsten Mitteln zu unterdrücken. Überfälle auf Bauernhöfe und Angriffe auf die Zivilpolizei sind so häufig geworden, daß die deutsche Ernährungssituation in vielen Bezirken bereits beeinträchtigt wurde. Viele Feldarbeiter fürchten sich, in den Feldern zu arbeiten. In der Tat laufen sie fortwährend Gefahr, von Wegelagerern angegriffen zu werden. Auch die Fälle von Vergewaltigungen sind zahlreich“[660].

Die anfängliche Geduld der Briten erschöpfte sich. Das Privileg der in den Lagern ordentlich gemeldeten DPs, höhere Lebensmittelrationen als die Deutschen zu empfangen, wurde nach und nach aufgeweicht und spätestens 1947 ins Gegenteil verkehrt[661].

Zuerst wurden die westlichen Ausländer repatriert, vor allem Franzosen, Belgier und Holländer. Von den sowjetischen DPs weigerten sich viele, in die stalinistische Heimat zurückzukehren. Doch Stalin hatte in Jalta verlangt, sie ausnahmslos und notfalls unter Anwendung von Zwang zurückzuführen. Der Siegermacht wurde dieser Wunsch zunächst ohne Hinterfragen gewährt. Als Ende 1945 fast alle sowjetischen DPs zurückgeführt waren, kamen die bis dahin zurückgestellten osteuropäischen Nationen an die Reihe, vor allem die Polen. Im November 1945 befanden sich noch etwa 65.000 Polen in Schleswig-Holstein[662]. *Ihr „Abschub“ begann im Sperrgebiet F im Dezember 1945 [663]. Ein Seeverkehr von Lübeck nach Stettin (Operation Sea Eagle) brachte wöchentlich 8.000 DPs nach Polen [664].*

Da immer weniger Polen bereit waren, in ihre kommunistische Heimat zurückzukehren (die polnischen Ostgebiete waren ohnehin von der Sowjetunion annektiert worden), wurde das Resettlement, die Neuansiedlung der DPs zumeist in Übersee, eingeführt. Doch die Aufnahmestaaten stellten hohe Anforderungen. Wer sie nicht erfüllte, mußte weiter mit dem Lagerleben in Deutschland vorlieb nehmen. Noch im Januar 1949 lebten 30.000 DPs in Lagern in Schleswig-Holstein[665]. *Erst 1961 verschwand das letzte Ausländerlager zwischen Nord- und Ostsee [666].*

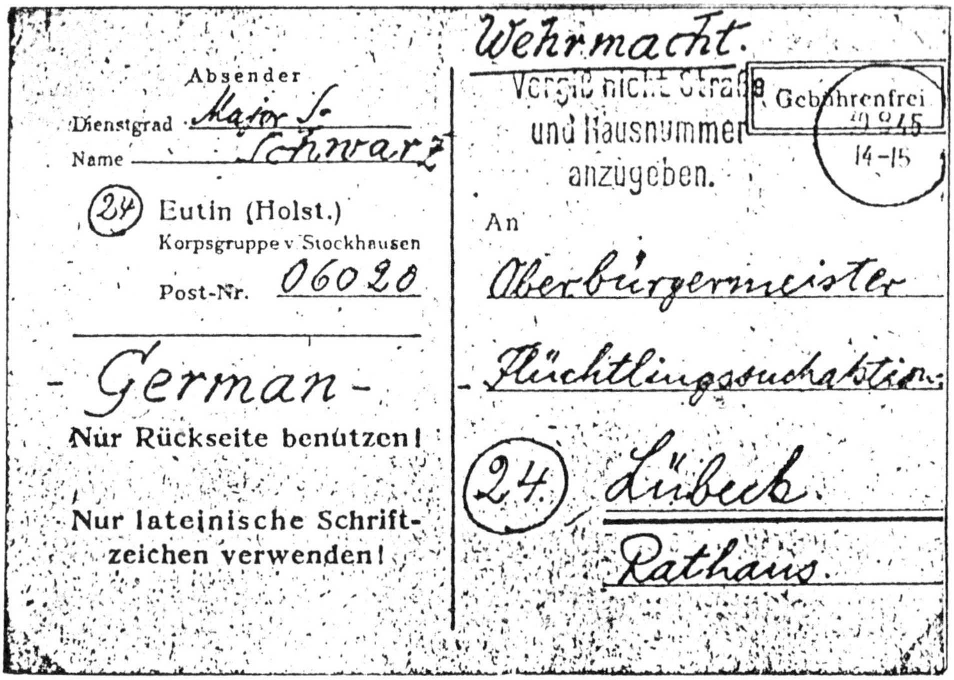

Eine der heute bei Spezialsammlern begehrten Ganzsachen, die die kurze Existenz der Korpsgruppe von Stockhausen belegen. Soldatenpost war portofrei.

7.4 Die Postversorgung

Am 11. Juni 1945 ordnete das 8. britische Corps an, alle Post von Zivilisten und Soldaten aus dem Sperrgebiet F zusammengefaßt zum Stadtpostamt Eutin zu bringen. Alle Post für das Sperrgebiet war von der Reichspost Eutin abzuholen.

Soldaten der Korpsgruppe von Stockhausen nahmen vorhandene Karten (da mußten viele NS-Werbesprüche und auf den Briefmarken Hitler-Konterfeis durchgestrichen werden!) und Briefumschläge, aber auch eigene der Korpsgruppe. Sie stellen heute ein hochinteressantes Spezialgebiet für Philatelisten dar[667].

Bei jedem Unterabschnitts-Kommando (wohl gleichzusetzen mit einer Division) war eine Postumschlagstelle mit zwei bis drei Feldpostbeamten. Dann gab es bei jedem Abschnittskommando (wohl gleichzusetzen mit Korps) eine Postumschlagstelle. In Eutin wurde am 17. Juni die „Postsammelstelle von Stockhausen" eingerichtet, die Übergangsstation für das Sperrgebiet F in beiden Richtungen. Die Feldpostämter Heiligenhafen und Lensahner Hof sowie die Postsammelstelle Putlos sollten Ende Januar 1946 erhalten bleiben, das Feldpostamt Futterkamp sollte nach Oldenburg, Seekrug nach Putlos verlegt werden[668]. *Soweit die Organisation der Feldpost.*

Die Zivilpost im Sperrgebiet F wurde durch die zivilen Poststellen gesammelt und vom Postamt Oldenburg der Feldpostsammelstelle in Putlos übergeben[669]. *Seit August oder September 1945 lief die zivile Post nicht mehr über das deutsche Militär, sondern ging den normalen Postweg*[670].

Korpsgruppe v. Stockhausen
O.Qu./Qu1

Br.B.Nr.: O.Qu. 126 /45

Putlos, den 15. 6. 45

Bezug: Befehl 8. brit. Korps 8 C - 155 - 10 - GA (2) vom 11. 6. 45
Betr.: Wiedereinrichtung des Postbetriebs.

An

Reichspostdirektion

Kiel

Anliegend übersendet Korpsgruppe v. Stockhausen einen an alle im Raume Ost-Holstein untergebrachten Truppen ergangenen Befehl über die Einrichtung des Post-Verkehrs.

Die Korpsgruppe bittet, die Post für die Wehrmachtangehörigen des hiesigen Bereichs (Gebiet "F") dem Stadt-Postamt Eutin zuzuleiten. Dort wird die Post durch die von der Korpsgruppe eingerichtete Feldpost-Organisation übernommen und nach einem einfachen Nummernsystem weitergeleitet und verteilt.

Als Anschrift für die unter Befehl der Korpsgruppe stehenden Soldaten wird befohlen:

Name, Dienstgrad, (Post-Nummer)
Korpsgruppe v. Stockhausen
Eutin Holstein

Für das Korpsgruppenkommando
Der Chef des Generalstabes

Am 15. Juni 1945 gab der Chef des Generalstabes der Deutschen in Weißenhaus einen britischen Befehl vom 11. Juni weiter, nach welchem alle Post für das Sperrgebiet F über das Stadtpostamt Eutin laufen mußte.

Ab September war – der besseren Geheimhaltung von Standorten wegen – nicht mehr die Postleitstelle anzugeben, sondern eine Feldpostnummer. Das britische Armeepostamt in Lübeck übernahm die Ablieferung der Post an die verschiedenen Gefangenenlager. Im September wurde Militärinternierten auch das Verschicken von Päckchen erlaubt, aber gebührenpflichtig[671]. *Die einzige Fernschreibleitung des Sperrgebietes F war bis in den Dezember vor allem durch Soldaten stark belastet, die sich inzwischen auch am Telegrammverkehr beteiligen durften.*

7.5 Chronik des Sperrgebietes F

Der Landrat des Kreises Plön, Alfons Galette, räumt seinen Sessel am 9. Mai 1945. Ihm folgt im Juni Fritz Köhler nach. Am 10. Mai wird Ernst Poel, Landrat in den Kreisen Oldenburg und Eutin, zur Aufgabe seines Amtes gezwungen. In Eutin rückt im Mai Erich Lotz nach, in Oldenburg am 20. September Dr. Max Kuehne.

Der Kommandeur der Kraftfahrabteilung meldet von Stockhausen am 25. Juni: „Es wird bei den Belehrungen darauf hingewiesen, daß auf Diebstahl Gefängnisstrafe steht und der Betreffende sich dadurch seine eventuelle Entlassung verscherzt. Den Männern wird klargemacht, daß durch die Verfehlungen einiger das Gesamtansehen der Abteilungen und letzten Endes aller Soldaten dem Engländer gegenüber geschädigt wird“[672].

In einem britischen Bericht zur Stimmung in den Sperrgebieten vom 21. Juli heißt es: „Zweieinhalb Monate des Nichtstuns und der Unsicherheit über die Zukunft haben ihre Spuren hinterlassen bei der Moral der deutschen Truppen. Die Disziplin eines trainierten militärischen Verbandes, im Kampf gefestigt, beginnt abzubröckeln“[673]

Mitte August ordnet das 8. britische Corps an, daß entlassene Soldaten, die die Zonen F und G wieder betreten wollen, im Besitz eines Zivilausweises der Militärregierung sein müssen[674]. – *Am 26. August wird Generalfeldmarschall Manstein nach einer Operation im Lazarett Heiligenhafen verhaftet.*

Am 11. September gibt die Korpsführung diesen Befehl heraus: „Noch immer werden, teils aus Gedankenlosigkeit, teils aus Gewohnheit, Hitler, Göring, Himmler u.a. mit „der Führer“, „der Reichsmarschall“ oder „der Reichsführer SS“ bezeichnet. Ich verbiete diese Bezeichnungen. Oberst i.G. Fett, Chef des Generalstabs“[675]. *Kurt Fett war im Krieg zuletzt Abteilungschef der Organisations-Abteilung im OKW gewesen. Er wirkt später als einer der ersten deutschen Militärs an den Planungen zum westdeutschen Verteidigungsbeitrag mit und wird Leiter der militärischen Planungsabteilung in der Dienststelle Blank, dem Vorläufer des Bundesverteidigungsministeriums. 1951 bis 1954 ist er Senior Officer der deutschen Delegation bei der Europäischen Verteidigungsgemeinschaft in Paris*[676].

In der Stadt Heiligenhafen leben am 1. September 3.883 Einheimische, 3.618 Flüchtlinge und 5.852 Soldaten[677]. *Am 2. Oktober wird die Schaffung einer Fürsorgekommission in der Stadt angeordnet, die Vorsorge für den kommenden Winter treffen soll. Die Not soll gelindert werden durch eine Volksküche, Geld- und Sachsammlungen sowie Einrichtung von Wärmeräumen für den Winter*[678].

Im September/Oktober wird in Oldenburg zur Neuformierung des Turnvereins „Jahn“ aufgerufen, aber „die Militärregierung war mit dem Namen gar nicht einverstanden“[679].

Im Oktober spendeten die Soldaten der Sperrzone „F“ soviel Geld, daß damit die Schulspeisung für die Kinder in Kiel aufgenommen werden konnte[680].

Am 23. Oktober sollen über die Hälfte der 68 Generäle, 210 Oberste und 32 Generalstabsangehörige ins rückwärtige Gebiet verlegt werden nach Heiligenhafen[681]. *Die Generalsunterkunft untersteht der Korpsgruppe direkt, weiß der frühere Generalleutnant Ansat zu berichten*[682]. – *Noch am 25. Oktober besteht für alle Angehörigen der SS, auch für Überprüfte, Entlassungssperre*[683].

Am 27. November weist die Korpsführung erneut darauf hin, daß in allen Ausweisen und Soldbüchern die Hakenkreuze unkenntlich zu machen sind[684]. *Auch aus vielen Dienstsiegeln werden die Hakenkreuze herausgeschnitten, was noch auf manchen Briefen dieser Zeit zu sehen ist.*

Mit einem ganz unerwarteten Problem muß sich die Führung Anfang Dezember auch noch herumschlagen: „Die Straßendisziplin der Kraftfahrer wird von Tag zu Tag schlechter. Es gibt einen lawinenartigen Anwuchs des Fehlverhaltens.“ Künftig erhält mindestens drei Monate Gefängnis, wer den Briten gemeldet wird. Aus gegebenem Anlaß werden 15 Verhaltensregeln zusammengestellt, auf die Kraftfahrer zu achten haben[685].

Am 7. Dezember schickt Oberst Völckers aus dem Deutschen Hauptquartier Nord ein Funktelegramm an die Kreis-Gruppen-Kommandos: „Auf Befehl des 8. brit. Corps bedürfen Wehrmachtangehörige in Zukunft keines Passierscheins mehr, um das Gebiet „F“ zu betreten, außer wenn sie das Gebiet nur vorübergehend betreten. Wenn z.B. eine deutsche Einheit aufgelöst und ihr Personal ins Gebiet „F“ überwiesen wird, brauchen die betreffenden Wehrmachtangehörigen keinen Paß.“ Allerdings durfte weiterhin kein noch nicht entlassener Wehrmachtangehöriger ohne britischen Ausweis aus dem Sperrgebiet hinaus[686]. *Für die Ausstellung von Passierscheinen befiehlt der Oldenburger Landrat (ähnlich wie der Norderdithmarscher) den Bürgermeistern: „Befreiung von der strengen Verordnung, die allen Zivilangehörigen verbietet, die Demarkationslinie zu überschreiten, kann nur Personen erteilt werden, deren Reisen als lebensnotwendig für die Aufrechterhaltung der Zivilverwaltung und des öffentlichen Dienstes angesehen werden können*[687].

Am 13., 14., 15., 16. und 17. Dezember gehen täglich Züge mit je 2.000 SS-Leuten aus dem Gebiet „F“ ab, am 18. Dezember 1.000 Südtiroler und andere Ausländer[688]. – *Mitte Dezember 1945 sollen 10.500 Wehrmachtangehörige, die freiwillig in die russische Zone zurückkehren wollen, auf Abruf bereit stehen. Die in Klasse C eingeteilten Soldaten sollen in Kürze in die amerikanische Zone transportiert werden, die der Klasse D in die französische Zone. So werden zum Beispiel am 30. und 31. Dezember je 1.000 Mann per Bahn von Neustadt in Marsch gesetzt.*

Am 26. Dezember wird der Wachdienst für die deutschen Feldjäger und die Kontrolle im Bereich Sasel eingestellt[689]. *Die Sperrgebietsgrenze wird vermutlich per 23. Januar 1946 aufgehoben*[690]. *Ab 24. Januar ist das Verlassen des Gebietes F trotzdem nur noch auf der Straße Oldenburg-Lensahn-Neustadt (spätere Bundesstraße 207) und nur mit britischer Permit erlaubt*[691].

Am 26. Januar befiehlt das 8. britische Corps den Abtransport der Nichtentlassungsfähigen zu den L. of C. In anderen Akten ist die Rede von L. of C. areas und PW camps in the L. of C. Um diese Abkürzung aufzulösen, bedurfte es der Mithilfe britischer Militärhistoriker. L. of C. steht für „lines of communication“, zu deutsch Verkehrslinien. Damit ist in diesem Fall das Gebiet gemeint zwischen dem Beginn des Feindeslandes und der augenblicklichen Front. Dieses Gebiet wurde durch die telegraphische und logistische Infrastruktur (L. of C. im engeren Sinne) erschlossen. Konkret bedeutet dies im Falle der Briten nach der Kapitulation das Gebiet von der deutschen Westgrenze bis dort, wo die britische Besatzungszone an die sowjetische Besatzungszone stößt. Die Nichtentlassungsfähigen werden also auf Zivilinternierungslager irgendwo im Bereich der britischen Besatzungszone verteilt (z.B. Munsterlager). Ihre Entlassung erfolgt überwiegend in den Jahren 1947 und 1948[692].

Waffen-SS, Ausländer und Gesperrte (NSDAP-Offiziere und hohe Dienstränge der Parteigliederungen wie Reichsarbeitsdienst) werden am 30. Januar ab Bahnhof Lensahn weggefahren. Generäle, Generalstabsoffiziere und Gefängnispersonal verbleiben im Sperrgebiet[693]. *Nach Entlassung aus der Kriegsgefangenschaft werden sie sogleich verhaftet und in ein Zivilinterniertenlager überführt.*

Am 3. Februar kommt die Korpsführung mit dem Tempo der Abtransporte ganzer Einheiten nicht mehr mit: „Die Durchführung der für die Auflösung vorbereiteten Maßnahmen wurde insbesondere in organisatorischer Hinsicht infolge Verschwindens der bisherigen Verbände und Neuaufstellung der Bereiche unmöglich.“[694]

Am 4. Februar sind der Kreis Oldenburg und Teile der Kreise Plön und Eutin wieder ganz in ziviler Hand. Bis zur Auflösung des Sperrgebietes F unterstehen die Kreiskommandanturen der Wehrmacht in Kiel, Plön und Eutin unmittelbar dem Wehrmachtstab Nord. Das Sperrgebiet bildet einen eigenen Verwaltungsbezirk[695], *für das es auch (wie beim Sperrgebiet G) kein zuständiges Kreisgruppen-Kommando gibt.*

Am 5. Februar bäumt sich der alte Kommiß noch einmal auf. In einem neuen Befehl geht es um die „Aufrechterhaltung der Manneszucht in den Bereichen“ nach der Wehrmachtdisziplinarstrafordnung und um deren Vollstreckung. Nach Aufhören der Militärgerichtsbarkeit wird die Gerichtsbarkeit über Angehörige der ehemaligen Wehrmacht nun noch von den deutschen Zivilgerichten beziehungsweise Gerichten der Militärregierung ausgeübt. Das Militär-Strafgesetzbuch bleibt gültig. Beschuldigte in Kriminalsachen können vorläufig festgenommen werden, wenn Voraussetzungen für Haftbefehl vorliegen. Der deutsche Obrigkeitsstaat ist ganz offenbar 1945 nicht zusammengebrochen!

Am 19. Februar bildet das Gebiet F keinen geschlossenen Raum mehr, die Soldaten sind vollständig nach Entlassungskategorien getrennt. Der Verkehr zwischen den Bereichen ist ohne englische Permit verboten. Deutsche Soldaten müssen innerhalb des umzäunten Lagers bleiben. Nur die beiden Straßen von der Lagerwache zum Munitionslager und Gut Putlos und von der Lagerwache zum Munitionslager, zu den Schießständen Putlos und nach Weißenhaus dürfen benutzt werden, „wenn nicht durch schießende englische Truppen gesperrt“. Der Sperrposten Oldenburg kontrolliert alle Soldaten auf englische Permit.

Vom 25. Februar datiert die letzte bekannte Postkarte eines deutschen Militärinternierten. Sie stammt von General der Infanterie Großmann, dem Kommandanten der Korpsgruppen-Führerreserve.

Am 2. März verlassen die letzten Gefangenen mit dem Zug von Neustadt aus das Gefangenengebiet F. Es sind 42 Generäle, 47 höhere Stabsoffiziere, 353 Soldaten der Waffen-SS und weitere 759 nicht entlassungsfähige Soldaten[696]. *Die meisten werden nach ihrer Entlassung gleich wieder verhaftet. Manche müssen in belgischen Bergwerken arbeiten. Die nicht Entlassungsfähigen werden mit unbekanntem Ziel (in der Regel Zivilinternierungslager) verbracht. Die allerletzten Generäle und Generalstabsoffiziere des Sperrgebietes F werden am 21. März 1946 nach Belgien hinter Stacheldraht abtransportiert*[697]*. Das Gesetz Nr. 23 des alliierten Kontrollrats vom 10. April 1946 verbietet endgültig das Aufrechterhalten militärischer Anlagen.*

8 Die Armeegruppe Müller (übriges Schleswig-Holstein)

Zwischen dem Inkrafttreten der Teilkapitulation (5. Mai 1945) und der Gesamtkapitulation (9. Mai 1945) besetzten die Briten langsam von Süden den gesamten Landesteil Holstein bis an den Nord-Ostsee-Kanal. In dieser Zeit hatte die Wehrmacht-Führung die Armeegruppe Müller mit dem Kommando im nördlichen, noch unbesetzten Landesteil Schleswig und die Armeegruppe Blumentritt mit dem Kommando im südlichen, besetzten Landesteil Holstein betraut. Als die Briten am 10. Mai den Nord-Ostsee-Kanal überschritten, wurden aus Truppenteilen der Armeegruppe Müller und der Armeegruppe Blumentritt die Korpsgruppen Witthöft für das Sperrgebiet G und von Stockhausen für das Sperrgebiet F gebildet. Alle deutschen Truppen, die sich außerhalb der beiden Sperrgebiete in Schleswig-Holstein befanden, unterstanden nun dem Armeestab Müller.

Es handelte sich um Splittergruppen aller Waffengattungen. Beispielsweise hatte die Besatzungsmacht schon ab 11. Mai die Panzer-Ersatzbrigade „Großdeutschland" im Kreis Schleswig als Ordnungstruppe eingesetzt[698]. *Das Regiment durfte sämtliche Waffen behalten*[699]. *In Eckernförde wurde eine 100 Mann starke Ordnungstruppe deutscher Militärpolizei aufgestellt*[700]. *In Rendsburg lag das Landesschützenbataillon 650. Darüber gehörten zur Armeegruppe über das ganze Land verstreute Lazarette, Ordnungsbataillone wie die Kanal- und Brückenwachen (großenteils Marine-Einheiten), Landwirtschaftsbataillone zum Einbringen der Ernte, Pionier- und Nachrichtentruppen zur Wiederherstellung von Verkehrs- und Nachrichtenwegen und zur Beseitigung von Minenfeldern und Blindgängern, Truppen zur Betreuung und Bewachung von Verpflegungslagern und Depots, ferner die deutschen Dienstgruppen zur Dienstleistung bei den Briten*[701] *(siehe Kapitel 8.1). Die Stärke der Armeegruppe Müller mag anfangs bei ungefähr 175.000 Mann gelegen haben*[702]. *Ihre Geschichte ist noch nicht geschrieben worden.*

General der Infanterie Friedrich Wilhelm Müller war früher Oberbefehlshaber der 4. Armee in Ostpreußen gewesen. Sein Armeestab war nun in den Gemeinden Bosau (Kreis Eutin, heute Kreis Ostholstein), Berlin (Gemeinde Seedorf; Kreis Segeberg) und Hasselort[703] *angesiedelt. Für die Entlassung der Soldaten außerhalb der Sperrgebiete wurden fliegende Entlassungsstellen ohne festen Sitz eingerichtet.*

Die größte Einheit in der Armeegruppe Müller bildete das Korps Sauberzweig unter dem Generalleutnant der Waffen-SS Karl G. Sauberzweig mit Sitz in Förden-Barl (Kreis Segeberg). Das Korps war räumlich unterteilt in die Abschnitte Bergstedt (heute zu Hamburg), Todenbüttel, Rendsburg und Westensee (alles Kreis Rendsburg-Eckernförde). Es bekam schon am 8. Mai eine heikle Aufgabe von den britischen Besatzern zugewiesen: Das Korps sollte das letzte Widerstandsnest „säubern". Dieses befand sich im Segeberger Forst. Hier hatten sich lettische SS-Verbände verschanzt und ignorierten den Waffenstillstand. Sicher ahnten sie, daß ihnen eine Auslieferung an die Sowjets bevorstand. Das Korps Sauberzweig überwältigte die Letten. Ebenso brachte eine deutsch-englische Kampfgruppe am 8. Mai 80 bis 90 polnische und sowjetische DPs bei Hartenholm in einer Schießerei „zur Räson".

Ab 8. Mai war das Korps Sauberzweig folgendermaßen gegliedert und unterstellt:

– Die 8. Fallschirm-Division (bald aufgelöst; Kommandeur Generalmajor Wadehn) und die 5. Flak-Division (Oberstleutnant Schaller-Kalide) unter der 15. Schottischen Division des 8. britischen Corps in Ahrensburg;
– die 245. Infanterie-Division (Generalleutnant Sander) und die 264. Infanterie-Division (Generalmajor Hermann) unter der 5. Infanterie-Division des 8. britischen Corps in Lübeck;
– die Division Brüning (Generalmajor Brüning) unter der 1. Kommando-Brigade des 8. britischen Corps in Ostholstein;
– die 480. Division (Generalmajor Wisselinck, zuvor Kampfkommandant des Bereiches Neumünster) unter der 8. Army Group Royal Artillery des 8. britischen Corps in Neumünster;
– der Artilleriestab Seifert (Oberst Seifert) unter der 6. Guards Armoured Brigade des 8. britischen Corps.

Zunächst gehörten auch noch die Wehrmachtkommandanturen Kiel und eine Kampfgruppe zum Korps Sauberzweig[704]. *Das 6. Flak-Korps, das sich im Korpsbereich befand, war noch der Luftflotte „Das Reich" unter Generaloberst Hans-Jürgen Stumpff unterstellt.*

Im Laufe der Zeit erfolgte eine Reorganisation der deutschen Einheiten in Schleswig-Holstein, die sich an der politischen Einteilung der Provinz in Kreise orientierte. Nach einer Aufstellung vom 2. Juni galt folgendes: Dem Armeestab Müller direkt unterstellt waren die Wehrmachtkommandanturen Flensburg (28. Korps; Generalleutnant der Infanterie Gollnik), Südtondern (General Krause), Husum (Kapitän zur See Aschmann, der frühere „Seekommandant Nordfriesland"), Schleswig (Major Petzold), Eckernförde (Generalmajor Nostitz-Wallwitz bis zu seinem Tod am 1. Juni, danach General Hase) und Kiel (Kapitän zur See Kähler). Dem Korps Sauberzweig waren folgende Wehrmachtkommandanturen unterstellt: Hamburg (Wehrkreiskommando X; Generalmajor Wetzel), Pinneberg-Uetersen (Generalmajor Tschöltsch), Neumünster-Rendsburg (Generalmajor Wisselinck), Lauenburg (Oberstleutnant von Oertzen), Plön (Oberst Seifert), Steinburg-Lägerdorf (General Stange; Unterabschnitte Krempe, Itzehoe, Kellinghusen und Warringholz), Segeberg (Oberst Herpel), Stormarn (Major von Busekist), Lübeck (Generalmajor Brüning) und Eutin (Major Hoye).

Im August 1945 ordnete Oberbefehlshaber Müller an: „Ich halte es für zweckmäßig, auf das Tragen von Orden und Ehrenzeichen völlig zu verzichten, und bitte besonders die Teilnehmer des vorigen Krieges, aus Gründen der Kameradschaft auch keine Orden des vorigen Krieges zu tragen."[705]

Die Stäbe des Armeestabs Müller und das Wehrkreiskommando X wurden am 15. Oktober 1945 zum Wehrmachtstab Nord verschmolzen[706]. *Müller hatte seinen Dienstsitz nun in Hamburg. Am 1. November 1945 wurde noch eine Oberquartiermeister-Außenstelle der Wehrmacht mit 12 Mann in Rendsburg aufgestellt*[707].

8.1 Deutsche Dienstgruppen (1945–1946)

Stärker als jede andere Siegermacht bedienten sich die Briten deutscher Dienstgruppen, um die Folgen des Krieges zu beseitigen. Sie umfaßten im November 1945 110.000 Heeressoldaten, 45.000 Marinesoldaten im Minenräumdienst und 25.000 Luftwaffensoldaten. 1946 setzten die Briten immerhin noch 140.000 Mann in der „German Service Organisation" ein, die Amerikaner 15.000 in „Labor Service Units" und die Franzosen 8.000 in „Formations auxiliaires".

Sie waren ab Juni zum Teil zwangsweise von den Engländern rekrutiert worden, hatten aber auch Privilegien: relativ gute Versorgung, Bewegungsfreiheit mit dem Dienstgruppenausweis[708]. *Allein im Bereich Eutin-Neustadt waren am 29. Oktober noch 6.558 Wehrmachtsoldaten im Dienst*[709]. *Ende 1945 wurden fast nur noch Freiwillige in die Dienstgruppen verpflichtet. Die Briten bezahlten sie ihrem ehemaligen Rang in der Wehrmacht entsprechend, und ihre Ehefrauen erhielten eine monatliche Beihilfe von 60 Reichsmark*[710]. *Am 3. Januar 1946 wurden in Schleswig-Holstein 164.388 Wehrmachtangehörige gezählt: in der Zone F, in Dienstgruppen, Soldaten in Lazaretten und anderswo, am 28. Januar noch 59.710. Ende Januar 1946 gab es allein in Schleswig-Holstein 34.440 Dienstgruppenangehörige, davon 55 Prozent bei der British Army, 37 Prozent bei der Royal Navy und acht Prozent bei der Royal Air Force*[711].

Wichtigste Dienstgruppe war der Deutsche Minenräumdienst. Am 21. Juli 1945 wurde die Deutsche Marine-Räumdienstleitung mit Sitz in Glücksburg an der Flensburger Förde gegründet. Am 9. September wurde der Sitz nach Glückstadt an der Elbe verlegt. An der Spitze stand Konteradmiral Kraus. Am 3. November 1945 wies der Deutsche Minenräumdienst folgende Stärke auf: In Deutschland 10.138 ehemalige deutsche und 15.175 ehemalige nichtdeutsche Soldaten, in Norwegen 8.143 deutsche und 7.166 nichtdeutsche Soldaten, in Dänemark 1.879 deutsche und 399 nichtdeutsche Soldaten, in Holland 762 deutsche und 1.083 nichtdeutsche Soldaten. Insgesamt rund 45.000 Wehrmachtsoldaten, davon knapp die Hälfte Nichtdeutsche[712].

Das deutsche Marine-Räumdienst-Kommando Schleswig-Holstein löste die Marineoberkommandos Nordsee und Ostsee ab. Ihm unterstand die 1. Minenräum-Division mit 5.000 Soldaten[713] *und 200 Schiffen. Insgesamt Aufgabe der deutschen Marinestäbe war, die Marineeinheiten aufzulösen und so schnell wie möglich Minensuchverbände aufzubauen*[714].

Die Angehörigen all dieser deutschen Militäreinheiten verloren nach der Auflösung der letzten Sperrzone 1946 restlos den Status von Internierten. Sie trugen Wehrmachtsuniformen ohne Hoheitsabzeichen. Das „Deutsche Entlassungszentrum" in Pelzerhaken blieb aber noch viele Monate bestehen. Hier wurden nach und nach die noch in Arbeitskompanien beschäftigten Soldaten entlassen. Sie hatten überwiegend gefährliche Arbeiten zu verrichten[715]. *Zu den Minenräumkommandos wurden vor allem ehemalige Marinesoldaten verpflichtet*[716]. *Erst am 1. Januar 1948 wurde der aus deutschen Mannschaften und Schiffen der Kriegsmarine bestehende, aber unter britischem Befehl operierende Minensuchdienst aufgelöst. 12.000 ehemalige Angehörige der Kriegsmarine wurden an diesem Tag entlassen*[717]. *Am 17. März 1948 wurde die deutsche Seefischereiflotte durch Rückgabe ehemaliger Minensucher von 67 auf 287 Schiffe vergrößert*[718].

Weitere Aufgaben der Deutschen, die im Dienst der westlichen Besatzungsmächte arbeiteten, waren das Sammeln, Lagern und Vernichten von Kriegsmaterial der Wehrmacht, das Entminen früherer Kampfgebiete und logistische Aufgaben wie das Zusam-

8617/12944

CONTROL FORM D.2
Kontrollblatt D.2

SCHLESWIG

CERTIFICATE OF DISCHARGE
Entlassungschein

ALL ENTRIES WILL BE MADE IN BLOCK LATIN CAPITALS AND WILL BE MADE IN INK OR TYPESCRIPT.

I
PERSONAL PARTICULARS
Personalbeschreibung

Dieses Blatt **muss** in folgender weise ausgefüllt werden:
1. In lateinischer Druckschrift und in grossen Buchstaben
2. Mit Tinte oder mit Schreibmaschine.

SURNAME OF HOLDER / Familienname des Inhabers: WORMS

CHRISTIAN NAMES / Vornamen des Inhabers: WOLFRAM

CIVIL OCCUPATION / Beruf oder Beschäftigung: SCHÜLER

HOME ADDRESS / Heimatanschrift
Strasse: /
Ort: BURG
Kreis: DITHMARSCHEN
Regierungsbezirk/Land: SCHLESWIG

DATE OF BIRTH / Geburtsdatum (DAY/MONTH/YEAR Tag/Monat/Jahr): 31. 7. 1927

PLACE OF BIRTH / Geburtsort: BLOESIEN

FAMILY STATUS — SINGLE / Familienstand — † Ledig
~~MARRIED~~ ~~Verheiratet~~
~~WIDOW(ER)~~ ~~Verwitwet~~
~~DIVORCED~~ ~~Geschieden~~

NUMBER OF CHILDREN WHO ARE MINORS / Zahl der minderjährigen Kinder: /

I HEREBY CERTIFY THAT TO THE BEST OF MY KNOWLEDGE AND BELIEF THE PARTICULARS GIVEN ABOVE ARE TRUE.
I ALSO CERTIFY THAT I HAVE READ AND UNDERSTOOD THE "INSTRUCTIONS TO PERSONNEL ON DISCHARGE" (CONTROL FORM D.1).

Ich erkläre hiermit, nach bestem Wissen und Gewissen, dass die obigen Angaben wahr sind. Ich bestätige ausserdem dass ich die "Anweisung für Soldaten und Angehörige Militär-ännlicher Organisationen" u.s.w. (Kontrollblat D.1) gelesen und verstanden habe.

SIGNATURE OF HOLDER / Unterschrift des Inhabers: [signature]

II
MEDICAL CERTIFICATE
Ärztlicher Befund

DISTINGUISHING MARKS / Besondere Kennzeichen: U.SCHEUKELNARBE RE.

DISABILITY, WITH DESCRIPTION / Dienstunfähigkeit, mit Beschreibung: /

MEDICAL CATEGORY / Tauglichkeitsgrad: FIT

I CERTIFY THAT TO THE BEST OF MY KNOWLEDGE AND BELIEF THE ABOVE PARTICULARS RELATING TO THE HOLDER ARE TRUE AND THAT HE IS NOT VERMINOUS OR SUFFERING FROM ANY INFECTIOUS OR CONTAGIOUS DISEASE.

Ich erkläre hiermit, nach bestem Wissen und Gewissen, dass die obigen Angaben wahr sind, dass der Inhaber ungezieferfrei ist und dass er keinerlei ansteckende oder übertragbar Krankheit hat.

SIGNATURE OF MEDICAL OFFICER / Unterschrift des Sanitätsoffiziers: [signature]

NAME AND RANK OF MEDICAL OFFICER IN BLOCK LATIN CAPITALS / Zuname/Vorname/Dienstgrad des Sanitätsoffiziers (In lateinischer Druckschrift und in grossen Buchstaben): DR. VORSTOFFEL, ERNST

P.T.O.
Bitte wenden

† DELETE THAT WHICH IS INAPPLICABLE
Nichtzutreffendes durchstreichen.

PSS 2242 5.45 2000m

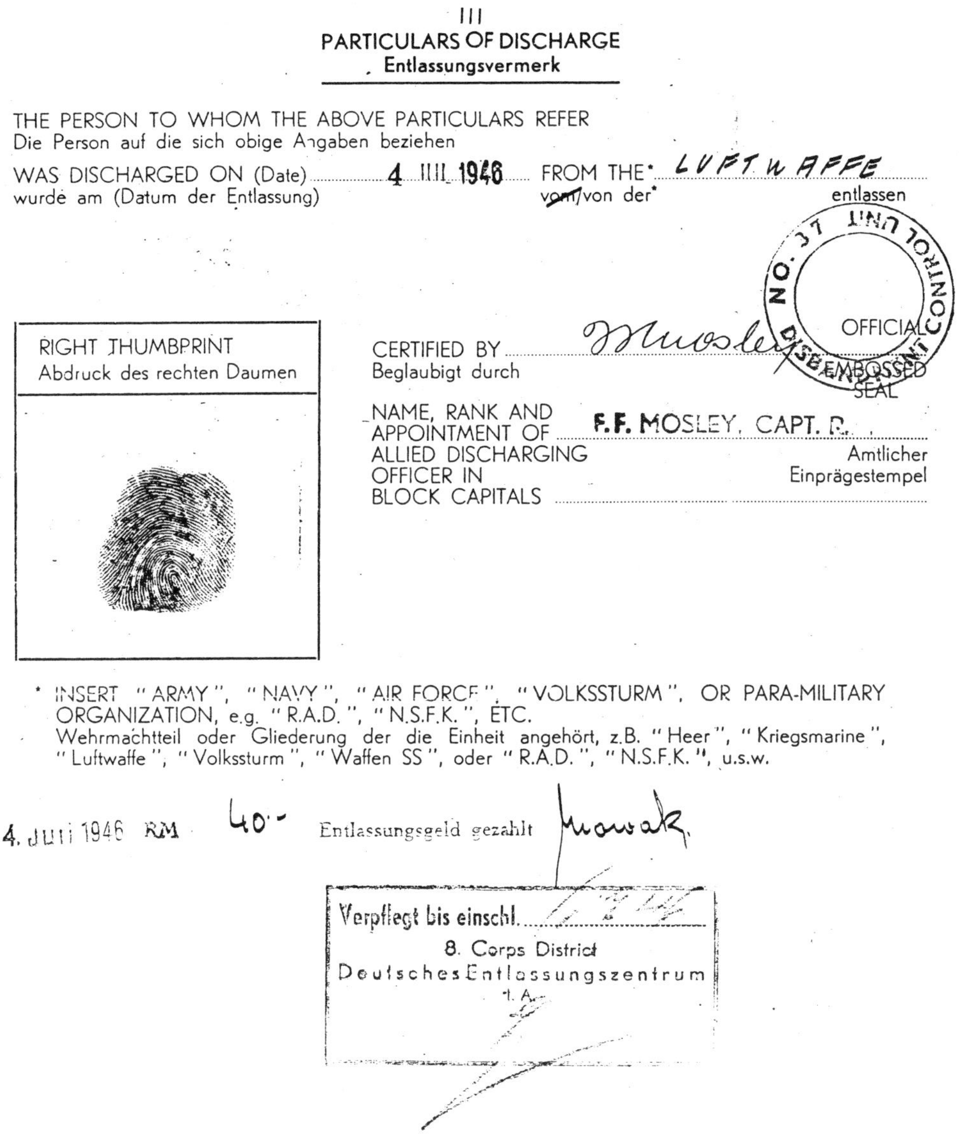

III
PARTICULARS OF DISCHARGE
Entlassungsvermerk

THE PERSON TO WHOM THE ABOVE PARTICULARS REFER
Die Person auf die sich obige Angaben beziehen
WAS DISCHARGED ON (Date) 4 JUL 1946 FROM THE* LUFTWAFFE
wurde am (Datum der Entlassung) vom/von der* entlassen

RIGHT THUMBPRINT
Abdruck des rechten Daumen

CERTIFIED BY Mosley
Beglaubigt durch

NAME, RANK AND APPOINTMENT OF ALLIED DISCHARGING OFFICER IN BLOCK CAPITALS F. F. MOSLEY, CAPT. R.

OFFICIAL EMBOSSED SEAL
Amtlicher Einprägestempel

No. 37 DISBANDMENT CONTROL UNIT

* INSERT "ARMY", "NAVY", "AIR FORCE", "VOLKSSTURM", OR PARA-MILITARY ORGANIZATION, e.g. "R.A.D.", "N.S.F.K.", ETC.
Wehrmachtteil oder Gliederung der die Einheit angehört, z.B. "Heer", "Kriegsmarine", "Luftwaffe", "Volkssturm", "Waffen SS", oder "R.A.D.", "N.S.F.K.", u.s.w.

4. Juli 1946 RM 40.- Entlassungsgeld gezahlt Nowak

Verpflegt bis einschl. 4. 7. 46
8. Corps District
Deutsches Entlassungszentrum
I. A.

Entlassungsschein für einen 18jährigen Schülersoldaten, der im Straßenbau gebraucht wurde und erst am 4. Juli 1946 vom „Deutschen Entlassungszentrum" Pelzerhaken bei Neustadt seine Papiere erhielt. (Privatbesitz).

menlegen von Wehrmachtsdepots, Abtransport von chemischen Waffen zur Versenkung in der Ostsee über die Häfen Flensburg, Kiel und Lübeck[719], *Betrieb von Flugplätzen und Kasernen. Die 854. Arbeitskompanie (German Labour Company) mit Sitz in Nortorf baute im Bereich Kiel, Neumünster, Plön und Rendsburg Straßen. Die 304. Wehrmachttransport Company, am 1. August 1945 aus Angehörigen der Panzer-Ersatzbrigade „Großdeutschland" gebildet und 450 Mann stark, wurde im Raum Eutin tätig. Auf*

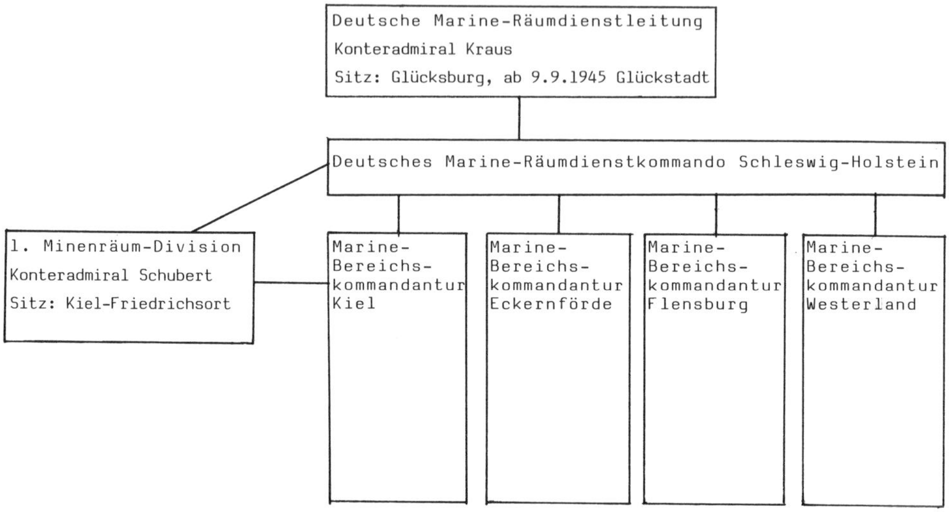

Die Organisation des Deutschen Minenräumdienstes. (Grafik: Piening)

den Fliegerhorsten Hohn, Eggebek und Uetersen wurde das deutsche Luftwaffenpersonal „eingefroren" und durfte nicht eher entlassen werden, bis alles Luftwaffengerät übergeben war[720]. – *Im März 1946 mußten sich auf Anordnung der Briten alle Angehörigen jüngerer Jahrgänge zu einer Untersuchung für den Bergbau melden*[721].

Im Frühjahr 1946 waren die wichtigsten Lager in britischem Gewahrsam (in Klammern die Stärke der deutschen Dienstgruppen[722]): *Fehmarn, Flensburg (134), Heiligenhafen (Hospital), Husum (852), Idstedt (160), Kiel (einige 1.000), Neumünster (2.200), Nortorf (854), Bad Segeberg (151, Barleycorn-Sammellager), Schleswig und Wedel. 1946 war versucht worden, auf Sylt, Föhr, Amrum, Pellworm, Nordstrand und Fehmarn Zivilinternierungslager einzurichten, was aber abgelehnt wurde*[723].

Die Moskauer Außenministerkonferenz von 1947 faßte den Beschluß, alle deutschen Kriegsgefangenen mit Ausnahme der abgeurteilten Kriegsverbrecher zu entlassen. Die Westmächte hielten sich daran. So bestanden spätestens jetzt die Deutschen Dienstgruppen nur noch aus Freiwilligen. Die Aufgaben wechselten hin zur Wiederherstellung und zum Ausbau militärischer Anlagen, Dienstleistungen als Nachrichten-, Pionier-, Instandsetzungs- oder Transporteinheiten sowie als bewaffnete Sicherungs- und Wachtruppe[724]. *Viele Angehörige dieser Sondereinheiten wechselten ab 1955 in die Bundeswehr, die restlichen wurden bis 1958 in reguläre zivile Arbeitsverhältnisse bei den NATO-Kontingenten der Westmächte überführt. 1958 wurden die letzten Dienstgruppen aufgelöst.*

9 „Schwarze Reichswehr“ oder „Geisterarmee“?

Vernichtend geschlagen und restlos besetzt, lag Deutschlands Schicksal im Belieben der Sieger. Tatsächlich gaben die Westalliierten in ihren Zonen freiheitlich-demokratische Ansätze vor, während die Sowjetunion in ihrer Zone ihr kommunistisches Staats- und Gesellschaftssystem etablierte. Die westlichen Siegermächte nutzten ihre Macht über das „Objekt Deutschland“ allerdings nicht so rigoros aus und standen der Bevölkerung bald immer mehr Selbstverwaltung und Selbstbestimmung zu.

Wennwohl die Besatzer auch hier nicht als Befreier kamen, sondern Deutschland als „eine besiegte feindliche Nation“ besetzten[725], *so zeigten sie doch zwischen Krieg und Frieden – zumindest in der hier besprochenen britischen Zone – tiefes Verständnis für die Nöte der Deutschen. Ihr Hauptaugenmerk galt der Verhinderung von Hunger, Seuchen und Unruhen. Dieses Ziel wurde anfangs weitgehend erreicht, so daß die überwiegende Zahl der Deutschen mit dem Regiment der Besatzer ganz zufrieden war.*

Die angloamerikanische Strategie, Schleswig-Holstein durch einen schnellen Durchstoß bis Lübeck dem russischen Zugriff zu entziehen, erwies sich als Glück für die Schleswig-Holsteiner. Die britischen Streitkräfte hätten ebensogut erst an der westlichen Nordseeküste bis zur dänischen Grenze durchmarschieren können, doch die Westalliierten zeigten Verantwortungsgefühl für die vor der Roten Armee flüchtenden Deutschen und hielten ihnen den Rückzug nach Schleswig-Holstein offen.

Auch das Bestehenbleiben der Regierung Dönitz, nur Amerikanern und Engländern zu verdanken, war in deutschem Interesse. Wichtige deutsche Positionen fanden damit Gehör und Berücksichtigung.

Der Übergang vom Krieg zum Frieden geschah reibungslos. Die Deutschen hatten den Krieg satt, dachten nach dem 5. Mai gar nicht mehr an Widerstand gegen die Briten oder Zerstörung ihres Kriegsmaterials, damit es den Feinden nicht in die Hände fallen sollte. Auch mit dem Nationalsozialismus schlossen die meisten schnell ab. In Verwaltung und Militär war schnell die Bereitschaft da, mit den Siegern zusammenzuarbeiten und so ein planmäßiges „Abwickeln“ der Katastrophe zu gewährleisten.

Bezeichnend für die britischen Absichten ist eine Anweisung der 21. Heeresgruppe vom 27. Mai 1945 an die Militärregierung in Schleswig-Holstein: „Machen Sie den Deutschen klar, daß wir ihr Volk nicht untergehen sehen wollen, sondern daß wir möchten, daß Westdeutschland sich selbst soweit wie möglich wieder aufbaut mit eigener Kraft in eine blühende, wenn auch kontrollierte, Gemeinschaft“[726].

Es ist auch glaubhaft, was Montgomery in seiner persönlichen Botschaft an die deutsche Bevölkerung vom 6. August 1945 erklärte: „Meine Offiziere sind in jeder Hinsicht bestrebt gewesen, für angemessene Verpflegung und Unterbringung der deutschen Bevölkerung zu sorgen und Sie vor Krankheiten zu bewahren.“ So war auch die öffentliche Meinung der Bevölkerung von ihrer Besatzungsmacht positiv. Dies änderte sich erst 1946, als sich die Ernährungskrise zuspitzte. Zu dem Zeitpunkt hatten die Briten die allermeisten ihrer Kriegsgefangenen und Internierten bereits entlassen. In die Zeit der Auflösung des letzten schleswig-holsteinischen Internierungsgebietes fiel auch eine zukunftweisende Änderung in der Struktur der Militärregierung, die nun zivilen Charakter annahm.

„Es gab Kritik", räumte Francis de Guingand ein, 1944–45 Stabschef der 21. britischen Heeresgruppe von Montgomery.

Auf den ersten Blick erstaunt es, daß die Briten die Wehrmacht noch bis ins Jahr 1946 hinein bestehen ließen und sich bei den Entlassungen von deutschen Soldaten auf Oberaufsicht und Rahmenbefehle beschränkten, während die Durchführung deutschen Militärs oblag. Bekanntlich war in den ersten Jahren nach Deutschlands Kapitulation alles bei der Besatzungsmacht verpönt, was an Militarismus erinnerte, selbst die Uniformen von Feuerwehrleuten und Briefträgern. Doch die deutschen Wehrmachtstellen gaben Wochen und Monate nach der Kapitulation wie selbstverständlich Weisungen und Befehle, wenn auch unter britischem Oberbefehl.

Dies stand im Widerspruch zur Abschlußerklärung der Großen Drei nach der Konferenz von Jalta (12. Februar 1945): „Es ist unsere unbeugsame Absicht, den deutschen Militarismus und Nazismus zu zerstören und sicherzustellen, daß Deutschland niemals wieder imstande sein wird, den Frieden der Welt zu zerstören. Wir sind entschlossen, alle deutschen bewaffneten Kräfte zu entwaffnen und aufzulösen, für ewige Zeiten den deutschen Generalstab auseinanderzubrechen ..."[727] *Außerdem wurde verhandelt „Keine deutsche militärische Organisation, gleichgültig unter welchem Namen, unter welcher Bezeichnung oder in welcher Form sie sich auch tarnen möge, darf in Deutschland oder außerhalb dieses Landes aufgestellt werden".*[728]

„Es gab ein gewisses Maß an Kritik über die Weise, wie wir uns deutscher Kommandeure und Stäbe bedienten", räumte 1947 Major-General Sir Francis de Guingand ein[729], *der Stabschef der 21. britischen Heeresgruppe, aus der am 25. August 1945 die Britische Rheinarmee hervorging*[730]. *Wer aber die „ungeheuren Aufgaben" erkannte, hätte eingesehen, daß es keine andere Lösung gab. Fast zwei Millionen Wehrmachtangehörige waren zu kontrollieren und zu konzentrieren, zudem die eigenen (britischen) Truppen umzugruppieren und zurückzuziehen auf das vereinbarte Zonenterritorium. Gleichzeitig mußte ohne Verzug das von den Amerikanern zu räumende Gebiet der britischen Zone besetzt werden, da die Amerikaner starke Verbände gleich zum pazifischen Kriegsschauplatz weiterbeorderten. Ein weiteres Problem war der Transport der Zehntausenden von befreiten alliierten Kriegsgefangenen. Als größte Schwierigkeit aber nannte Guingand die Rückführung von 925.000 Displaced Persons im britischen Einflußbereich, zu denen weitere 200.000 aus der Sowjetischen Besatzungszone mit Marschrichtung Westen kommen sollten*[731]. *Schließlich führte Guingand „etwa eine halbe Million" Flüchtlinge in der britischen Besatzungszone an. Mit dieser Zahl lag er völlig daneben, tatsächlich dürften es Mitte Mai etwa zwei Millionen gewesen sein*[732]. *Das ganze Chaos war eben unüberschaubar.*

Montgomery „koppelte" daher die deutschen Armeen, Korps, Divisionen und kleineren Einheiten mit entsprechenden englischen Kommandobehörden. So verhandelte die 21. Heeresgruppe mit Feldmarschall Busch. General der Infanterie Kinzel war bis zu seinem Selbstmord Ende Mai 1945 Verbindungsoffizier zwischen Montgomerys und Buschs Hauptquartier[733]. *Die 2. britische Armee in dieser 21. Heeresgruppe kooperierte mit der Heeresgruppe Blumentritt*[734] *die 1. kanadische Armee (ebenfalls zur 21. Heeresgruppe gehörig) mit der Armee Blaskowitz und die SHAEF Mission to Denmark mit Generaloberst Georg Lindemann. Den Corps, Divisionen und mitunter auch Brigaden waren untergeordnete deutsche Hauptquartiere zur Zusammenarbeit zugewiesen.*

Die Nahrungssituation war besser als erwartet. Für die Hundertausende Kranker und Verwundeter mußte die Militärregierung sorgen, da die Deutschen kaum noch medizinische Vorräte hatten, besonders keine Verbände und Betäubungsmittel. Insgesamt, berichtete Guingand, seien aber die scheinbar unlösbaren Probleme gelöst und die „kolossalen" Aufgaben bewältigt worden. Auch die Ordnung sei schnell wiederhergestellt worden. Der spätere Norderdithmarscher Landrat Hannemann würdigte das englische Vorgehen als „sehr geschickt". Indem die deutschen Offiziere und Unteroffiziere die Kommandogewalt behielten über ihre Soldaten, seien kaum Disziplinarschwierigkeiten aufgetreten[735]. *Churchill erklärte im Mai 1945 klipp und klar: „Wir können nicht herumlaufen und jedem Deutschen sagen, er soll kapitulieren oder wir erschießen ihn. Es muß eine Befehlsgewalt geben, der sie gehorchen."*

Die Briten setzten hier und da durchaus auf Kontinutität. Brüche waren nur an den obersten Spitzen der deutschen Eliten zu verzeichnen, selten aber ins Mark der Verwaltungen und Strukturen gehend. Von einer „Stunde Null" kann kaum die Rede sein, weil – bis auf Staats- und Gesellschaftsform – im wesentlichen wiederaufgebaut und nicht neu aufgebaut wurde. In der britischen Zone gab es selbst militärisch eigentlich keine „Stunde Null", da die Wehrmacht hier zunächst weiterbestand.

Die britische Methode der indirekten Verwaltung und Befehlsgebung in den kommunalen und militärischen Instanzenzügen war fair und nicht demütigend. Eigenverantwortung zurückzugeben, war auch das Zaubermittel, den von Politik furchtbar enttäuschten Deutschen wieder zu eigenem Engagement für andere zu bewegen.

Die sorgfältige Vorbereitung der Eroberung und Besetzung Deutschlands durch eng-

Der britische Premier Winston Churchill und Dwight D. Eisenhower, der Oberbefehlshaber der amerikanischen Besatzungstruppen, waren uneins in der Frage der Entmilitarisierung Deutschlands.

lische Verwaltung und Militärs, die ständig aktualisierten Schubladenpläne, sorgten dafür, daß die Besatzer zu jedem Zeitpunkt die Lage im Griff hatten und selten von Entwicklungen überrascht wurden (eines der wenigen Beispiele war die Entwicklung eines enormen kriminellen Potentials seitens der DPs).

Die Einrichtung von Sperrgebieten war für deren Zivilbevölkerung eine große Beeinträchtigung. Für die deutschen Soldaten dagegen bildete sie den Rahmen einer Vorzugsbehandlung gegenüber den Leidensgefährten in der Kriegsgefangenschaft bei anderen Siegermächten. Diese hatten ihre Bewegungsfreiheit vollends verloren und dazu noch meist die vertraute Gruppe, sie hatten auch keinerlei Kontakt zur Zivilbevölkerung.

Zum Vergleich: Die Amerikaner sammelten auf den Rheinwiesen Hunderttausende von Kriegsgefangenen. Unterkunft und Verpflegung waren erbärmlich. „Das elende Leben auf den Rheinwiesen stand in großem Gegensatz zum beinahe friedensmäßigen Leben in den Sperrgebieten Schleswig-Holsteins", resümiert Alfred Menschenmoser, der sich in Publikationen mit den Kriegsgefangenenpraktiken beider Siegermächte auseinandersetzte[736].

Mit der vergleichsweise fairen Behandlung der Kriegsgefangenen sammelten die Briten Pluspunkte für ihr Ansehen bei der deutschen Bevölkerung. Es war eine gute Grundlage für die Demokratisierung in der britischen Zone. Dabei hatten die Briten sogar außenpolitische Scherereien in Kauf genommen. Die Sowjets legten gegen die Praxis der Internierungsräume häufig im Alliierten Kontrollrat Protest ein, weil die Gefangenen nicht in übliche Lager kamen.

Die Internierung von Hunderttausenden von Soldaten in bewohnten Sperrgebieten ist in der Tat einmalig in der Militärgeschichte. Sie hatte sich aber in dieser besonderen Situation bewährt. Darüber hinaus wahrten die Besatzer die Einheit Schleswigs und Holsteins und legten mit der Ernennung eines Provinziallandtages den Grundstein für die spätere Bildung eines Bundeslandes Schleswig-Holstein.

Aber es waren nicht rein humanitäre Gründe, die die Briten zu gerade diesem Herrschaftsstil in ihrer Besatzungszone veranlaßten. Vielmehr wurde ab Kriegsende im Londoner Kabinett hauptsächlich über Geld gesprochen. Die britischen Interessen waren immer noch global gestreut, Deutschland war nur eines von mehreren wichtigen Einflußgebieten. Aber auch hier bestimmten finanzielle Interessen die Haltung der Regierung. Hinzu kamen sicherheitspolitische Erwägungen. Ein machtpolitisches und wirtschaftliches Vakuum im Herzen Europas hätte für Großbritannien große Risiken bedeutet[737].

Die internierten Einheiten stellten keine „Schwarze Reichswehr" dar. Zwar gingen die Briten natürlich nicht mit den Mannschaftsstärken hausieren, aber die Existenz deutscher Interniertengebiete in der britischen Zone war ein offenes Geheimnis. Die sowjetischen Vorwürfe waren falsch. Die Truppen waren ohne Waffen und schweres Gerät. Die Zugehörigkeit des einzelnen Soldaten richtete sich nach keiner Waffengattung mehr, sondern nur danach, in welchem Ort er zufällig lag. OKW und Regierung Dönitz hatten nur noch eine minimale Funktionsfähigkeit und handelten auf Weisung der Briten. Ebenso waren die deutschen Stäbe in der Regel nur wegen des praktischen Nutzens bei der Abwicklung letzter Aufgaben beibehalten worden. Kein Vergleich also zur Schwarzen Reichswehr, der heimlichen Heeresverstärkung Deutschlands in den Jahren 1919 bis 1924.

Bleibt die abenteuerlich klingende These des amerikanischen Historikers Arthur L. Smith, Churchill habe bis 1946 eine deutsche „Geisterarmee" unterhalten, um diese notfalls wieder gegen die Sowjets einsetzen zu können. Smith überraschte die deutsche Öffentlichkeit damit 1978. Durch einen großen Bericht über das Buch im Nachrichtenmagazin „Spiegel"[738] *wurde die These noch mehr publik.*

Der britische Premierminister Winston Churchill schwadronierte 1954: „Noch vor Kriegsende, während die Deutschen bereits zu Hunderttausenden kapitulierten, telegrafierte ich an Lord Montgomery und wies ihn an, dafür zu sorgen, daß die deutschen Waffen gesammelt würden, damit man sie ohne weiteres wieder an die deutschen Soldaten ausgeben könnte, mit denen wir würden zusammenarbeiten müssen, wenn die Sowjets ihren Vormarsch fortsetzten." Churchills Äußerung empörte die Weltöffentlichkeit. Montgomery bestätigte die Darstellung, und auch der sowjetische Marschall Schukow gab nun vor, vom „Geheimtelegramm" gewußt zu haben. An Eisenhower hatte Churchill am 9. Mai 1945 etwas unverfänglicher telegraphiert: „Ich habe mit einiger Beunruhigung gehört, daß den Deutschen befohlen wurde, ihre Flugzeuge in situ zu zerstören. Ich hoffe, daß man in bezug auf Waffen und anderes Kriegsmaterial nicht ebenso verfährt. Wir werden all dies eines Tages vielleicht dringend brauchen." In Presse, Rundfunk und Parlament hagelte es Kritik. Im Londoner Unterhaus bekräftigte Churchill seine Auffassung, man hätte die deutsche Armee in die Lage versetzen sollen, gegen die Sowjets zu kämpfen, falls diese weiter westwärts gedrängt wären. Dann aber nahm er seine Äußerung als „Fehler" zurück, und die Aufregung um die Affäre legte sich.

Die in der britischen Besatzungszone gesammelten deutschen Truppen waren nicht mehr kampffähig: entwaffnet, entkräftet, geschlagen und niedergeschlagen. Ihre innere Organisation war ebenfalls längst zersplittert. Einzig die Zahl der Militärinternierten von fast zwei Millionen war beeindruckend. Richtig ist wohl, daß Briten (Nordfront) und Amerikaner (Südfront) entgegen den interalliierten Abmachungen Teilkapitulationen mit den Deutschen abschlossen. Die Sowjets waren von diesen Verhandlungen ausgeschlossen. Ihnen blieb dadurch der Zugang an die Nordsee, nach Dänemark und Norwegen verschlossen. Richtig ist auch, daß namentlich die Briten es verschiedenen deutschen Verbänden erlaubten, sich ihnen zu ergeben statt den Russen, gegen die sie ja gekämpft hatten. Auch ließen die Engländer den deutschen Flüchtlingstrecks freies Geleit.

Churchill hatte schon 1943 auf dem Weg zur Konferenz von Teheran erklärt: „Das eigentliche Problem ist jetzt Rußland." Er hegte die stete Sorge, allein gegen die Sowjets zu stehen, wenn die Amerikaner aus Europa abzögen und sich ganz dem asiatischen Kriegsschauplatz zuwenden würden (Frankreich war noch militärisch schwach und politisch instabil). Montgomerys Standpunkt war ähnlich: „Meiner Ansicht nach waren die herannahenden Russen gefährlicher als die geschlagenen Deutschen … Ich wußte, der Krieg gegen Deutschland war praktisch zu Ende. Die vordringlichste Aufgabe war daher für mich, so schnell wie möglich weiter vorzustoßen bis zur Ostsee und dann eine Front nach Osten aufzubauen"[739].

Im Juni oder Juli 1945 sollen englische Offiziere der Rheinarmee den Generalstabschef des deutschen Korps Ems gefragt haben, ob seine Truppen bereit seien, gegen die Sowjetunion oder auch Japan zu kämpfen[740]. *Weiterhin bestärkten Amerikaner und Briten die Deutschen in ihrem Glauben an die von Goebbels erfundene These, die Anglo-Amerikaner würden bald die sowjetische Gefahr erkennen und sich mit den Deutschen gegen sie verbünden. US-General S.L.A. Marshall erinnerte sich später, man habe den Deutschen über Lautsprecher mitgeteilt, daß die Geschichte wahr sei. Daraufhin sei der Widerstand gegen die Westalliierten sofort zusammengebrochen. Die Russen haben möglicherweise an die Möglichkeit einer deutsch-westlichen Zusammenarbeit geglaubt, jedenfalls warnten auch sie deutsche Soldaten über Lautsprecher, wenn sie vor den Briten und Amerikanern kapitulierten, müßten sie damit rechnen, im Angriff gegen die Sowjetunion wieder eingesetzt zu werden*[741].

Die geschlagenen deutschen Soldaten galten nicht als Kriegsgefangene, sondern als entwaffnetes Militärpersonal. Auch dies scheint die These Smiths zu stützen. Britische Offiziere sollen die antisowjetische Stimmung unter den deutschen Kriegsgefangenen angeheizt und sogar hochdekorierte Nationalsozialisten wie den Hamburger Ex-Gauleiter Karl Kaufmann als Redner zugelassen haben für Vorträge über „die bolschewistische Gefahr". Bei der politischen Meinungsbildung im Foreign Office in London arbeiteten Experten heraus, daß den Sowjets mehr an einer „Unterdrückung" der Wehrmacht, den Briten mehr an einer „Auflösung" der Wehrmacht gelegen sei[742]. *Weitsichtig telegrafierte Churchill schon am 12. Mai 1945 an den US-Präsidenten Truman: „Ein eiserner Vorhang ist vor der russischen Front niedergegangen. Was dahinter vorgeht, wissen wir*

DER STAUDAMM

Diese Zeichnung von Harry Murphy erschien in USA.-Zeitungen während der Ruhrbesetzung. Lebt die Erkenntnis, welche vor 22 Jahren die Feder des Zeichners führte, auch heute noch hinter der lärmenden Fassade?

Die nationalsozialistische Propaganda stellte Deutschland gern als Verhinderer von Bolschewismus und Anarchie dar, um den Zerfall der Anti-Hitler-Koalition zu beschleunigen. Die Regierung Dönitz setzte dies fort mit klarer Fixierung auf den Westen. (Karikatur aus der NS-Zeitschrift „Das Reich" 1. 4. 1945)

nicht. Es ist kaum zu bezweifeln, daß der gesamte Raum östlich der Linie Lübeck-Triest-Korfu schon binnen kurzem völlig in russischer Hand sein wird. General Eisenhower wird alle nur möglichen Maßnahmen treffen müssen, um eine zweite Massenflucht der Deutschen nach Westen zu verhindern, wenn dieser enorme moskowitische Vormarsch ins Herz Europas erfolgt." Fast bedauernd fügt er hinzu: Die Aufmerksamkeit unserer Völker aber wird sich mit der Bestrafung Deutschlands, das ohnehin ruiniert und ohnmächtig darniederlegt, beschäftigen." [743]. *„Aus mancherlei Anzeichen zogen deutsche Kriegsgefangene im westlichen Gewahrsam schon im Sommer 1945 den vielleicht voreiligen Schluß, daß Briten und Amerikaner namentlich die Reste der deutschen militäri-*

Kommunist Georgij Schukow und Antikommunist Bernard L. Montgomery in scheinbarer Eintracht bei der alliierten Siegerparade vor dem Brandenburger Tor in Berlin. Die militärischen Befehlshaber der Anti-Hitler-Koalition gingen nach dem Sieg über das Deutsche Reich schnell auf Distanz zueinander. Der Kalte Krieg begann.

schen Führung nicht gleichgültig zu sein schienen", schreibt zwar auch Georg Meyer[744]*. Dies aber seien Illusionen gewesen. „Es hatte meist nur praktische Gründe, wenn neben den Streitkräften der Sieger zeitweise noch deutsche militärische Dienststellen und Stäbe fortbestanden, ja neu eingerichtet worden sind oder einige Truppenteile ihren Dienst weiter versahen. In der Regel handelte es sich um Quartiermeister- und Oberquartiermeister-Stäbe, die den Alliierten – in ganz engen Grenzen – bei der Demobilisierung Hilfsdienste leisteten*[745]*. Im OKW wurde auf den Lagekarten von der Kapitulation bis zur Verhaftung der deutschen Führung in Mürwik deutsche, britische und amerikanische Verbände gemeinsam dargestellt*[746]*. War dies reines Wunschdenken?*

Ja, denn Churchill befand sich mit seinem Standpunkt ziemlich allein. Einige hochrangige Militärs waren auf seiner Seite, aber das britische Außenministerium nahm eine kritische Haltung ein. Von der britischen Öffentlichkeit ganz zu schweigen, die nach einem jahrelangen erbitterten Krieg kaum eine Waffenbrüderschaft mit den Deutschen mitgetragen hätte.

Bei den Amerikanern war dieser Gedanke noch schwerer durchzusetzen. Die Öffnung der KZs hatte gerade das ganze ungeheure Ausmaß der Schandtaten in deutschem Namen vor Augen geführt, und Truman zeigte sich entschlossen zur getreuen Erfüllung der Bündnispflichten gegenüber der Sowjetunion (siehe die Räumung der anglo-amerikanisch besetzten Gebiete Mitteldeutschlands trotz Churchills Warnungen).

Ebenso gering war die Bereitschaft zur Fortführung des Krieges bei den Deutschen. Das Volk war kriegsmüde. Es wäre zwar um die Verteidigung oder Befreiung des Vaterlandes gegangen, doch wäre auch die mit weiteren Zerstörungen und Menschenopfern verbunden gewesen. Zudem fehlte nun die nationalsozialistische Pflichtanschauung, und bloßer Antibolschewismus hätte kaum die notwendige enorme Motivation ausgelöst. Die Moral der Truppe war zwar nicht sofort nach der Kapitulation, wohl aber mit zunehmender Dauer der Internierung im Sinken begriffen. Die überwältigende Mehrheit der Landser schwor sich „Nie wieder Krieg" und wünschte nichts mehr als die Heimkehr zur Familie. Zudem waren die Wehrmachtsoldaten entwaffnet und bunt aus den verschiedensten Waffengattungen und Truppenteilen zusammengewürfelt, also überhaupt nicht verwendungsbereit. Selbst diejenigen, die ab 1950 unter veränderten Vorzeichen den westdeutschen Verteidigungsbeitrag mit aufbauen halfen, zeigten eine „Ja, aber"-Haltung. Man wollte sich der Pflicht gegenüber den westlichen Demokratien nicht entziehen, sich dieses Zugeständnis aber teuer abkaufen lassen und keinesfalls vorgeschobenes Kanonenfutter darstellen. Eine konkrete Kriegsbedrohung gab es da schon fast nicht mehr. Wieviel geringer muß im explosiven Jahr 1945 die Motivation gewesen sein, sich den Briten für einen Waffengang gegen die Russen zur Verfügung zu stellen?

Einzig der Regierung Dönitz war natürlich daran gelegen, daß sich die Westalliierten gegen die Sowjets stellen sollten. Deutschland empfahl sich offiziell noch im Mai 1945 als „Bollwerk Europas" gegen die „rote Flut"[747]. *Skeptisch zu sehen ist ein deutscher Bericht für Dönitz mit dem Wortlaut: „Offiziere und Soldaten sind, soweit festgestellt, sofort bereit, den Kampf gegen den Bolschewismus wieder aufzunehmen." Manche deutsche Offiziere sollen englischen Offizieren angeboten haben, sich dazu auch der entwaffneten deutschen Truppen zu bedienen*[748]*. Es müssen vereinzelte deutsche Militärs gewesen sein, die noch in den Abwicklungsstäben beschäftigt waren und ihren Arbeitsplatz gesichert wissen wollten. Der „rein private" Charakter der Gespräche wurde denn auch betont.*

Ein englisch-deutscher Waffengang wäre also politisch von keiner Seite aus durchsetzbar gewesen, selbst wenn die Briten ihn den Deutschen entgegen jeglichem westlichen Demokratieverständnis hätten aufzwingen wollen. Er wäre von zweifelhaftem Erfolg gewesen und hätte wohl nur als Druckmittel für eine Drohung getaugt, die Sowjets von sich aus zum Stehenbleiben zu bringen. Vielmehr wählten die Westalliierten den gemeinsamen Weg, in ihren Besatzungszonen und in Berlin mit Truppenkontingenten präsent zu bleiben und das westliche Deutschland politisch, wirtschaftlich und militärisch in ihr Bündnissystem einzubinden. Diese Politik stoppte genauso wirkungsvoll das Vordringen von Stalinismus und Kommunismus. Daß die standhafte Präsenz des Westens letztlich die Existenz der Sowjetunion als Großmacht überdauerte und gar die Wiedervereinigung Deutschlands ermöglichte, erwies sich als besonderes Glück für Mitteleuropa.

Heer/Luftwaffe	Kriegsmarine	Army	Royal Navy
Reichsmarschall*			
Gen.feldmarschall**	Großadmiral***	Field-Marshal	Admiral of the Fleet
Generaloberst	Generaladmiral		Admiral
General	Admiral	General	Vice-Admiral
Generalleutnant	Vizeadmiral	Lnt.-General	Rear-Admiral
Generalmajor	Konteradmiral	Major-General	Commodore
Oberst	Kapitän zur See	Brigadier	Captain
Oberstleutnant	Fregattenkapitän	Colonel	Commander
Major	Korvettenkapitän	Major	Lieutenant-Commander
Hauptmann	Kapitänleutnant	Captain	Lieutenant
Oberleutnant	Oberleutnant z. S.	Lieutenant	Sub-Lieutenant
Leutnant	Leutnant zur See	Second Lieutenant	Ensign
Stabsoberfeldwebel		Warrant Officer 1	
Oberfähnrich	Oberfähnrich z. S.	Warrant Officer 2	
Oberfeldwebel		Staff Sergeant	Chief Petty Officer
Feldwebel			
Fähnrich	Fähnrich zur See		Petty Officer
Unterfeldwebel	Obermaat		
Unteroffizier	Maat	Sergeant	
Stabsgefreiter	Hauptgefreiter	Corporal	Leading Seaman
Obergefreiter		Lance Corporal	Able Seaman
Gefreiter			Ordinary Seaman
Obersoldat			
Soldat	Matrose	Private	Junior Seaman

* Deutscher Reichsmarschall war 1940–1945 Hermann Göring.

** Zwischen 1935 und 1945 wurden 19 Generäle zu Generalfeldmarschällen ernannt.

*** Großadmiräle waren 1939–1943 Erich Raeder und 1943–1945 Karl Dönitz.

Quellen und Literatur

Quellen:

Public Record Office (britisches Staatsarchiv), Kew bei London (PRO): Akten Foreign Office (FO; im Mai 1945 für Besatzungsfragen zuständig) und Akten War Office (WO; Juni bis Oktober 1945 zuständig):

Aus der Abteilung FO 371 (General Correspondence, speziell German Department):

FO 371/46728 Richtlinien für die Behandlung der Regierungsbildung Dönitz durch britische Propagandadienste

FO 371/46775 Sowjetische Einwände gegen Fortbestehen der Wehrmacht

FO 371/46914 Vorschläge zur Abschaffung der Verwaltung Dönitz, Verhaftung ihrer Mitglieder, Notiz des Prime Ministers, Liste der zu verhaftenden Personen, letzte Tage der NS-Regierung, Hitlers Tod und Berufung von Admiral Dönitz als Nachfolger, Darstellung letzter Ereignisse in Interviews (unter anderem mit Dönitz), sowjetische Unterstellung einer britischen Zusammenarbeit mit Nationalsozialisten

FO 371/46933 21 Army Group Weekly Political Intelligence Summary (Abbröckeln der Disziplin in der Wehrmacht). 21.7.1945

Aus der Abteilung FO 942 (Control Office for Germany):

FO 942/548 Notes on the Kiel Canal (Ministry of War Transport). 26.4.1945

Aus der Abteilung FO 1005 (Control Commission for Germany/British Element; unterstand Militärgouverneur Montgomery)

Aus der Abteilung FO 1006 (Schleswig-Holstein):

FO 1006/87 Zivilinternierungslager (unter anderem Neumünster), Weigerung, Sylt, Föhr, Amrum, Pellworm, Nordstrand und Fehmarn als Zivilinternierungslager zu nutzen; 4/1946–12/1947

FO 1006/105 German Personalities (Schleswig-Holstein Intelligence Office; Bürgermeister, Landräte). 12/1946

FO 1006/289-293 und 500-589 regional File about Schleswig-Holstein, mit Dokumentation über Kriegsgefangenen- und DP-Politik).

FO 1006/314 Military Government. Operation Clobber und Reorganisation of Area F. 17.12.1945 und 21.1.1946

FO 1006/334 Demobilisierung der Wehrmacht, illegale Entlassungen von Wehrmachtpersonal in Schleswig-Holstein, Reorganisation von Personal der Ex-Wehrmacht in separaten Lagern in Areal F, Auflösung des deutschen Hauptquartiers Nord, britische Anweisungen für die Beschäftigung deutscher Dienstgruppeneinheiten 8/1945–2/1946

FO 1006/496 Monatsberichte Kreis-Resident-Officer Oldenburg/Holstein 11/1945–4/1946 und Schriftwechsel der Fischer in Haffkrug mit dem Militärgouverneur von Schleswig-Holstein 10/1945–1/1946

Aus der Abteilung 1038:

FO 1038/5 Direktiven Demilitarisation 7/1944–5/1945

FO 1038/13 Auflösung der SS 1/1945–7/1945

FO 1038/23–28 Kriegsgefangene 1945/46

FO 1038/41 Disarmament Policy 12/1944–4/1945

FO 1038/42 Disarmament Policy 5/1945
FO 1038/75 Nichtdeutsche in der Ex-Wehrmacht 8/1945–11/1946
FO 1038/134 Rückführung der DPs 9/1945–11/1946)
FO 1038/140 Sowjetisches Memorandum gegen Fortbestehen der Wehrmacht 11/1945–4/1946
FO 1038/180 und 182: Dienstgruppen 11/1946–4/1948
FO 1038/181: Dienstgruppen 2/1947–2/1948
Aus der Abteilung 1039:
FO 1039/591: Operation Barleycorn (11.6.1945) u.a. 3/1945–6/1945
Aus der Abteilung 1046 (Finance Division):
FO 1046/52 Denazification Statistics (Counter Intelligence Bureau; u.a. SS-Zahlen). 12/1945
Aus der Abteilung 1050 (Internal Affairs and Communications Division):
FO 1050/1507 Bericht über Internierungslager auf Nordfriesischen Inseln u.a. 1/1946–7/1946
Aus der Abteilung 1051:
FO 1051/494: Freilassung von Deutschen der Klasse B während der Operation Barleycorn (15.2.1946) u.a. 2/1946–6/1946
Aus der Abteilung 1060:
FO 1060/3014–3020: Heide 5/1945–5/1949
FO 1060/3353–3353: Meldorf 5/1945–5/1949
Aus der Abteilung WO (War Office Papers):
WO 106/4455 Disarmament of German Armed Forces in Germany. 7.6.1945
Aus der Abteilung 171 (War Diaries: North-West Europe):
WO 171/3889 Organisation 8 Corps (Organigramm). 7/1945
WO 171/3955 Second Army Air Support Note No. 311. 3.5.1945 (RAF-Einsätze 3.5.1945)
WO 171/3985: Weekly Summary (2 Army; Kriegstagebuch; u.a. Ernennung neuer Landräte). 1.–16.6.1945
WO 171/3986 Military Government Final Summary (2 Army; Kriegstagebuch; u.a. Ernennung neuer Bürgermeister). 21.6.1945.
WO 171/4032 8 Corps Operation Instructions (Kriegstagebuch; Operation Blackout – Verhaftung der Regierung Dönitz, Organigramm Armeestab Müller/Korps Sauberzweig, Organigramm German Headquarters Working Under 8 Corps und Organigramm Organisation of German Troops in PW Area „G“). 5–6/1945
WO 171/4033 Daily News Sheet (Entlassungszahlen) 10.9.1945 und 22.12.1945
WO 171/4055 12 Corps Operation Instructions. Orders issued to Corps Witthöft (Kriegstagebuch; und Order of Battle of Corps Witthöft). 11.5.1945
WO 171/4171 7 Armoured Division (Organigramm des deutschen Heeres in Schleswig-Holstein)
WO 171/4341 German Chain of Command (u.a. Auflösung Corps Witthöft).
WO 171/4345 29 Armoured Brigade (Kriegstagebuch; Räumung zweier Dörfer im Kreis Husum für DPs). 17.5.1945
WO 171/7968 Fortnightly Report No. 5 (Military Government Schleswig-Holstein; zuverlässige Bürgermeister und Census of Population). 18.6.1945
WO 171/7969 Fortnightly Report No. 9 (Military Government Schleswig-Holstein; zuverlässige Bürgermeister). 30.9.1945.
WO 171/8247 Disbandment of Army Group North (104 Control Section). 9.7.1945

Aus der Abteilung 205 (21st Army Group 1943–1945):
WO 205/704 Memorandum by Planning Staff: Capture of North Sea German Ports (SHAEF). 29.11.1944
WO 205/853 Operation Eclipse: The Military Occupation of North-West Germany (21. Army Group; kriegswichtige Ziele u.v.m.). 1/1945
WO 205/1033 DP an PWX Situation 8 Corps (DP-Sammelpunkte u.a.). 6/1945
WO 205/1025 Notes on the Administrative Activities of 21 Army Group During the Post-Surrender Period (Stärkemeldungen). 5.5.–31.7.1945
Aus der Abteilung 208:
WO 208/2904 Army Group North (Busch; Organigramme)
WO 208/4224 Public Personalities in German Life; Zone IV Hanover and Schleswig-Holstein (Lohse u.a.). 1945
Aus der Abteilung 220:
WO 220/218 SHAEF Handbook for Military Government of Germany. 9.11.1944
WO 220/220 Governing policy Military Government SHAEF 1944

Liddell Hart Centre for Military Archives, King's College London (LHA):
Liddell-Hart: Talks with german Generals (u.a. Blumentritt)
General Francis de Guingand

Office of the Chief of Military History, Department of Army, Washington/USA:
Günther Blumentritt: The Last Battles of the AOK Blumentritt 10 April–5 May, 1945. MS B-361

Staatsarchiv der Freien und Hansestadt Hamburg:
Aus dem Bestand B (Akten des Regional Food Office, fortgeführt vom Amt für Ernährung):
Bd. 17 (Durchführung der Versorgung der deutschen Kriegsgefangenen, 1945)

Stadtarchiv Kiel:
War Diaries
Nr. 34451-34457 Lebensmittelzuteilungskarten 1944–1950

Stadtarchiv Flensburg:
Fotos v.a. zur Regierung Dönitz

Landesarchiv Schleswig-Holstein (LAS), Schleswig:
einzelne Fotos
Akten der Abteilung 320 (in den Anmerkungen näher bezeichnet)

Universitätsbibliothek Kiel:
einzelne Bücher

Landesbibliothek Kiel:
einzelne Bücher

Bundesarchiv – Militärarchiv (BA-MA), Freiburg:
Aktenbestand H 4/18 (Übersicht über die zahlenmäßige Zusammensetzung des Offizierskorps vom 1.5.1945)

Aktenbestand RH 53-10 (Wehrkreiskommando X Hamburg, das unter englischer Aufsicht weiterarbeitete)
Aktenbestand RW 54 (Dienststellen zur Abwicklung der ehemaligen Deutschen Wehrmacht) und ZA 5/13 (Deutscher Minenräumdienst)

Stadtarchiv Oldenburg:
Bestand ungeordnet

Amtsarchiv Burg/Fehmarn
Akten in den Anmerkungen näher bezeichnet

Amtsarchiv Büsum

Ortsarchiv Sankt Peter-Ording

Stadtarchiv Itzehoe (StAI):
Gustav Fiebig: Die Kriegsmarine in Itzehoe 1944 und 1945. Maschinenskript (X 15)

Kirchenkreisbüro des Kirchenkreises Süderdithmarschen, Meldorf:
Die Chronik der Kirchengemeinde Meldorf

Kreisarchiv Nordfriesland, Husum

Dithmarscher Landesmuseum, Meldorf
Klaus Bohnsack: Nutzungsgeschichte des Hauses Rosenstraße 12 [in Meldorf]. Maschinenskript (Archiv)

Bundespost-Museum in Frankfurt/Main:
Aktenbestand der Reichspostdirektion Kiel über Sperrgebiete F und G

Kreisarchiv Plön (KA Plön):
Friedrich Legler: Ostholstein als großes Kriegsgefangenenlager 1945. Maschinenskript 1983 (F 11.1.1)

Stadtarchiv Heide (StA Hei):
Auszug aus dem Tagebuch von Gerhard Hoffmann, Dresden
Aus der Abteilung 1868–1945, Unterabteilung 0 (Allgemeine Verwaltung):
Nr. 424a Norderdithmarscher Frontbrief 1945 (z.Z. nicht greifbar)
Nr. 438 Flüchtlingswesen 1944–49
Nr. 662ff. Zeitungswesen, Presse, Plakate und Flugblätter

Heider Heimatmuseum:
Norderdithmarscher Frontbrief (z.Z. nicht greifbar)

Zeitungen:

Dithmarscher Nachrichten. Amtliche Nachrichten des Landrats des Kreises Süderdithmarschen, der kommunalen und kirchlichen Behörden und des Reichsnährstandes mit Genehmigung der Britischen Militärregierung. Erstausgabe Meldorf, 22. 6. 1945.
Eiderstedter Nachrichten Mai 1945 (Mikrofilm im Kreisarchiv Nordfriesland). Nach der Teilkapitulation erschienen noch folgende Ausgaben: Nr. 54 (7. 5. 1945), Nr. 55 (9. 5. 1945), Nr. 56 (11. 5. 1945), Nr. 57/58 (16. 5. 1945), Nr. 59 (18. 5. 1945), Nr. 60/61 (23. 5. 1945) und Nr. 62 (25. 5. 1945)
Eutiner Kreisanzeiger (heute Ostholsteinischer Anzeiger)
Flensburger Nachrichten. Letzte Ausgabe 9. 5. 1945
Flensburger Nachrichtenblatt der Militärregierung ab 11. 5. 1945
Flensburger Tageblatt ab 4.9.1945
Heider Anzeiger (heute Dithmarscher Landeszeitung) bis 9. 5. 1945 (Stadtarchiv Heide)
Holsteinische Lagerzeitung für unsere Landser und Seemänner in Eiderstedt und Dithmarschen. Erstausgabe Mitte Juni 1945. Druck Boyens & Co., Heide.
Husumer Nachrichten Mai 1945 (Kreisarchiv Nordfriesland). Nach der Teilkapitulation erschienen noch folgende Ausgaben: Nr. 107 (9. 5. 1945), Nr. 108 (19. 6. 1945) und Nr. 109 (21. 6. 1945).
Kieler Kurier. Zeitung der Militärregierung (Mikrofilm 285 in der Universitätsbibliothek Kiel). Erschienen vom 25. 7. 1945 bis 7. 4. 1946
Kieler Zeitung. Das gauamtliche Organ der NSDAP und amtliche Nachrichtenblatt aller Behörden. Mai 1945
Meldorfer Hausfreund

Literatur:

John ANSAT: Der Deutsche Kral. In: Jahrbuch für Heimatkunde im Kreis Oldenburg/Holstein. 13. Jg 1969. Oldenburg 1970, S. 218–223
AßMANN: Zur Büsumer Lagerschule. In: Chronik des Nordsee-Gymnasiums Büsum 1967, S. 8ff.
Vera BAHNS: Es geschah vor 50 Jahren. In: Dor is wat in de Klock. Mitteilungen der Heimatkundlichen Arbeitsgemeinschaft Stadt und Kirchspiel Garding, Heft 8, 1995, S. 44–46
Michael BALFOUR: Vier-Mächte-Kontrolle in Deutschland 1945-1946. Düsseldorf 1959
Klaus BÄSTLEIN: Schleswig-Holstein im Krieg: Für viele Überlebende wird Padburg zum Ort ihrer Wiedergeburt. In: Husumer Nachrichten 15.5.1985
Walter BAUSENHART/Karl-Robert SCHWARZE: Handbuch Schleswig-Holstein, 1992. Kiel 1992
Walter BAUM: Der Zusammenbruch der deutschen militärischen Führung 1945. In: Wehrwissenschaftliche Rundschau V, 1960, S. 237–266. Und: Die Regierung Dönitz in der heutigen wissenschaftlichen Forschung. Göttingen 1964
Fritz BERGMANN/Hartmut RODER: Neuengamme. Verdrängt – vergessen – bewältigt? Die „zweite“ Geschichte des Konzentrationslagers Neuengamme 1945 bis 1985. Hamburg 1987
Klaus BERGMANN/Gerhard SCHNEIDER (Hrsg.): 1945. Ein Lesebuch. Hannover 1985

Folke BERNADOTTE: Das Ende. Zürich 1945. Englisch: The Fall of the Curtain: Last Days of the Third Reich. London 1945
Helge BERNDT: Flensburg im Mai 1945. In: Stadt Flensburg (Hrsg.): Flensburg 700 Jahre Stadt. Band 1. Flensburg 1984, S. 379–394
Adolf M. BIRKE/E.A. MAYRING (Hrsg.): Britische Besatzung in Deutschland: Aktenerschließung und Forschungsfelder. London 1992 (am Deutschen Historischen Institut in London erarbeiteter Forschungsbericht)
Adolf M. BIRKE/Hans BOOMS/Otto MERKER (Hrsg.): Akten der britischen Militärregierung in Deutschland. Sachinventar 1945–1955. Control Commission for Germany/British Element. München/New Providence/London/Paris 1993. Elf Bände. Register für die Aktenbestände vom Public Record Office, Foreign Office und Control Office for Germany and Austria
Günther BLUMENTRITT: The Battle of North-West Germany. In: An Cosantair: The Irish Defense Journal. März 1949
Gerhard BOLDT: Die letzten Tage der Reichskanzlei. Hamburg und Stuttgart, 3. Auflage 1947. Neuauflage Reinbek 1964
Heinz-Ludger BORGERT: Zur Entstehung, Entwicklung und Struktur der Dienstgruppen in der britischen und amerikanischen Besatzungszone Westdeutschlands 1945–1950. In: Borgert/W. Stürm/Norbert Wiggershaus: Dienstgruppen als westdeutscher Verteidigungsbeitrag. Boppard 1982
Otto BRANDT: Geschichte Schleswig-Holsteins. Ein Grundriß. 8. Auflage, überarbeitet und erweitert von Wilhelm Klüver mit Beiträgen von Herbert Jankuhn. Kiel 1981
BRITAIN IN GERMANY (1945–49). Hrsg. von der Control Commission for Germany/British Element. Berlin 1949
Fritz BRINGMANN/Herbert DIERKS: Die Freiheit lebt! Antifaschistischer Widerstand und Naziterror in Elmshorn und Umgebung. Frankfurt 1983
(Pastor) BRÖCKER: Einquartierungszahlen aus der „Kraalzeit“ im Jahre 1945. In: Jahrbuch für Heimatkunde im Kreis Oldenburg/Holstein. 4. Jg 1960. Oldenburg, S. 223–225
BROCKHAUS Enzyklopädie in 24 Bänden. 19. Auflage. Mannheim 1986–1994
F. BUCHHEIM: Ein bitteres Ende – ein neuer Anfang. Erinnerungen eines Landsers an seine erste Begegnung mit dem Kreis Oldenburg/Holstein im Frühjahr 1945. In: Jahrbuch für Heimatkunde im Kreis Oldenburg/Holstein. 4. Jg 1960. Oldenburg, S. 211–222
BUNDESMINISTER DES INNERN (Hrsg.): Dokumente zur Deutschlandpolitik, II. Reihe, Band 1: Die Konferenz von Potsdam (zweiter Drittelband), bearb. von G. Biewer. Frankfurt 1992
Uwe CARSTENS: Das Flüchtlingsgeschehen im Kreis Eiderstedt infolge des zweiten Weltkrieges unter der besonderen Berücksichtigung des Flüchtlingslagers St. Peter-Böhl. Magisterarbeit. Kiel 1988. Und: Die kulturelle Betreuung der Flüchtlinge im Landkreis Eiderstedt. In: Nordfriesisches Jahrbuch, Band 29. Bredstedt 1993, S. 225-240
Ulf B. CHRISTEN: Die Entnazifizierung im Schleswig-Holsteinischen Landtag 1946 bis 1951. In: Demokratische Geschichte. Jahrbuch zur Arbeiterbewegung und Demokratie in Schleswig-Holstein VI. Kiel 1991
Winston CHURCHILL: Dem Sieg entgegen. Berlin 1953. Und: Triumph und Tragödie. Stuttgart 1954. Und: Der eiserne Vorhang. Stuttgart 1954
Jürgen DIETRICH: Auf den Spuren der Geschichte. In: Husumer Nachrichten 8. 9. 1994.
Und: Die Stadt war ein Heerlager[Husum]. In: Husumer Nachrichten 4.3.1995. Und:

Endzeitstimmung im April 1945. In: Husumer Nachrichten 4. 4. 1995. Und: Für „Kometen“ [Me 163] fehlte der Treibstoff. In: Husumer Nachrichten 3. 5. 1995
DIE WEHRMACHTBERICHTE 1939–45. Band 3: 1. 1. 1944–9. 5. 1945. dtv, München 1985
Irene DITTRICH: Heimatgeschichtlicher Wegweiser zu den Stätten des Widerstandes und der Verfolgung 1933–1945. Band 7: Schleswig-Holstein I. Nördlicher Landesteil. Frankfurt 1993. Hrsg. vom Studienkreis Deutscher Widerstand.
H. DOLLINGER (Hrsg.): Die letzten 100 Tage. Das Ende des Zweiten Weltkrieges. Wiesbaden 1965
Karl DÖNITZ: Zehn Jahre und 20 Tage. Bonn 1958, 3. Auflage 1964
F.S.V. DONNISON: Civil Affairs and military Government North-West Europe 1944–1946. London 1961
Hinrich DÜRKOP: Die ehemaligen Marine-Ölanlagen bei Schafstedt 1939–1949, Teil 5. In: Dithmarschen 2/1994, Juni 1994
Dwight D. EISENHOWER: Kreuzzug in Europa. Amsterdam 1948
Johann ELLERBROCK: Die letzte Zeit des Krieges in unserer Heimat. In: Chronik der Gemeinde Sommerland e.V. (Hrsg.): Chronik der Gemeinde Sommerland. Sommerland 1992
L.F. ELLIS: Victory in the West. Band 2: The Defeat of Germany. London, 2. Auflage 1962
Karl-Dietrich ERDMANN: Die Regierung Dönitz. Über den Umgang mit Ereignissen der jüngsten deutschen Geschichte. In: Geschichte in Wissenschaft und Unterricht. Band 14, 1963
FESTSCHRIFT zur Eröffnung der „Oberschule kriegsgefangener Soldaten“ in Büsum vom 28. 10. 1945. Büsum 1945
Gerhard FÖRSTER/Richard LABOWSKI (Hrsg.): 1945. Das Jahr der endgültigen Niederlage der faschistischen Wehrmacht. Dokumente. Berlin (Ost) 1975
Kurt FRIEDRICHS: Umkämpftes Helgoland. Helgoland 1988
Justus FÜRSTENAU: Entnazifizierung. Ein Kapitel deutscher Nachkriegsgeschichte. Darmstadt 1969
Alfons GALETTE: Erinnerungen an die letzten zwei Kriegsjahre im Kreis Plön. In: Jahrbuch für Heimatkunde im Kreis Plön. 15. Jg 1985, S. 33–49
GESCHICHTE des Infanterie-Regiments 46 Neumünster, Rendsburg, Eutin, Heide. 1. Oktober 1934 bis 8. Mai 1945. Zum 11. Regts.-treffen am 22.–23. 9. 1984 in Neumünster Boostedt anläßlich der 50. Wiederkehr der Aufstellung unseres Regiments. Neumünster 1984
GESELLSCHAFT FÜR FLENSBURGER STADTGESCHICHTE (Hrsg.): Flensburg in der Zeit des Nationalsozialismus (Schriften der Gesellschaft für Flensburger Stadtgeschichte Nr. 32). Flensburg 1983. Und: Der Landkreis Flensburg 1867–1945 (Schriften der Gesellschaft für Flensburger Stadtgeschichte Nr. 30). Teil 1, Flensburg 1981, und Teil 2, Flensburg 1991.
Francis de GUINGAND: Operation Victory. London 1947, 2. Auflage 1953, S. 456f.
Heinrich GUTHMANN: Ostangeln in den „letzten Tagen“: Chaos und Zusammenbruch – dargestellt an einem Prozeß. In: Jahrbuch des Heimatvereins der Landschaft Angeln. 27. Jg 1963, S. 126–133. Und: Glücksburg in den „letzten Tagen“: Geschehen im Mai 1945 – dargestellt nach einem Prozeß. In: Jahrbuch des Heimatvereins der Landschaft Angeln. 28. Jg 1964, S. 122–129
Carl Heinrich HANNEMANN: Dithmarschen während der Besatzungszeit 1945 bis 1953. In: Dithmarschen 4/1964, Dezember 1964

Hermann HANSEN: Mein 2. Friedrichstädter Judenbuch. Ohne Ort und Jahr [Husum 1994]
Karl HANSEN: Zu: Das Eiderstedter Lied. In: Die Heimat, Monatsschrift des Vereins zur Pflege der Natur- und Landeskunde, Jg. 66, Heft 8/1959, August 1959
Reimer HANSEN: Das Ende des Dritten Reiches – Die deutsche Kapitulation im Jahre 1945. Stuttgart 1966 (Kieler Historische Studien, Bd. 2), S. 128ff. und S. 163ff. Und: Die Kapitulation und die Regierung Dönitz. In: W. Becker (Hrsg.): Die Kapitulation 1945 und der Neubeginn in Deutschland. Köln 1987, S. 31–43
Hannes HARDING: Heimatlos in Schleswig-Holstein. Das Schicksal der Fremdarbeiter und Kriegsgefangenen: Vergessene Opfer des Nationalsozialismus. In: Flensburger Tageblatt 7. 10. 1994
Henrik HAVREHED: Die deutschen Flüchtlinge in Dänemark 1940–1949. Heide 1989
J. HEITMANN: Das Ende des Zweiten Weltkrieges in Hamburg. Die kampflose Übergabe der Stadt an die britischen Truppen und ihre Vorgeschichte. Frankfurt 1990
Walter HERFURTH: Der Untergang der Häftlingsflotte in der Lübecker Bucht am 3. Mai 1945. In: Jahrbuch für Heimatkunde Eutin. 16. Jg 1982. Eutin 1982, S. 147–154
Gerhard HOCH: Zwölf wiedergefundene Jahre. Kaltenkirchen unter dem Hakenkreuz. Bad Bramstedt o. J. [1981]
Manfred HOFFMANN: 100 Jahre Oldenburger Sportverein. In: Jahrbuch für Heimatkunde im Kreis Oldenburg/Holstein. 9. Jg 1965, Oldenburg
Rolf HOLLANDER: Nordhastedter Dorfchronik, Band 1
Edward HOOP: Geschichte der Stadt Rendsburg. Rendsburg 1989
Johann HVIDTFELDT: Fra Kapitulationsdagene 1945. Kriegstagebuch des Wehrmachtbefehlshabers Dänemark 20. April bis 26. Mai. Riksarchivet Kopenhagen 1985
Wolfgang JACOBMEYER: Vom Zwangsverschleppten zum Heimatlosen Ausländer. Die Displaced Persons in Westdeutschland 1945–1951. Göttingen 1985 (grundlegend)
Kurt JAENECKE: Aus jenen Tagen. In: Jahrbuch für Heimatkunde Eutin. 6. Jg 1970. Eutin 1970, S. 148–155
Alfred JASTROW: Vertriebene und Flüchtlinge in Nordfriesland. Husum o.J. (ca. 1980)
Olaf JENSEN: Internierung der Nordarmee. In: Arbeitsgemeinschaft Orts-Chronik St. Peter-Ording (Hrsg.): Sankt Peter-Ording. Aus der Ortgeschichte. Heft 10, 7/1989, S. 36–51
Friedrich JESS: Kriegsende 1945 in Hansühn (nach der Schulchronik). In: Jahrbuch für Heimatkunde im Kreis Oldenburg/Holstein. 6. Jg 1962. Oldenburg, S. 244–254
Friedrich JOHANNSEN: Daten zur Geschichte der Landschaft Eiderstedt. In: Mitteilungsblatt der Gesellschaft für Tönninger Stadtgeschichte. Heft 7, 3/1988, S. 12–17
Werner JOHE: Neuengamme. Zur Geschichte der Konzentrationslager in Hamburg. Hamburg 1981
Kurt JÜRGENSEN: Die Gründung des Landes Schleswig-Holstein nach dem Zweiten Weltkrieg. Der Aufbau der demokratischen Ordnung in Schleswig-Holstein unter dem ersten Ministerpräsidenten Theodor Steltzer 1945–1947. Beiheft zu Band 8 der Reihe „Geschichte Schleswig-Holsteins". Neumünster 1969. Und: Britische Südschleswig-Politik. In: Zeitschrift der Gesellschaft für Schleswig-Holsteinische Geschichte, Band 111. Neumünster 1986, S. 185–205. Und: Die Briten in Schleswig-Holstein 1945–1949. Aus nächster Nähe beobachtet und mit Erinnerungen versehen von Gerhard Garms. Neumünster 1989. Und: Kriegsende in Schleswig-Holstein und in Dänemark: Eine Zwischenbilanz. In: R. Bohn/J. Elwert u.a. (Hrsg.): Neutralität und totalitäre Aggression – Nordeuropa und die Großmächte im Zweiten Weltkrieg. Stuttgart 1991, S. 271–281

Hans Joachim KAISER: Kriegsende an der Elbe. Das Ende der Kampfhandlungen im Mai 1945 und die militärische Besetzung Schleswig-Holsteins durch das VIII. britische Korps. Dissertation Kiel 1994
Karl-Heinz KAUL: Erinnerungen an meine Koldenbüttler Schulzeit 1938–46. In: Holger Piening (Hrsg): Das Koldenbüttler Dorfblatt. Heft 1, Herbst 1985, S. 2
Dieter KIENITZ: Tensbüttel-Röst. Chronik der Gemeinde. Heide 1994
Klaus KLEINE-WEISCHEDE: Brunsbüttelkoog nach dem Zweiten Weltkrieg. In: Brunsbütteler Spuren. Beiträge zur Heimatgeschichte V. Brunsbüttel 1990, S. 79–114
Toni Luise KNOOP: Das Leben in Hassendorf in schwerer Zeit 1945–47. In: Jahrbuch für Heimatkunde Eutin. 25. Jg 1991. Eutin 1991
Karl KOLLER: Der letzte Monat. Die Tagebuchaufzeichnungen des ehemaligen Chefs des Generalstabs der deutschen Luftwaffe vom 14. April bis 17. Mai 1945. Mannheim 1949. Neuauflage Esslingen 1985
Gunda KÖSTER: Menschenleben in Bargenstedt. Husum 1990
Erna KRACHT: Eine Dithmarscherin erzählt aus ihrem Leben. Rückblick auf politische Ereignisse an der Seite eines Beamten unter vier Regierungen. Husum 1987
Lutz Graf Schwerin von KROSIGK: Es geschah in Deutschland. Tübingen und Stuttgart 1951
Ruth KRÜGER: Erinnerungen an die letzten Kriegstage in Eutin. In: Jahrbuch für Heimatkunde Eutin. 18. Jg 1984. Eutin 1984, S. 191f.
Erich KUBY: Das Ende des Schreckens. Januar bis Mai 1945. Hamburg 1984
Annemarie LANDENBERGER: Als die Orden fielen [Kriegsende in Büsum]. Maschinenskript, 9 Seiten. Hamburg o.J. (ca. 1990)
Jochen von LANG: Die Partei. Mit Hitler an die Macht und in den Untergang. Hamburg 1989
Wilhelm LANGE: Die Katastrophe der Häftlingsflotte in der Neustädter Bucht am 3. Mai 1945. In: Jahrbuch für Heimatkunde Oldenburg/Ostholstein. 29. Jg 1985. Oldenburg, S. 49–69. Und: Cap Arcona. Das tragische Ende der KZ-Häftlings-Flotte am 3. Mai 1945. Dokumentation. Neustadt 1988 (grundlegend)
Wolfgang LAUR: Historisches Ortsnamenlexikon von Schleswig-Holstein. 2. Auflage, Neumünster 1992
Dirk LEVSEN: Die norwegische „Deutschland-Brigade„. Ein fast vergessenes Kapitel der Besatzungsgeschichte. In: Militärgeschichtliches Forschungsamt (Hrsg.): Zeitschrift „Militärgeschichte“. Neue Folge. 1/1993. Herford 1993, S. 4–9
Francis L. LOEWENHEIM/Harold D. LANGLEY/Manfred JONAS (Hrsg.): Roosevelt and Churchill: Their Secret Wartime Correspondence. New York 1975
Theodor LÜBBE: Dithmarscher Journal. Berichte vom Tage aus den Jahren 1403 bis heute. In: Nord- und Südanzeiger [Anzeigenblätter für Dithmarschen], Heide 1987
Walter LÜDDE-NEURATH: Die Regierung Dönitz. Die letzten Tage des Dritten Reiches. Göttingen, 3. Auflage 1964.
Erich MALETZKE: „Alte Kameraden“ schützen den Euthanasie-Professor. In: Flensburger Tageblatt 22.10.1994
Erich von MANSTEIN: Soldat im 20. Jahrhundert. Militärisch-politische Nachlese. 2. Auflage Koblenz 1983
Erich MASCHKE (Hrsg.): Zur Geschichte der deutschen Kriegsgefangenen des Zweiten Weltkrieges. Band XI/1: Helmut Wolff: Die deutschen Kriegsgefangenen in britischer Hand. Bethel 1973. Und: Band XV: Die deutschen Kriegsgefangenen des Zweiten Weltkrieges. Eine Zusammenfassung. München 1974. Schriftenreihe der Wissenschaft-

lichen Kommission für deutsche Kriegsgefangenengeschichte (Maschke-Kommission; grundlegend)
Angelika MENNE-HARITZ: Wirtschaftsverwaltung in der Nachkriegszeit. Der Einfluß der britischen Besatzungsbehörden auf den Wiederaufbau der Wirtschaftsverwaltung in Schleswig-Holstein. In: Zeitschrift der Gesellschaft für Schleswig-Holsteinische Geschichte, Band 112. Neumünster 1987, S. 245–265
Alfred MENSCHENMOSER: Die deutschen Militärinternierten in Schleswig-Holstein – 5. Mai 1945 bis 31. Januar 1946. Neue Schriftenreihe der Poststempelgilde „Rhein-Donau„ e.V Heft 103. Düsseldorf 1984
Emil MEYN: Die letzten Tage des Krieges in Neustadt (Holst.). In: Jahrbuch des Kreises Oldenburg/Holstein 1957. Oldenburg, S. 36–41
Karl MICHELSON: Das Ende des Zweiten Weltkrieges in Friedrichstadt. Aufzeichnungen eines namentlich nicht genannten Friedrichstädters. In: 33. Mitteilungsblatt der Gesellschaft für Friedrichstädter Stadtgeschichte. Herbst 1987
Reimer MÖLLER: Der Volkssturm im Kreis Steinburg. In: Erich Hoffmann und Peter Wulf (Hrsg.): „Wir bauen das Reich“. Aufstieg und erste Herrschaftsjahre des Nationalsozialismus in Schleswig-Holstein. Neumünster 1983
Bernard Law MONTGOMERY: Memoiren. München 1958
Helmuth MÜLLER: Simonsberg/Finkhaushalligkoog. Beiträge zur Geschichte. Simonsberg 1987
Kurt MÜLLER: Der Mantel und andere Geschichten. Velten 1995.
NORDDEUTSCHER VERLEGER- UND BUCHHÄNDLER-VERBAND: Als der Krieg zu Ende war . . . Ein Lesebuch vom Neubeginn in Hamburg und Schleswig-Holstein. Hamburg 1985.
Erwin OBERMEIER: Entlassung aus der Kriegsgefangenschaft in Eutin 1945. In: Jahrbuch für Heimatkunde Eutin. 19. Jg 1985, Eutin 1985, S. 171–174
Carsten OBST: Über Nacht doppelt so viele Einwohner. Flüchtlinge und Vertriebene in Neumünster 1945–50. In: Flensburger Tageblatt 31.8.1994
Maren OHLSEN-KUNZE: De Tieden ännert sick. „Plattdüütsches“, sammelt 1988–1991. 2. Band, Oldenburg o.J. (ca. 1992)
Manfred OVERESCH: Das Dritte Reich 1939–1945 (Droste Geschichts-Kalendarium Band 2/II). Düsseldorf 1983. Und: Das besetzte Deutschland 1945–1947 (Droste Geschichts-Kalendarium Band 3/I). Düsseldorf 1986. Und: Das besetzte Deutschland 1948–1949 (Droste Geschichts-Kalendarium Band 3/II). Düsseldorf 1986
Wolfgang PAUL: Der Endkampf um Deutschland 1945. Esslingen 1976
Sönke PETERSEN: Die Zone G [Nicht verwendeter Beitrag für die Abschlußarbeit an der Philosophischen Fakultät der Universität Kiel zum Thema: Die Wiedererstehung des politischen Lebens in Norderdithmarschen nach 1945]. Maschinenskript, 6 Seiten, 1994
Holger PIENING: Hinrichtung noch kurz vor der Kapitulation. In: Sylter Rundschau 4. 9. 1989. Und: Rote Röcke aus der Hakenkreuz-Flagge. Elsa Bless erlebte vor 50 Jahren das Kriegsende in Albersdorf und Immenstedt. In: Dithmarscher Landeszeitung 18. 2. 1995. Und: Mit Musik fing alles an. In: Dithmarscher Landeszeitung 22. 4. 1995. Und: Als die Waffen schwiegen, kamen die Soldaten… Ganz Dithmarschen und Eiderstedt bildeten 1945 ein Internierungsgebiet für die deutsche Nordarmee. In: Dithmarscher Landeszeitung 4. 5. 1995. Und: Sperrgebiet G – Das Internierungslager für deutsche Soldaten in Eiderstedt-Dithmarschen. Vortrag am 6. 5. 1995 in Bredstedt. Und: Die Wahrheit über den Rathaus-Mord 1945. Lange Zeit blieben die Meldorfer im Unklaren über das Geschehen. In: Dithmarscher Landeszeitung 6. 5. 1995

Ursula PLÜSCHEN: Kollerup zur Zeit der Kapitulation 1945. In: Jahrbuch des Heimatvereins der Landschaft Angeln. 45. Jg 1981, S. 182–188
Friedrich PRIEWE: Lebendiges Itzehoe. Beiträge zu 750 Jahren Stadtrecht. Rendsburg 1988
Jürgen PROLL: Die Krückauverteidigungslinie am Ende des II. Weltkrieges. In: Jahrbuch für den Kreis Pinneberg. 1988, S. 209–221
Ernst-Günther PRÜHS: Strenges Militärgericht Eutin 1945. In: Jahrbuch für Heimatkunde Eutin. 27. Jg 1993. Eutin 1993, S. 102f.
Will QUADFLIEG: Wir spielen immer: Erinnerungen. Frankfurt 1976
Marie-Elisabeth REHN: Heider gottsleider. Kleinstadtleben unter dem Hakenkreuz. Basel 1992
Justus ROHRBACH: Im Schatten des Hungers. Dokumentarisches zur Ernährungspolitik und Ernährungswirtschaft in den Jahren 1945 bis 1949. Hamburg und Berlin 1955
Otto RÖNNPAG: Die Reichsregierung in Plön und Eutin 1945. In: Jahrbuch für Heimatkunde Eutin. 11. Jg 1977. Eutin 1977, S. 83–94. Und: Ereignisreiche Apriltage 1945 in Plön: Großadmiral Dönitz im Hauptquartier „Forelle" am Suhrer See. In: Jahrbuch für Heimatkunde im Kreis Plön. 15. Jg 1985, S. 73–97. Und: Was tat das Reichskabinett 1945 in Eutin? In: Jahrbuch für Heimatkunde Eutin. 21. Jg 1987. Eutin 1987, S. 110–117
Jenspeter ROSENFELDT: Nicht einer... viele sollen leben, Landreform in Schleswig-Holstein 1945–50. Kiel 1991
Cornelius RYAN: Der letzte Kampf [Titel der amerikanischen Originalausgabe: The Last Battle]. München und Zürich 1966
Ulrich SAFT: Krieg in der Heimat. Das bittere Ende zwischen Weser und Elbe. Langenhagen, 3. Auflage 1990
Claus SCHARF/Hans-Jürgen SCHRÖDER (Hrsg.): Die Deutschlandpolitik Großbritanniens und die britische Zone 1945–1949. Wiesbaden 1979. Insbesondere der Beitrag von J. Thies: What is going on in Germany: Britische Militärverwaltung in Deutschland 1945/46, S. 29–50
Horst SCHINZEL: Kriegsende in Eutin. In: Jahrbuch für Heimatkunde Eutin. 6. Jg 1970. Eutin 1970, S. 179–181
SCHLESWIG-HOLSTEINISCHER LANDKREISTAG (Hrsg.): 125 Jahre Kreise in Schleswig-Holstein. Neumünster 1992
SCHLESWIG-HOLSTEINISCHER ZEITUNGSVERLAG (Hrsg.): 1945 – die Zeit der bitteren Wahrheit. Sonderbeilage der shz-Tageszeitungen vom 6. 5. 1995
Thorsten SCHMIDT: Das Nachkriegsschicksal der Insel Helgoland im Spiegel der Zeitschrift „Helgoland". In: Demokratische Geschichte. Jahrbuch zur Arbeiterbewegung und Demokratie in Schleswig-Holstein VI. Kiel 1991, S. 214
Bruno SCHÖNFELDT: Wie Eutin den Zusammenbruch 1945 erlebte. In: Jahrbuch für Heimatkunde Eutin. 6. Jg 1970. Eutin 1970, S. 134–143
Christian M. SÖRENSEN: Politische Entwicklung und Aufstieg der NSDAP in den Kreisen Husum und Eiderstedt 1918–1933. Neumünster 1995
Percy Ernst SCHRAMM (Hrsg.): Kriegstagebuch des Oberkommandos der Wehrmacht (OKW). Eine Dokumentation. 1944–1945, Teilband 1 (Studienausgabe Band 7) und Teilband 2 (Studienausgabe Band 8). Bonn o.J. (ca. 1990). Und: Die Niederlage 1945. [Mit dem im Auftrag des Großadmirals Karl Dönitz geführten Tagebuch]. München, 2. Auflage 1985
Jürgen SCHREIBER: Beförderungen und Ordensverleihungen nach der Kapitulation. Und: Karl LIPGENS: Ein Beitrag zur Frage der Befehlsgewalt deutscher Truppenführer

nach der Kapitulation vom 8. Mai 1945. In: Wehrkunde Nr. 5 (1956), S. 90–92 bzw. 356f.
Bernhard SCHRÖTER: Der Soldatentod des Generalfeldmarschalls Fedor von Bock bei Lensahn. In: Jahrbuch für Heimatkunde im Kreis Oldenburg/Holstein. 10. Jg 1966. Oldenburg 1967, S. 167–175
Kurt SCHULTE: Das Schulwesen in Büsum. Büsum 1981. Und: Ausbau und Zentralisierung des Schulwesens in Büsum nach 1945. Büsum 1984. Und: 40 Jahre Volkshochschule Büsum. In: Büsum-Jahrbuch 1985. Büsum 1985. Und: Büsum. Von der Insel zum Nordseeheilbad. Eine Chronik. Heide 1989. Und (Schulte u.a.): Hedwigenkoog. Geschichte eines 300jährigen Kooges. Heide 1994. Und: Wehrmachtoberschule im Internierungsraum Dithmarschen. In: Dithmarscher Landeszeitung 20.10.1994
Hermann SCHULZE-KOOPS: Die schwersten Jahre von Haffkrug und Sierksdorf: „Die Polenzeit" (1945–47). In: Jahrbuch für Heimatkunde Eutin. 26. Jg 1992. Eutin 1992, S. 128–135
Joachim SCHULTZ-NAUMANN: Die letzten dreißig Tage. Das Kriegstagebuch des OKW April bis Mai 1945. München 1980
Hans SEIFERT: Soldaten – Flüchtlinge – Einheimische im Wagrischen Winkel. Erinnerungen eines Bürgermeisters aus den Jahren 1945/46. In: Jahrbuch für Heimatkunde Oldenburg/Ostholstein. 15. Jg 1971. Oldenburg 1972, S. 232–240
Gerald SIMONS: Die deutsche Kapitulation. Amsterdam 1982 (Aus der WK-II-Reihe der Time-Life-Bücher)
Arthur SMITH: Churchills deutsche Armee. Die Anfänge des Kalten Krieges 1943–1947. Bergisch Gladbach. 2. Auflage 1978
Oswald SOBECK: Kapitulation, was für ein Wort, nur 6 Silben und Millionen Schicksale. In: Dor is wat in de Klock. Mitteilungen der Heimatkundlichen Arbeitsgemeinschaft Stadt und Kirchspiel Garding, Heft 5, 1992, S. 38
Helmut SPAETER: Die Geschichte des Panzerkorps Großdeutschland. Privatpublikation
Hans STÄRK: Marineunteroffizierschule Plön. Plön 1974
STATISTISCHES LANDESAMT Schleswig-Holstein (Hrsg.): Wohnplatzverzeichnis Schleswig-Holstein 1987. Kiel 1992. Und: Statistisches Jahrbuch Schleswig-Holstein 1992. Und: Historisches Gemeindeverzeichnis. Und: Das Flüchtlingsgeschehen in Schleswig-Holstein infolge des 2. Weltkriegs im Spiegel der amtlichen Statistik. Kiel 1974
Thomas STEENSEN: Nordfriesland im Zweiten Weltkrieg – Eine Skizze. Vortrag am 6.5.1995 in Bredstedt.
Marlis G. STEINERT: Die 23 Tage der Regierung Dönitz. Düsseldorf und Wien 1967. Neuauflage 1978
R. STEINHAUS: Soldat, Diplomat, U-Boot-Fahrer, Zimmermann, Journalist, Ministerberater: Erlebnisse und Reflexionen eines Offiziers der Kriegsgeneration. Herford 1983
Wilhelm STAK: Chronik der Gemeinde St. Michaelisdonn. St. Michaelisdonn 1984
Gustav STOLPER: Die deutsche Wirklichkeit. Aus dem Amerikanischen. Hamburg 1949
Gerd STOLZ: Die Gendarmerie im Kreis Plön von 1867 bis zum Ende des Zweiten Weltkrieges. In: Jahrbuch für Heimatkunde im Kreis Plön/Holstein. 7. Jg 1977. Plön 1977. Und: Geschichte der Polizei in Schleswig-Holstein. Heide 1978. Und: Die Garnison Plön 1764 bis heute. In: Jahrbuch für Heimatkunde im Kreis Plön/Holstein. 8. Jg 1978. Plön 1978
Gabriele STÜBER: Der Kampf gegen den Hunger 1945–1950. Die Ernährungslage in der britischen Zone Deutschlands, insbesondere in Schleswig-Holstein und Hamburg.

Neumünster 1984 (Studien zur Wirtschafts- und Sozialgeschichte Schleswig-Holsteins, Band 6)
Anton TÖDT: St. Peter-Ording, Nordseeheil- und Schwefelbad. In: Eiderstedter Heimatbund (Hrsg.): Blick über Eiderstedt. Beiträge zur Geschichte, Kultur und Natur einer Landschaft [Band 1]. Heide 1965
Johannes TOLLE: Korrekturen. In: Arbeitsgemeinschaft Orts-Chronik St. Peter-Ording (Hrsg.): Sankt Peter-Ording. Aus der Ortsgeschichte. Heft 16, S. 8–11, hier: S. 10
Lorenz TREPLIN: Dithmarscher Mehlbeutel und andere Geschichten. Heide 1990
Johannes TUCHEL: Reinhard Heydrich und die „Stiftung Nordhav". Die Aktivitäten der SS-Führung auf Fehmarn. In: Zeitschrift der Gesellschaft für Schleswig-Holsteinische Geschichte Band 117. Neumünster 1992, S. 199–225
Ian D. TURNER (Hrsg.): Reconstruction in Post-War Germany: British Occupation Policy and the Western Zones, 1945–1955. Oxford 1989
Gerd VAAGT: Die ersten Maitage 1945 in Flensburg und das Ende des Krieges. In: Schleswig-Holstein 5/1995, S. 2–8
Walter VOGEL: Westdeutschland 1945–1950. Teil I (Schriften des Bundesarchivs 2). Koblenz 1956, S. 12f.
Harald VOIGT: Die Festung Sylt. Geschichte und Entwicklung der Insel Sylt unter militärischem Einfluß 1894–1945. Bredstedt 1992
Sönnich VOLQUARDSEN: Trockenkooger Tagebuchblätter 1931–1971 von Johan Redlef Volquardsen. In: Nordfriesisches Jahrbuch, Band 26/27, 1990/91. Bredstedt 1991, S. 181–240
H. WAGNER: Das Jahr danach. 1945–46. Heusenstamm bei Offenbach 1978
Magdalena WEIHMANN, Hermann Matzen und Willi Sick: Heide – Vergangenheit und Gegenwart. Heide 1967, S. 28
Horst WEIMANN: Der „Deutsche Kral" am Siggener See. In: Jahrbuch für Heimatkunde im Kreis Oldenburg/Holstein. 11. Jg 1967. Oldenburg 1968, S. 208–224
Wolfgang WEIMAR: Geschichte des Gymnasiums in Schleswig-Holstein. Rendsburg ohne Jahr (ca. 1986)
Wolfgang WERTHEN: Geburt eines Gymnasiums in der Stunde Null. In: Festschrift des Nordsee-Gymnasiums St. Peter-Ording. 1985, S. 3f.
Gerhard WETTIG: Entmilitarisierung und Wiederbewaffnung in Deutschland 1943–55. München 1967
Erich WEYRAUCH: „Der deutsche Kral" – Kriegsgefangenschaft in Ostholstein. In: Jahrbuch für Heimatkunde Eutin. 22. Jg 1988. Eutin 1988
Peter WIEPERT: Der erste Engländer 1945. In: Jahrbuch für Heimatkunde im Kreis Oldenburg/Holstein. 5. Jg 1961. Oldenburg 1961, S. 230f.
Norbert WIGGERSHAUS: Von Potsdam zum Pleven-Plan. Deutschland in der internationalen Konfrontation 1945–1950. Und: Georg Meyer: Zur Situation der deutschen militärischen Führungsschicht im Vorfeld des westdeutschen Verteidigungsbeitrages 1945–1950/51 (grundlegend). In: Militärgeschichtliches Forschungsamt (Hrsg.): Anfänge westdeutscher Sicherheitspolitik 1945–1956. Band 1: Von der Kapitulation bis zum Pleven-Plan, S. 1–118 bzw. 577–736. München und Wien 1982
Maria WILKEN: Bewegte Tieden. In: Willy Diercks (Hrsg.): Kindheit und Jugend in Schleswig-Holstein – op Platt vertellt. Heide 1991
Kurt WINTER: Die Fischerei in Büsum. Heide, 2. Auflage 1984
Reimer WITT: Die geschichtliche Entwicklung. In: Johannes Habich u.a.: Heide. Geschichte und Gestalt einer Stadt. Heide 1980

Christian ZENTNER und Friedemann BEDÜRFTIG (Hrsg.): Das große Lexikon des Dritten Reiches. München 1985
o.V. Was war die Korpsgruppe von Stockhausen? In: Berliner Zeitung Nr. 106 vom 8.5.1946
o.V. 4. Mai 1945 – Bomben auf Büsum. In: Büsum-Jahrbuch 1985. Büsum 1985

Danksagung

Eine lebensnahe Schilderung des Alltags in der wirren Zeit 1945/46 war nur mit Hilfe von Zeitzeugen möglich. Aus Aktenstudium allein hätte nie ein so anschauliches Bild von den Sorgen und Nöten der Soldaten und der Zivilbevölkerung entstehen können. Neben dem im Text und im Anmerkungsteil genannten Informanten dankt der Verfasser besonders den Zeitzeugen Kurt Schulte (1921–1994) und Kurt Winter, Archivare des Amtsarchivs Büsum, Käte Petersen, Büsum, früher Wesselburen, Annemarie Landenberger, Hamburg, früher Büsum, Erika Stamer, Mölln, Dr. Robert Seiler, München, Hermann Hansen, Neumünster, Marianne Oppel, St. Peter-Ording, Chronist Karl Schümann, Wrohm, Claus Thiesen, Koldenbüttel, Schulmeister und Heimatforscher Lorenz Treplin, Meldorf, sowie Redakteur a.D. Theodor Lübbe, Otto und Maria Keldenich, alle Heide.

Hilfreiche Hinweise gaben vor allem Hans Joachim Kaiser, Elmshorn, Marie-Elisabeth Rehn, Konstanz, Claus Heitmann, Vorsitzender der Heimatkundlichen Arbeitsgemeinschaft im Heimatbund Landschaft Eiderstedt, St. Peter-Ording, Norbert Wenn vom Heimatmuseum Brunsbüttel, Thies Thiessen, Bürgermeister in Meldorf, Fiete Pingel, Lektor beim Nordfriesischen Institut in Bredstedt, Jürgen Dietrich, Husum, Dr. Rolf Kuschert, langjähriger Leiter der Stiftung Erwachsenenbildung des Kreises Nordfriesland in Husum, Gerhard Hoch, Alveslohe, Hauptmann Lutz vom Militärgeschichtlichen Forschungsamt in Potsdam, Archivarin Beese vom Kreisarchiv Plön, Wilhelm Lange, Leiter der Volkshochschule Neustadt, Stadtarchivar Erich Koglin aus Oldenburg, Amtsrat Wittig von der Kreisverwaltung Plön, Egon Jacob, Stadtarchivar von Eutin, Herrn Dacke vom Stadtarchiv Kiel, Dr. Telse Lubitz, Stadtarchivarin von Heide, Philatelie-Autor Werner Boddenberg, Berlin, Martina Estathiadis von der „Spiegel"-Dokumentation, A. S. Husainy vom Public Record Office, London, sowie John Delaney und Stephen Walton vom Imperial War Museum, London.

Für großartige Hilfe dankt der Verfasser weiter Marko Temme, Wedel, Joachim Schlossarek, Heide, und speziell Heiko Temme, Blankenese.

Anmerkungen

Einleitung

1 Das Untertauchen geschah bevorzugt als Landarbeiter. Vgl. Ellerbrock S. 289.
2 Statistisches Landesamt: Statistisches Jahrbuch.
3 Statistisches Landesamt: Historisches Gemeindeverzeichnis S. 10. Und: Statistisches Landesamt: Flüchtlingsgeschehen.
4 1946 (Bausenhart/Schwarze).
5 Am 23.7.1945 wurden 95.494 Displaced Persons in Schleswig-Holstein in Lagern verpflegt (Statistisches Landesamt: Flüchtlingsgeschehen S. 19). Noch im Oktober 1946 gab es außerhalb der Flüchtlingslager der Kreise rund 950.000 übrige deutsche Lagerinsassen und DPs.
6 Am 29.10.1946 wurden in Schleswig-Holstein 17.030 entwaffnete Angehörige der ehemaligen Wehrmacht als Kriegsgefangene oder im Arbeitseinsatz für die Besatzungsmacht gezählt, die in Lagern untergebracht waren (Statistisches Landesamt: Flüchtlingsgeschehen S. 25f.).
7 Am 29.10.1946 waren 1,24 Millionen der 2,59 Millionen Menschen in Schleswig-Holstein Einheimische (Statistisches Landesamt: Flüchtlingsgeschehen S. 26).
8 Am 1.12.1945 950 900 Flüchtlinge und Evakuierte in Schleswig-Holstein (Statistisches Landesamt: Flüchtlingsgeschehen S. 21).
9 Gesellschaft für Flensburger Stadtgeschichte: Flensburg, S. 152–154. Und: Gesellschaft für Flensburger Stadtgeschichte: Landkreis Flensburg, Teil 1, S. 119–123, und Teil 2, S. 44. – Im Juli 1945 ermittelte man gar eine Zahl von 5, 4 Millionen Einwohnern für Schleswig-Holstein (Stüber S. 67 und PRO WO 171/7968).
10 August 1946 234 Einwohner pro Quadratkilometer in der britischen Besatzungszone gegenüber 181 in der amerikanischen. Durchschnittsraum je Einwohner 6,5 Quadratmeter gegenüber 7,6 in der amerikanischen Zone (Berndt S. 379–394). Jürgensen 1989, S. 34, zum selben Thema: „Eine neue Berechnungsgrundlage, derzufolge jedem Einwohner 3,7 Quadratmeter Wohnfläche zustanden, sollte längerfristig allein in Schleswig-Holstein Raum schaffen für weitere 414.000 Menschen!“ Für 332.000 Ostdeutsche wurde nämlich noch mit der Ausweisung durch Polen gerechnet.
11 Stüber S. 44.
12 Die Einwohnerzahl in der britischen Zone stieg vom Mai 1939 bis zum Oktober 1946 um über zwei Millionen Menschen (Rohrbach S. 295).
13 Die „Nissenhütten“ waren für den militärischen Gebrauch konzipiert. Ihren Namen haben sie nach ihrem Erfinder, dem kanadischen Ingenieur Peter Norman Nissen. Durch Einziehen von Wänden und Wärmeisolierung wurden die Notunterkünfte zum Beispiel in Husum längerfristig bewohnbar. Einige Nissenhütten werden noch heute am Birkenweg in Husum-Dreimühlen bewohnt (vgl. Dietrich).
14 Stand 19. Mai 1945 (PRO FO 371/46914).
15 Obst.
16 Stand 13.10.1945. Die Zahl der Flüchtlinge in Heide entwickelte sich folgendermaßen: 3.2.1945 1.975, 3.3.1945 3.469, 3.4.1945 6.236, 6.5.1945 8.251, 4.6.1945 9.181 (StA Hei Nr. 438).
17 Vgl. R. Schulze: Durch die britische Brille gesehen: Beispiele zum Ertrag der britischen Quellen für die (nordwest-)deutsche Landes- und Regionalgeschichte. In: Birke: Britische Besatzung, S. 103–119.
18 Birke: Akten.
19 Mitteilung des Leiters der Landeszentrale für Politische Bildung, Dr. Karl-Heinz Harbeck, vom 15.11.1994. Die „Eiderstedter Nachrichten“, die am 9. und 11. Mai 1945 noch erschienen waren, schrieben erst in ihrer Ausgabe vom 16. Mai, daß sie nun „endlich wieder die Wahrheit“ berichten dürften.
20 In den Ostholsteinischen Jahrbüchern hat man sich bemerkenswert früh, nämlich seit den späten 1950er Jahren, mit der jüngsten Vergangenheit und den Nachwehen der NS-Zeit befaßt.

1 „Der Krieg ist verloren“

21 Ausführlich in: Friedrichs und auch Holger Piening: Schicksalsstunden der Helgoländer. In: Zwischen Eider und Wiedau 1996. Husum 1995.

22 Rönnpag 1977, 1985 und 1987.
23 Stolz: Garnison S. 127.
24 Kaiser S. 49 und Priewe, S. 177 f.
25 Dietrich: Für „Kometen“ fehlte der Treibstoff.
26 Tolle S. 10.
27 Kaiser S. 60.
28 Kaiser S. 54f.
29 Montgomery befehligte die britisch-kanadischen Verbände der 21. Heeresgruppe von der Landung der Alliierten 1944 in der Normandie bis zum Vormarsch nach Nordwestdeutschland.
30 Möller S. 439.
31 Dürkop S. 47.
32 Jürgensen 1989, S. 20.
33 Kaiser 65.
34 Landrat a.D. Ernst Sieh: Die letzten Tage der Reichsregierung in Eutin April 1945. Maschinenskript, 15 Seiten (LAS Abt. 320 Eutin Nr. 97). Auch als Serie in den Lübecker Nachrichten erschienen. Und: Rönnpag 1977. 1987 schreibt Rönnpag: ab 23. April.

2 Dönitz übernimmt die Regierung (Mai 1945)

35 Simons 140–143. Jochen von Lang schreibt über die geplante Machtergreifung Bormanns: „Wenn die Partei sich [in der neuen Reichsregierung] wieder eine führende Rolle sichern wollte, dann mußte der Parteiminister so schnell wie möglich in Plön antreten, und er mußte außerdem verhindern, daß zuvor schon Entscheidungen fielen. Dönitz durfte wenn möglich erst durch den aus Berlin kommenden Bormann seine Erhebung zum Staatsoberhaupt erfahren… “
Krebs gab Tschuikow zu bedenken, wie vorteilhaft es für ihn sein könnte, wenn er mit einer antikapitalistischen deutschen Regierung als erster die Beziehungen aufnähme. Damit diese Regierung sich in den Sattel setzen könne, müsse Bormann nach Plön zum neu ernannten Reichspräsidenten reisen. Er könne damit verhindern, daß die reaktionären Kräfte Deutschlands sich mit den Westmächten verbündeten“ (Lang S. 392f.).
36 Michelson S. 146.
37 Der mächtige Reichsadler über der Reichskanzlei, nur von wenigen Schüssen getroffen, ist heute im Imperial War Museum in London ausgestellt.
38 Schramm: Kriegstagebuch (Band 8), S. 1272.
39 Paul S. 456.
40 Schramm: Kriegstagebuch (Band 8), S. 1471 und 1670. Ausführlicher in: Schultz-Naumann S. 148. Siehe auch Hoop S. 609–611.
41 Ellerbrook S. 289.
42 Walter Voigt (gestorben 1979): Im Internierungsraum Büsum. In: Schulte: Büsum S. 151.
43 Lange: Katastrophe.
44 Kaiser 68.
45 Michelson S. 148. Siehe auch Heitmann.
46 Siehe auch Plüschen.
47 Lange: Katastrophe. Und: Lange: Cap Arcona. Und: Herfurth. Und: Meyn S. 36–38. Und: Kaiser S. 130–132. – In einem Anbau des Ostholstein-Museums in Neustadt (Kremper Tor) befindet sich das Cap-Arcona-Museum.
48 Daß die SS den teuflischen Plan hegte, die KZ-Flotte zu versenken, gilt heute als gesichert. Laut Befehl Himmlers durften keine KZ-Häftlinge lebend in Feindeshand geraten (Lange: Cap Arcona S. 104).
49 Meyn S. 38.
50 Kaiser S. 60.
51 Kaiser S. 71 und 75. Jürgensen 1989 S. 21 nennt den 4. Mai als Haltetag.
52 LHA De Guingand II/4/2.
53 Schramm (Band 8) S. 1276.
54 Stüber 36f.
55 Bästlein. Vgl. auch Krosigk, Dittrich S. 105 und Lange: Katastrophe.
56 Kaiser S. 95.
57 Schramm (Band 8) S. 1276.

58 Michelson S. 148.
59 Michelson S. 148.
60 Zur Geschichte des Hauses siehe Manuskript Bohnsack (Dithmarscher Landesmuseum, Meldorf).
61 Kaiser S. 73.
62 o.V.: 4. Mai 1945. Und: Landenberger S. 4.
63 Sie flogen in Neuner-Formation. Mitteilung von Zeitzeugin Anita Gehre (geboren 1928), Sarzbüttel.
64 „Die britischen Truppen befanden sich zur damaligen Zeit in einem psychologischen Spannungsverhältnis besonderer Art, das sich nur aus den Zeitumständen heraus interpretieren läßt. So wurde der Unterschied zwischen militärischen und zivilen Zielen im Zweifelsfall als nicht so bedeutend angesehen" (Lange: Cap Arcona S. 102).
65 Schramm (Band 8) S. 1473.
66 „Wir konnten nicht voraussagen, wie sich die deutschen Besatzungstruppen in Dänemark verhalten würden. Es war möglich, daß sie sich entschließen würden, jenes Gebiet hartnäckig zu verteidigen, und für diesen Fall planten wir, einen Blitzfeldzug gegen sie zu führen" (Eisenhower S. 476).
67 Smith S. 66.
68 Kaiser S. 40-43.
69 Reimer Hansen: Ende S. 161. – Die Absatzbewegung wurde stark unterstützt durch Seetransporte der Kriegsmarine. Vom 23. Januar 1945 bis 9. Mai 1945 wurden zwei Millionen Flüchtlinge, Soldaten und Verwundete allein über See von der deutschen Kriegsmarine nach Schleswig-Holstein und Dänemark evakuiert (Schramm [Band 7] S. 966). In den 48 Stunden zwischen den Kapitulationen von Reims und Berlin wurden 95.000 Deutsche aus Swinemünde, von der Halbinsel Hela und aus Kurland gerettet (Paul S. 489 und 504). Noch nach der Kapitulation kamen etwa 122.000 Deutsche auf dem Seeweg nach Schleswig-Holstein (Kaiser S. 134). Die Ausschiffungen wurden erst am 18. Mai abgeschlossen (Kaiser S. 137).
70 An die deutsche U-Bootwaffe funkte Dönitz: „Von der verbleibenden Basis aus ist eine Fortsetzung des Kampfes nicht mehr möglich. U-Boots-Männer! Ungebrochen und makellos legt Ihr nach einem Heldenkampf ohnegleichen die Waffen nieder." Von 40.000 U-Boot-Männern waren 26.000 gefallen und 7.000 in Gefangenschaft geraten – die höchste Verlustrate aller Waffengattungen.
71 Kaiser S. 101. Der Cuxhavener Kommandant wurde dafür 1946 zu sieben Jahren Haft verurteilt.
72 Voigt S. 230.
73 Stüber S. 62f.
74 Krosigk.
75 Krosigk.
76 Kaiser S. 119f.
77 PRO WO 208/4224.
78 Paul S. 466 und 468.
79 Jürgensen 1989 S. 23.
80 Schramm (Band 8) S. 1479.
81 Kaiser S. 27f.
82 Kaiser S. 32.
83 Kaiser S. 33f.
84 Kaiser S. 186.
85 Kaiser S. 187.
86 Kaiser S. 189f.
87 Heider Anzeiger 8.5.1945.
88 In Asien dauerten die Kämpfe bis zum späten Sommer an.
89 Dönitz hielt die im Land stationierte 340.000-Mann-Armee unter General Böhme bis zum letzten Kriegstag intakt, um ein Faustpfand für Verhandlungen zu haben.
90 Kaiser S. 115.
91 Kaiser S. 121. Für die Bewachung von Waffenlagern, Kraftstoffdepots, Verpflegungs- und Munitionslagern sowie Militärpolizei und Wachaufgaben behielten 20.000 deutsche Soldaten in Schleswig-Holstein ihre Handfeuerwaffen (Kaiser S. 122 und 150, Smith S. 111).
92 Kaiser S. 121.
93 Kaiser S. 133 und 182.
94 Heider Anzeiger 9.5.1945 und Schramm (Band 8) S. 1484.
95 Kaiser S. 136.
96 Am 12. Mai gingen in Kiel 8.000 Menschen von Bord, und über 100.000 weitere sollten noch immer auf den Kriegs- und Transportschiffen sein, schätzte der britische Admiral (Kaiser S. 136). Die Ordnungskräfte waren überfordert. Einmal waren nur neun britische Marinesoldaten für die Aus-

schiffung von 27.000 deutschen Soldaten verantwortlich (Kaiser S. 137). In Heiligenhafen wurden am Tag 20.000 Mann ausgeschifft.
97 Förster/Labowski S. 387f.
98 Schramm: Niederlage S. 446.
99 Krosigk.
100 Kaiser S. 118.
101 PRO FO 371/46914.
102 Churchill: Triumph S. 417.
103 Krosigk.
104 Smith S. 90f.
105 PRO FO 371/46914.
106 Smith S. 92.
107 Overesch 1939-1945 S. 615.
108 Schmidt S. 214.
109 Kaiser S. 124f. Den letzten Wehrmachtsbericht sprach am 9. Mai 1945 Klaus Kahlenberg, der noch in Flensburg lebt.
110 Schramm (Band 8) S. 1497.
111 Menschenmoser S. 11.
112 Krosigk.
113 PRO WO 171/4345.
114 PRO FO 371/46914 vom 31.5.1945.
115 Auf den Tag genau vier Jahre später, am 23. Mai 1949, beginnt die deutsche Staatlichkeit wieder-mit der Gründung der Bundesrepublik Deutschland.

3 Das besetzte Schleswig-Holstein (Juni 1945 – April 1946)

116 Die Briten bauten mit Personal aus der 21. Armeegruppe und einigen Zivilpersonen in ihrer Zone eine Verwaltung auf. In den ersten Monaten umfaßte sie 2.000 Offiziere und 3.000 Soldaten. Bis Oktober 1946 stieg die Zahl der Bediensteten in der englischen Zivilverwaltung auf 25.000 (Birke: Akten). Die britische Kontrollkommission (Control Commission for Germany, British Element, CCG (BE)) residierte in Berlin-Wilmersdorf (Stüber S. 80 und Menne-Haritz S. 248).
117 Kaiser S. 224.
118 PRO WO 171/3986.
119 Im Juni 1945 9.000 Mann (Kaiser S. 213).
120 Kaiser S. 216.
121 Im Sommer 1945 zum Brigadier befördert.
122 Allerdings trafen die ersten norwegischen Einheiten erst im Februar 1947 ein. Einzelheiten siehe Levsen.
123 Birke: Akten.
124 Carstens: Flüchtlingsgeschehen S. 22.
125 Vogel S. 12.
126 PRO WO 171/3889.
127 Eiderstedter Nachrichten 23.5.1945.
128 Stüber S. 81f.
129 Stüber S. 83.
130 PRO WO 220/220. Siehe dazu auch U. Reusch: Der Verwaltungsaufbau der britischen Kontrollbehörden in London und der Militärregierung in der britischen Besatzungszone. In: Birke: Britische Besatzung, S. 35–57.
131 Lübbe 22.4.1987.
132 Stüber S. 37. Die Lebensmittelkarten wurden im Deutschen Reich am 28.8.1939 eingeführt (Stüber 24).
133 Stüber S. 95.
134 Stüber S. 67.
135 Stüber S. 98.
136 Rede Fritz Müllers vom 12.9.1945 zur Ernährungslage. Siehe auch Stüber S. 648.
137 Stüber S. 99.
138 BA-MA RW 54/v. 23. – Während des Krieges konnten in Schleswig-Holstein noch rund 2000 Kalorien pro Person verteilt werden. In der 75. Zuteilungsperiode (30.4.–27.5.) gab es für Normalver-

braucher 2200 Gramm Weizenbrot, 6700 Gramm Schwarzbrot, 1250 Gramm Fleisch, 300 Gramm Butter, 200 Gramm Margarine, 3500 Gramm Milch, 1500 Gramm Zucker, 6000 Gramm Frischgemüse und 5000 Gramm Kartoffeln (entsprechend etwa 1600 Tageskalorien). Zum Vergleich die 76. Periode (28.5.–24.6.): 2000 Gramm Weizenbrot, 6800 Gramm Schwarzbrot; Fleisch, Butter, Margarine, Milch, Frischgemüse und Kartoffeln unverändert, 1000 Gramm Zucker (entsprechend 1470 Tageskalorien). Im Sommer 1945 sank die Tagesration unter 1200 Kalorien (Rosenfeldt S. 40).

139 Nach einem Aktenvermerk des Regional Food Office hatten die Zuteilungen an die deutschen Kriegsgefangenen im Mai und Juni einen Wert von etwa 2000 Kalorien gehabt. Aus einem Schreiben der Wehrkreisverwaltung X vom 28.5.1945 geht jedoch hervor, daß der Nährwert der Zuteilungen nur rund 1700 Kalorien betragen habe. Damit war die Versorgung der Wehrmacht aber immer noch etwas höher als die der deutschen Zivilbevölkerung (Stüber S. 99f.).

140 Durchschnitt in Schleswig-Holstein waren 82 Prozent. In Eiderstedt wurde der Kartoffelanbau trotz ungünstiger Bodenverhältnisse von 33 Hektar 1938 auf 160 Hektar (1946) gesteigert (Stüber S. 121), in Norderdithmarschen von 882 auf 2.306 Hektar, in Süderdithmarschen von 1.609 auf 2.583 Hektar, im Kreis Eutin von 1330 auf 2.281, im Kreis Oldenburg von 1417 auf 2.650 Hektar und im Kreis Plön von 2.065 auf 4.098 Hektar (Stüber S. 818).

141 Rosenfeldt S. 55.

142 In Eiderstedt hatte es vor 1945 1.300 Kleingärten gegeben, am 1.1.1947 bereits 2.573, in Norderdithmarschen 1.520 (1947: 9.705), in Süderdithmarschen 3.478 (1947: 10.787), im Kreis Eutin 3269 (1947: 5.500), im Kreis Oldenburg 3466 (1947: 5.787) und im Kreis Plön 2.243 (1947: 9.800). Die Anzahl der Kleingärten stieg bis 1948 weiter steil an. Erst im Jahre 1949 wurde die Entwicklung wieder rückläufig, parallel zur sich bessernden allgemeinen Versorgungslage (Stüber S. 268).

143 Jürgensen 1969 S. 18 (Faksimile).

144 Stüber S. 85.

145 Stüber S. 85.

146 Prühs S. 103.

147 Prühs S. 102.

148 Prühs S. 102.

149 Die Briten bestätigen am 15. Mai gegenüber General Blumentritt die Rechtmäßigkeit der deutschen Wehrgerichtsbarkeit (Kaiser S. 121).

150 Menschenmoser S. 20.

151 Schulte: Büsum S. 160.

152 Kieler Kurier 28.7.1945.

153 Schulte: Büsum S. 150.

154 Kaiser S. 126.

155 Stolz: Gendarmerie.

156 Overesch 1945–1947 S. 95.

157 Overesch 1945–1947 S. 51.

158 Fürstenau: Entnazifizierung S. 43 und Wiggershaus: Potsdam S. 13.

159 PRO FO 1038/13.

160 Christen S. 190.

161 Maletzke.

162 Kieler Kurier 15.12.1945.

163 Kaiser S. 256f.

164 Christen S. 192.

165 Christen S. 191.

166 Jürgensen: Südschleswig-Politik S. 189.

167 Stüber S. 71.

168 Kieler Kurier 15.9.1945.

169 Prühs S. 103.

170 Weimann S. 210.

171 Overesch 1945–1947 S. 85.

172 Menne-Haritz S. 250.

173 Schulte: Büsum S. 160.

174 Lübecker Nachrichten (Blatt der Militärregierung) 13.11.1945.

175 Jürgensen 1989 S. 35.

176 Jürgensen 1989 S. 33.

177 Prühs S. 103.

178 Overesch 1945–1947 S. 109.

179 Meyer S. 601.
180 Kaiser S. 174.
181 Menne-Haritz S. 256.
182 Menne-Haritz S. 261.
183 Jürgensen 1989 S. 31.
184 Birke: Akten.
185 Kaiser S. 260.
186 Jürgensen S. 17.
187 Kaiser S. 267.
188 Jürgensen 1969 S. 12 und Tafel 2.

3.1 Die Sperrstunde

189 LAS Abt. 320 Norderdithmarschen Nr. 2414.
190 BA-MA RH 53-10/38.
191 Jürgensen 1989 S. 16.
192 Lübbe 22.4.1987.
193 LAS Abt. 320 Norderdithmarschen Nr. 2413.
194 Prühs S. 103.
195 Jensen S. 42.
196 Jensen S. 42.

4 Die Einrichtung von Internierungsgebieten

197 Brockhaus, Band 23, Mannheim 1994, S. 682. Davon vier Millionen Soldaten im Feldheer (Paul S. 510).
198 Maschke, Band XV, S. 239.
199 Maschke, Band XV, S. 237 und 239.
200 BA-MA RW 54/v. 32.
201 Kaiser S. 141.
202 Im Juni 1945 wurde ein offizielles Fraternisierungsverbot erlassen.
203 Montgomerys Stabschef Guingand führt aus: „In these areas full documentation of all the enemy soldiers took place" (Guingand S. 458).
204 Menschenmoser S. 11.
205 Nach Guingand S. 458f. und Maschke Band XI/1.
206 Insgesamt befanden sich zum Zeitpunkt der Kapitulation 287.000 Wehrmachtangehörige in Dänemark (Jürgensen 1991).
207 Die 9. US-Armee gehörte zur 12. US-Heeresgruppe von General Bradley.
208 Dadurch, daß im Juni und Juli 1945 die 340.000 deutschen Soldaten aus Norwegen eintrafen (Smith S. 77) betrug die Gesamtzahl der deutschen Wehrmachtsoldaten in der britischen Zone noch im Sommer 1,85 Millionen (Smith S. 111).
209 Am 10. Mai erfolgte die Besatzung ganz Schleswig-Holsteins durch britische Truppen.
210 Mitte Mai waren erst 778.000 Wehrmachtangehörige im Gebiet des 8. Korps eingetroffen: 574.250 im Gebiet F, 121.750 außerhalb des Gefangenenareals („still to be concentrated"), 70.000 Verwundete in Lazaretten und 12.000 internierte SS-Angehörige (Kaiser S. 157).
211 Im Februar 1944 wurden in den Kreisen Eiderstedt, Norderdithmarschen und Süderdithmarschen 125.000 zivile Empfänger von Lebensmittelkarten registriert. In den Kreisen Plön, Oldenburg und Eutin, die allerdings nicht vollständig dem Internierungsraum „F" zuzurechnen waren, lag die Zahl bei 182.000 (Statistisches Landesamt: Flüchtlingsgeschehen S. 19). Beide Zahlen lagen nur wenig über dem Vorkriegsstand: Die Volkszählung vom 17.5.1939 ergab 14.470 Einwohner in Eiderstedt (die nächste Volkszählung am 29.10.1946: 29.647), 43.627 in Norderdithmarschen (84.113), 53.676 in Süderdithmarschen (102.058), 50.826 im Kreis Eutin (112.360), 49.924 im Kreis Oldenburg (102.597) und 67.145 im Kreis Plön (123.894). Bis 25. Juni 1945 schnellte die Zahl der versorgten Zivilisten auf 204.000 bzw. 334.000 empor. Besonders kräftig war die Zunahme im Kreis Eutin, sicherlich wegen der dortigen Ostseebäder mit ihren vielen Betten. Eutin wies von allen schleswig-holsteinischen Kreisen die höchste Zunahme auf. – Am 1. Dezember 1945 wurden in Dithmarschen und Eiderstedt 95.000 Vertriebene, Zugewanderte und Evakuierte gezählt (in Eiderstedt 11.500, in

Norderdithmarschen 41.400, in Süderdithmarschen 42.500; Statistisches Landesamt: Flüchtlingsgeschehen S. 22). Für das Sperrgebiet F erklärte das Internationale Komitee des Roten Kreuzes am 26. Juli 1945 in einem Bericht, daß hier zusätzlich zu den Soldaten „mindestens 90.000 Flüchtlinge" untergebracht wären (Maschke, Band XV). Dies stimmt mit den am 1.12.1945 ermittelten Zahlen (Kreis Eutin 54.000, in Oldenburg 40.100 und in Plön 52.800) überein, da das Sperrgebiet F ja nicht das gesamte Territorium der drei Kreise umfaßte.

212 Die Amerikaner sprachen von ihren Kapitulationsgefangenen als Disarmed Enemy Forces/DEF.
213 Maschke, Band XV, S. 239.
214 Menschenmoser S. 24.
215 Borgert.
216 Kaiser S. 28.
217 Jensen S. 38.
218 Kaiser S. 143.
219 KA Plön F 11.1.1 und Kaiser S. 123.
220 Weyrauch S. 194f.
221 Jürgensen 1989 S. 46.
222 Meyer S. 602.

4.1 Wehrmachtführung in Hamburg

223 Stüber S. 21.
224 Vorbemerkung von Archivamtmann Loos zum Findbuch RH 53-10 im BA-MA; BA-MA RW 54/v.10; PRO: FO 1006/334.
225 Geboren 1888, gest. (BA-MA RH 53-10/59).
226 BA-MA RW 54/v. 27.
227 PRO FO 371/46775.
228 Meyer S. 600.
229 Vorbemerkung von Archivamtmann Loos zum Findbuch RH 53-10 im BA-MA; Meyer S. 600f.
230 Geboren 1896, gest. (BA-MA RW 54/v. 72 und RW 54/v. 43.).
231 PRO FO 371/46775.
232 Geboren 1895, gest. (BA-MA RH 53-10/56).
233 Vorbemerkung von Archivamtmann Loos zum Findbuch RH 53-10 im BA-MA.
234 BA-MA RW 54/v. 31.
235 BA-MA RW 54/v. 10.
236 Meyer S. 601.
237 Meyer S. 600.
238 Meyer S. 600.
239 Meyer S. 653.
240 Meyer S. 599f.
241 PRO FO 371/46775.
242 Meyer S. 635–637; s.a. Wettig S. 104 und PRO FO 1006/314.

5 Operation „Barleycorn"

243 Menschenmoser S. 124.
244 Menschenmoser S. 21.
245 Schreiben der 11. britischen Panzerdivision an den Armeestab Müller vom 31.5.1945. Abgebildet in: Menschenmoser S. 124.
246 Knoop S. 174.
247 Maschke, Band XV, S. 239.
248 Stüber S. 88, Menschenmoser S. 124.
249 PRO FO 1039/591. Montgomery spricht am 22.6.45 sogar von täglich 13.000 entlassenen Soldaten (Overesch 1945–47 S. 39.).
250 KA Plön 11.1.1.
251 Kaiser S. 169. Die zur Entlassung vorgesehenen Soldaten bekamen in britischen Militärbehörden in Brickeln, Tellingstedt, Heide und Weddingstedt ihren Entlassungsschein (Jensen S. 50f.).
252 Mitteilung von Zeitzeuge Heinz Gehre (geboren 1921), Sarzbüttel.

253 Statistisches Landesamt: Flüchtlingsgeschehen S. 16.
254 Statistisches Landesamt: Flüchtlingsgeschehen S. 16.
255 LAS Abt. 320 Norderdithmarschen Nr. 2517. Vgl. dazu Martin Gietzelt: Flüchtlinge und Vertriebene in Norderdithmarschen 1945–1950, Teil 1. In: Dithmarschen 1/1993, März 1993, S. 18.
256 Im Sperrgebiet G war schon Mitte Juni 1945 die Entlassung der Landwirte und der landwirtschaftlichen Arbeiter abgeschlossen (Menschenmoser S. 21).
257 PRO WO 171/3985.
258 Jensen S. 48.
259 Jensen S. 48, Jaenecke S. 152.
260 LAS Abt. 320 Norderdithmarschen Nr. 2419.
261 August 1945. Vgl. Kaiser S. 173.
262 Menschenmoser S. 21.
263 Kieler Kurier 28.7.1945.
264 Menschenmoser S. 21.
265 BA-MA RH 53-10/56.
266 Menschenmoser S. 21.
267 LAS Abt. 320 Norderdithmarschen Nr. 2419.
268 Meyer S. 600.
269 Menschenmoser S. 21.
270 Smith S. 192.
271 Smith S. 139.
272 Menschenmoser S. 21.
273 Die hohen Dienstgrade hatten im Vergleich zu den gemeinen „Frontschweinen" wohl auch eine etwas niedrigere Todesrate im Krieg. Bei der Kapitulation soll es eine halbe Million Deutsche im Offiziersrang gegeben haben (Meyer S. 579).
274 Jensen S. 50f.
275 Mitteilung von Zeitzeuge Hans Bachmann, Heide.
276 Jürgensen 1989 S. 37.
277 Kaiser S. 248f. Und: Flensburger Tageblatt 4. 3. 1995.
278 Zentner/Bedürftig S. 271 f. Und: Flensburger Tageblatt 4. 3. 1995.
279 Stüber S. 99.
280 Stüber S. 67.
281 BA-MA RW 54/v. 39.
282 Smith S. 132.
283 Overesch 1945–47 S. 207.
284 Mitte August 1946 hatten die Alliierten 3,19 Millionen Deutsche entlassen, davon die Briten 2,65 Millionen, die Amerikaner 170.000, die Russen 40.000 und die Franzosen nur 20.000. So die schriftliche Quelle, Zahlen im Haupttext hochgerechnet auf 3,19 Millionen als 100 Prozent.

6 Die Korpsgruppe Witthöft (Dithmarschen/Eiderstedt)

285 Jeder zehnte Eiderstedter Mann war gefallen (Johannsen S. 17 und Carstens: Flüchtlingsgeschehen S. 20).
286 Chronik (Kirchenkreisbüro in Meldorf). Übernommen von Treplin S. 30.
287 Mitteilung von Zeitzeugin Anita Gehre (geboren 1928), Sarzbüttel.
288 Nach übereinstimmenden Mitteilungen von Zeitzeugen.
289 Schulte: Büsum S. 150.
290 Mitteilung von Zeitzeuge Uwe Thiessen, früher Büsum, jetzt Büsumer Deichhausen, vom 16.10.1994.
291 Schulte: Büsum S. 150.
292 Walter Koltze: 1940–1956 in Koldenbüttel. Vortrag am 24.1.1993 in Koldenbüttel.
293 Kaiser S. 109.
294 Mitteilung von Archivar Carsten Schrum, Dithmarscher Landesmuseum in Meldorf.
295 PRO FO 1006 Nr. 334.
296 Übereinstimmend Menschenmoser S. 19 und Hvidfeldt S. 280.
297 Jürgensen 1991.
298 Kaiser S. 142.
299 Eiderstedter Nachrichten 23.5.1945.

300 Jensen S. 42.
301 Schramm (Band 8) S. 1492. Und: Overesch 1939–45 S. 615.
302 Menschenmoser S. 19 und Eiderstedter Nachrichten 23.5.1945.
303 Menschenmoser S. 19.
304 Möller S. 439 und StAI X 15.
305 Kaiser S. 147.
306 Kaiser S. 147. Beigefügt hatten die Briten die militärische Gliederung, die „Order of Battle“ (zu deutsch Schlachtordnung!).
307 LAS Abt. 320 Eiderstedt Nr. 156 (Internierung 1945–1946). Gar von 750 000 tatsächlich Internierten spricht fälschlich Stock S. 71.
308 Bis zum 28. September 1945 hatten die Alliierten über fünf Millionen ehemalige Kriegsgefangene (PWX) und DPs in ihre Heimat zurückbefördert (repatriert; Harding).
309 Schramm (Band 8) S. 1495. Und: Schultz-Naumann S. 123.
310 Karl Hansen S. 236.
311 Volquardsen S. 195.
312 Müller S. 95f.
313 Lohmeyer 3/1987. Und: Holger Piening: Streifzug durch die neuere Geschichte Koldenbüttels. Vortrag am 18.3.1992 in Koldenbüttel. Der Friedrichstädter Ortsgeschichtler Hermann Hansen schreibt: „Nach dem 5. Mai 1945 wurde er mit vielen anderen Nazis auf dem Staatshof [muß heißen: Stadtshof] von Sattler gefangengesetzt, wo er aus Fuchsschüsseln essen mußte; es war dort auf dem Hof eine Silberfuchs-Farm gewesen, die in Blechnäpfen ihr Fressen hingestellt bekamen“ (Hermann Hansen S. 190).
314 Walter Koltze: 1940–1956 in Koldenbüttel. Vortrag am 24.1.1993 in Koldenbüttel.
315 Mitteilung von Zeitzeugin Gerda Renfranz (geboren 1913), Lunden, früher Stadtshof.
316 Lohmeyer 3/1987.
317 Laut PRO WO 171/3985 am 3. Mai leer aufgefunden. Zunächst (ab 7. Mai) wiesen die Briten hier deutsche Wehrmachtsangehörige ein, die im letzten Aufgebot den Elbübergang der Engländer hatten verhindern wollen. Dann folgten Displaced Persons, die im Konzentrationslager Neuengamme interniert wurden, bevor sie die Rückreise in ihre Heimat antreten konnten. Bis zum 7. Juni waren 12 000 SS-Angehörige als Gefangene hierher verbracht worden. Ab Sommer 1945 wurde das Lager schließlich mit höheren Dienstgraden der NSDAP (Ortsgruppenleiter usw. und der SS (vom Oberscharführer aufwärts) belegt. Ende 1945 saßen noch 16 000 Gefangene in diesem „Number 6 Civil Internment Camp“. Nach ihrer Freisprechung vor den Spruchkammern folgte die Entlassung. Die letzten Internierten, es waren nur noch einige 100, wurden am 13. August 1948 nach Fallingborstel in ein zentrales Lager verlegt (von der umfangreichen Literatur zum KZ Neuengamme sei genannt: Bergmann/Roder, hier S. 33f. und 38).
318 Schramm (Band 8) S. 1498.
319 LAS Abt. 320 Norderdithmarschen Nr. 2414.
320 Mitteilung von Zeitzeuge Hans Jensen Petersen (geboren 1930), früher Wesselburen, jetzt Krefeld
321 LAS Abt. 320 Norderdithmarschen Nr. 2413.
322 Zu einer Internierung der Waffen-SS auf Nordstrand ist es nicht gekommen, Mitteilung von Zeitzeuge Boy-Friedrich Erichsen, Vorsitzender des Nordstrander Freesenvereens, und seiner Mutter, Erich Michelsen und Georg Kullik, alle Nordstrand. Der damalige Fähnrich Heinz Peperkorn, geboren 1925, jetzt Bielefeld, erinnert sich: „Neue Latrinenparolen machten die Runde. Die Marinefähnriche sollten mit SS-Verbänden auf Nordstrand interniert, von dort per Schiff nach Belgien oder England transportiert und in den Kohlezechen verwertet werden. Ich habe auf Nordstrand keine SS gesehen und auch keinen Verladehafen für Kohlekumpel“ (Husumer Nachrichten 29.4.1995).
323 Grenzbeschreibung unter anderem nach Schreiben der Reichspostdirektion Kiel an die Ämter vom 21.6.1945.
324 Hannemann S. 93.
325 Bestätigt von Zeitzeugin Anita Gehre (geboren 1928), Sarzbüttel.
326 Jensen S. 40.
327 Rehn S. 176.
328 Kracht S. 42.
329 Mitteilung von Eisenbahner a.D. Hermann Jensen (1896–1986), Koldenbüttel.
330 Kracht S. 42f.
331 Müller S. 96.
332 LAS Abt. 320 Norderdithmarschen Nr. 2413.
333 LAS Abt. 320 Norderdithmarschen Nr. 2413.

334 Jürgensen 1989 S. 26.
335 Erst am 11. September kehrte das Hauptquartier seiner 7. Panzerdivision nach Itzehoe zurück (Jürgensen 1989 S. 27).
336 LAS Abt. 320 Norderdithmarschen Nr. 2413 vom 28.6.1945.
337 Witt S. 34.
338 Schulte: Büsum S. 150.
339 Schulte: Büsum S. 212. Hier wird eine zu niedrig gegriffene Zahl von „etwa 200.000" deutschen Soldaten in Dithmarschen angegeben.
340 Mitteilung von Zeitzeuge Werner Stangenberg (geboren 1920), Gudendorf. Auch in: Dürkop.
341 Schulte: Büsum S. 212 und Schulte: 40 Jahre S. 203 und 208.
342 Schulte: Büsum S. 150.
343 Walter Voigt (gestorben 1979): Im Internierungsraum Büsum. In: Schulte: Büsum S. 151.
344 Walter Voigt (gestorben 1979): Im Internierungsraum Büsum. In: Schulte: Büsum S. 151.
345 Landenberger S. 6f.
346 Schulte: Wehrmachtoberschule.
347 Schulte: Büsum S. 150.
348 Menschenmoser beziffert die Zahl der Ungarn im Sperrgebiet G (also mit Eiderstedt) auf 15.800 (Menschenmoser S. 19).
349 LAS Abt. 320 Norderdithmarschen Nr. 2419.
350 Menschenmoser S. 62.
351 Menschenmoser S. 51.
352 PRO WO 171/3985.
353 Menschenmoser S. 80.
354 Osbeck S. 40 und Mitteilung von Dr. Rolf Kuschert, Husum.
355 Die 9.000 Angehörigen der Wlassow-Armee und Kosaken-Verbände wurden zwischen dem 23. Juli und 10. August 1945 den sowjetischen Militärbehörden unterstellt (Kaiser S. 201). Vgl. auch Lübbe 22.4.1987.
356 5. Kompanie unter Leutnant Duffing bei Bürgermeister Otto Andresen, 6. Kompanie unter Oberleutnant Otte bei Floris Ketels, 7. Kompanie unter Oberleutnant Doncke bei P.J. Thoms (LAS Abt. 320 Eiderstedt Nr. 1895 [Klagen über Internierung und vieles mehr 1945–1946]).
357 Jensen S. 46.
358 Von den Baracken steht heute nur noch die modernisierte und ausgebaute Wirtschaftsbaracke, jetzt „Böhler Krug" und ein Teil der festen Baracke Zum Südstrand, in der Kohlenvorräte und Kraftfahrzeuge untergebracht waren (Tolle S. 10).
359 LAS Abt. 320 Eiderstedt Nr. 1882 (Beschlagnahmungen 1943–1945).
360 Mitteilung von Claus Heitmann, St. Peter-Ording.
361 Die Marinekriegsschule Husum befand sich an der Flensburger Chaussee. LAS Abt. 320 Eiderstedt Nr. 1895 (Klagen über Internierung und vieles mehr 1945–1946).
362 Menschenmoser S. 80.
363 Saft.
364 Propst Anton Tödt (1886–1967) S. 55.
365 Menschenmoser S. 19.
366 Mitteilung von Zeitzeuge Heinz Gehre (geboren 1921), Sarzbüttel.
367 Osbeck S. 39.
368 LAS Abt. 320 Eiderstedt Nr. 1882 (Beschlagnahmungen 1943–1945).
369 Kaiser S. 150 und BA-MARW 54/v. 22. Menschenmoser S. 19 schreibt fälschlich „851. bis 859. Division".
370 Schreiben Seiler an den Verfasser vom 9.11.1994.
371 Menschenmoser S. 11.
372 Kaiser S. 218.
373 Kaiser S. 160.
374 Mitteilung von Hauptlehrer a.D. Wolfram Worms, Koldenbüttel.
375 Schreiben des Landrats an Amtsvorsteher und Bürgermeister zu verschiedenen Richtlinien vom 11.6.1945 (LAS Abt. 320 Norderdithmarschen Nr. 2430).
376 LAS Abt. 320 Norderdithmarschen Nr. 2418.
377 Petersen.
378 Winter S. 58.
379 Winter S. 59.
380 Jensen S. 46.

381 BA-MA RW 54/v. 43.
382 Mitteilung von Zeitzeugin Anita Gehre (geboren 1928), Sarzbüttel.
383 Stüber S. 796.
384 Kaiser S. 161.
385 Carstens: Flüchtlingsgeschehen S. 25.
386 Mitteilung von Zeitzeuge Heinz Gehre (geboren 1921), Sarzbüttel.
387 Heinrich Wollatz: Der Flüchtlingsstrom im 2. Weltkrieg nach Hedwigenkoog [1980 aufgezeichnete Erinnerungen]. In: Schulte: Hedwigenkoog S. 146.
388 Stüber S. 127.
389 Schreiben Seiler an den Verfasser vom 9.11.1994 und Mitteilung von Zeitzeuge Heinz Gehre (geboren 1921), Sarzbüttel.
390 Mitteilung von Zeitzeuge Uwe Thiessen, früher Büsum, jetzt Büsumer Deichhausen.
391 Schreiben Seiler an den Verfasser vom 9.11.1994.
392 Mitteilung von Zeitzeuge Heinz Gehre (geboren 1921), Sarzbüttel.
393 Schreiben von Zeitzeugin Marianne Oppel, St. Peter-Ording, vom 23.1.1995 an den Verfasser.
394 Walter Voigt (gestorben 1979): Im Internierungsraum Büsum. In: Schulte: Büsum S. 151.
395 Mitteilung von Zeitzeuge Uwe Thiessen, früher Büsum, jetzt Büsumer Deichhausen.
396 Mitteilung von Zeitzeuge Uwe Thiessen, früher Büsum, jetzt Büsumer Deichhausen.
397 Mitteilung von Zeitzeuge Heinz Gehre (geboren 1921), Sarzbüttel.
398 BA-MA RW 54/v. 23.
399 Verfasser des Briefes war Robert Seiler, jetzt Nürnberg.
400 Schreiben Seiler an den Verfasser vom 16.10.1994.
401 Carstens: Betreuung S. 225f.
402 Nach Guingand S. 458f. und Maschke, Band XI/1.
403 Bericht des Internationalen Komitees des Roten Kreuzes, laut Menschenmoser S. 19.
404 Vorausschätzung des 8. britischen Corps vom 18.7.1945, BA-MA.
405 Dies bestätigten u.a. der Ehrenvorsitzende des Heimatbundes Landschaft Eiderstedt, Hans-Alwin Ketels (geboren 1913) aus Garding, der langjährige Husumer Stadtarchivar Brar Riewerts sen. (geboren 1914) und Marie Thomsen, St. Peter-Ording. Literatur: Bahns und Sobeck.
406 Brief vom 10.8.1945 (BA-MA RW 54/v. 39).
407 Menschenmoser S. 22 und Jensen S. 50.
408 Kracht S. 44.
409 Menschenmoser S. 22.
410 Kaiser S. 173.
411 Jensen S. 48.
412 BA-MA RW 54/v. 31.
413 BA-MA RW 54/v. 31.
414 LAS Abt. 320 Norderdithmarschen Nr. 2419.
415 Schreiben vom 17.10.1945 (LAS Abt. 320 Norderdithmarschen Nr. 2419).
416 BA-MA RW 54/v. 27 vom 2.11.1945.
417 BA-MA RW 54/v. 27.
418 LAS Abt. 320 Norderdithmarschen Nr. 2419.
419 LAS Abt. 320 Norderdithmarschen Nr. 2419.
420 BA-MA RW 54/v. 19.
421 Manfred Nonnenbroich: Vom Lazarett zum Krankenhaus. In: Schulte: Büsum S. 220f.
422 BA-MA RH 53-10/99.
423 BA-MA RW 54/v. 72.
424 BA-MA RW 54/v. 43.
425 BA-MA RW 54/v. 72.
426 Schreiben vom 1.12.1945 (BA-MA RW 54/v. 43).
427 LAS Abt. 320 Eiderstedt Nr. 1882 (Beschlagnahmungen 1943–1945). Wenn die Wehrmacht ein Gebäude brauchte, mußte der Quartiermeister dies dem Landrat anzeigen. Nur dieser und die Bürgermeister durften Beschlagnahmungen aussprechen (Kaiser S. 163).
428 BA-MA RW 54/v. 43.
429 BA-MA RH 53-10/99 und BA-MA RW 54/v. 43.
430 LAS Abt. 320 Eiderstedt Nr. 156 (Internierung 1945–1946).
431 Menschenmoser S. 5.

6.1 Unvorstellbare Wohnungsnot

432 Noch am 29.10.1946 kamen 107 Flüchtlinge auf 100 Einheimische in Eiderstedt (Volkszählungsergebnis).
433 LAS Abt. 320 Eiderstedt Nr. 1883 (Beschlagnahmungen 1943–1948).
434 Vogel S. 12f.
435 Carstens: Flüchtlingsgeschehen S. 226f.
436 Piening: Sperrgebiet G.
437 Mitteilung von Zeitzeugin Marianne Oppel, St. Peter-Ording.
438 Jensen S. 44.
439 Jensen S. 43.
440 Mitteilung von Zeitzeugin Marie Thomsen, früher Westerhever, jetzt St. Peter-Ording.
441 LAS Abt. 320 Eiderstedt Nr. 1882 (Beschlagnahmungen 1943–1945).
442 Am 12. Mai 100, ab 16. Mai 130 Soldaten auf dem Hof (Volquardsen S. 195).
443 Schulte: Hedwigenkoog S. 139.
444 Gertrud Thiessen, später Lembrecht (1911–1993). Vgl. ihren Aufsatz: Der Altenhof vor Büsum. In: Dithmarschen 1/1987, März 1987, S. 10–13.
445 Zeitzeugin Frauke Johannsen (geboren 1932), früher Karolinenkoog, jetzt Heide.
446 LAS Abt. 320 Norderdithmarschen Nr. 2419.
447 Mitteilung von Zeitzeugin Hermi Friedel (geboren 1928), früher Wesselburen, jetzt Heide.
448 Hermann Matzen in: Weihmann S. 28.
449 Mitteilung der Zeitzeugen Otto und Maria Keldenich, Heide.
450 Nach dem dort internierten früheren Oberleutnant Friedrich Johannsen (geboren 1915), heute Tating, lagen 1.200 Mann in Tensbüttel. Andere Zahlen ermittelte Ortschronist Dieter Kienitz nach Angaben älterer Einwohner. In seiner Chronik heißt es: „In Tensbüttel waren neben den ‚normalen' Wehrmachtsoldaten auch Generäle des Reichsarbeitsdienstes interniert. Sie wurden von den Briten ebenso in Speziallager gebracht wie eine fünfzigköpfige Spezialeinheit der Kampfschwimmer. In den Ställen und Scheunen verblieben Tausende von österreichischen und deutschen Soldaten, die auf ihre Entlassung warteten – etwa 5.500 in Tensbüttel und 4.000 in Röst" (Kienitz S. 44). Die beiden Orte hatten damals zusammen nur 500 einheimische Bewohner!
451 Mitteilung von Zeitzeugin Anita Gehre (geboren 1928), Sarzbüttel.
452 Erinnerung von Annegrete Schwenck bzw. Kurt Karstens. In: Hollander.
453 Mitteilung von Zeitzeuge Klaus Schnepel, Meldorf.
454 Mitteilung von Bürgermeister Thies Thiessen, Meldorf.
455 Kleine-Weischede S. 80.
456 Jensen S. 43.
457 Jensen S. 44.
458 Mitteilung von Zeitzeugin Marianne Oppel, St. Peter-Ording.
459 Mitteilung der Zeitzeugen Heinz und Anita Gehre (geboren 1921 bzw. 1928), Sarzbüttel, und weiterer Zeitzeugen.
460 Heinrich Wollatz: Der Flüchtlingsstrom im 2. Weltkrieg nach Hedwigenkoog [1980 aufgezeichnete Erinnerungen]. In: Schulte: Hedwigenkoog S. 146.
461 Schulte: Büsum S. 148. Und: Jutta Block in: o.V.: 4. Mai 1945. Und: Landenberger S. 6.
462 Mitteilung von Zeitzeuge Uwe Thiessen, früher Büsum, jetzt Büsumer Deichhausen.

6.2 Torfstechen und Stubbenroden

463 Gretel Steen: Die große Not nach der Kapitulation (1945–48). In: Schulte: Büsum S. 189.
464 Mitteilung der Zeitzeugen Heinz und Anita Gehre (geboren 1921 bzw. 1928), Sarzbüttel.
465 BA-MA RW 54/v. 22.
466 BA-MA RW 54/v. 20.
467 Gretel Steen: Die große Not nach der Kapitulation (1945–48). In: Schulte: Büsum S. 189.
468 Schulte: Büsum S. 189.
469 Schulte: Büsum S. 150.
470 LAS Abt. 320 Norderdithmarschen Nr. 2413.

6.3 Langeweile macht erfinderisch

471 Walter Voigt (gestorben 1979): Im Internierungsraum Büsum. In: Schulte: Büsum S. 151.
472 Schulte: Büsum S. 203 und 208.
473 Schulte: 40 Jahre.
474 Schreiben Seiler an den Verfasser vom 16.10.1994.
475 Chronik des Büsumer Kirchenchores für die Zeit vom 22.1.1945–31.12.1950; Schreiben Seiler an den Verfasser vom 16.10.1994. Vgl. dazu Schulte: Büsum S. 37 und 151.
476 Mitteilung von Zeitzeuge Hans Jensen Petersen (geboren 1930), früher Wesselburen, jetzt Krefeld.
477 Menschenmoser S. 20.
478 Jensen S. 46.
479 Jensen S. 46.
480 Chronik (Kirchenkreisbüro in Meldorf).
481 Kaiser S. 166f.

6.4 Die Wehrmachtoberschule

482 Schulte: Büsum S. 50.
483 LAS Abt. 320 Norderdithmarschen Nr. 2419 .
484 Kriegstagebuch der Briten in Norderdithmarschen, Eintrag vom 28.8.1945. Zitiert nach Rehn S. 182.
485 Rehn S. 182, Kurt Dummann: Chronik und Werdegang der Schulen im Kirchspiel Lunden 1578–1990. Lunden 1991.
486 Schulte: Hedwigenkoog S. 156. Andere Orte zusammengestellt aus: Schulte: Schulwesen S. 49f. und Schulte: Ausbau.
487 Weimar S. 119.
488 Schulte: Büsum S. 160.
489 Damals 500 „Studenten“ (BA-MA RW 54/v. 32).
490 Damals 556 Schüler. Fürsorge-Befehl des Wehrmachtkommandanten in Garding vom 29.10.1945 (BA-MA RW 54/v. 73).
491 Mitteilung von Zeitzeuge Kurt Schulte (1921–1994), Büsum.
492 Weimar S. 110f.
493 Mitteilung von Zeitzeuge Detlef Warringsholz (geboren 1925), jetzt Hamburg.
494 Weimar S. 118f.

6.5 Das Luftwaffenlazarett Hedwigenkoog

495 Schulte: Hedwigenkoog S. 139.
496 Gerhard Czaja: Vom Flakartillerieschießplatz zum Luftwaffenlazarett Hedwigenkoog und Kreiskrankenhaus Norderdithmarschen. In: Schulte: Hedwigenkoog S. 144.
497 Gerhard Czaja: Vom Flakartillerieschießplatz zum Luftwaffenlazarett Hedwigenkoog und Kreiskrankenhaus Norderdithmarschen. In: Schulte: Hedwigenkoog S. 140.
498 Rehn S. 180.
499 Gerhard Czaja: Vom Flakartillerieschießplatz zum Luftwaffenlazarett Hedwigenkoog und Kreiskrankenhaus Norderdithmarschen. In: Schulte: Hedwigenkoog S. 144.
500 Menschenmoser S. 42.

6.6 Der Post- und Fernmeldeverkehr

501 Menschenmoser S. 43.
502 Petersen.
503 Petersen.
504 Schreiben der Reichspostdirektion Kiel an die Ämter vom 21.6.1945.
505 LAS Abt. 320 Norderdithmarschen Nr. 2726.
506 Rehn S. 182.
507 Menschenmoser S. 84.

508 Menschenmoser S. 9 und 73.
509 Anordnung des 8. britischen Corps vom 11.6.1945.
510 Anordnung des 8. britischen Corps vom 11.6.1945.
511 Menschenmoser S. 55.
512 Menschenmoser S. 29–32.
513 Menschenmoser S. 33.
514 Britische Bekanntmachung zur Eröffnung des Postverkehrs für Schleswig-Holstein, Hamburg und das westliche Mecklenburg zum 14.6.1945.
515 Schulte: Büsum S. 148.
516 BA-MA RW 54/v. 22.

6.7 Chronik des Sperrgebietes G

517 Rehn S. 181f.
518 Chronik (Kirchenkreisbüro in Meldorf) nennt den 15. Mai 1945. Dieser Angabe folgt auch Treplin S. 32, der die Kirchenchronik benutzte (laut Gespräch mit dem Verfasser am 2. und 3.11.1994). Ausführlich in: Piening: Die Wahrheit.
519 Wortlaut nach Aussage von Jansens beiden Begleitern.
520 Inzwischen verstorben.
521 Von einer „Verhaftungswelle" spricht Lübbe 22.4.1987.
522 Meldorfer Hausfreund 10.5.1955.
523 Die Chronik der Kirchengemeinde Meldorf.
524 Kaiser S. 253.
525 Schreiben vom 16.2.1946 an seine Parteigenossen in Kiel, zitiert nach Rehn S. 181.
526 Amtszeiten der Landräte nach: Schleswig-Holsteinischer Landkreistag S. 240ff.
527 Menschenmoser S. 18.
528 Lübbe 29.4.1987.
529 Schulte: Büsum S. 150.
530 Bericht gegenüber dem Verfasser.
531 Volquardsen S. 196.
532 Schulte: Büsum S. 159.
533 Schulte: Büsum S. 160.
534 Rehn S. 182.
535 BA-MA RH 53-10/59 S. 5f. vom 30.8.1945.
536 Mitteilung des Geschäftsführers der Arno-Schmidt-Stiftung, Bernd Rauschenbach, am 12.1.1995 an den Verfasser.
537 PRO FO 1060/3014.
538 Rehn S. 182.
539 Jürgensen 1989 S. 32.
540 BA-MA RW 54/v. 27.
541 Schulte: Büsum S. 160.
542 BA-MA RH 53-10/59.
543 Gerhard Czaja: Vom Flakartillerieschießplatz zum Luftwaffenlazarett Hedwigenkoog und Kreiskrankenhaus Norderdithmarschen. In: Schulte: Hedwigenkoog S. 140.
544 LAS Abt. 320 Norderdithmarschen Nr. 2419.
545 Schulte: Büsum S. 160.
546 Schreiben von Oberkreisdirektor Carl H. Hannemann vom 20.3.1946 (LAS Abt. 320 Norderdithmarschen Nr. 2418).
547 Jürgensen 1989 S. 34.

7 Die Korpsgruppe von Stockhausen (Ostholstein)

548 Manstein S. 213.
549 Ausführlich in: Schröter.
550 Manstein S. 215.
551 Schulze-Koops S. 130.
552 Wiepert. Zur Stiftung „Nordhav" siehe Tuchel.

553 Kaiser S. 135.
554 Kaiser S. 138.
555 Schramm (Band 8) S. 1495 und Schultz-Naumann S. 123
556 Vgl. Kieler Kurier 8.8.1945 und 15.9.1945. Die Reichspostdirektion Kiel gab die Grenze am 21. Juni folgendermaßen an: Von der Küste nördlich Bad Haffkrug (Neustädter Bucht) in nordwestlicher Richtung bis westlich Stawidder, westlich Süsel, östlich Zarnekau, Nordufer des Eutiner Sees, südlich Fissau, Westufer Kellersee, östlich Malente, hart westlich Sieversorf, westlich Neukirchen, über Rantzau nach Norden an den Gleiskörper der aufgegebenen Kleinbahn, an diesem nach Westen bis Ellhornsberg, von dort nach Norden durch Wittenberge-Passau, westlich Selenter See, Stoltenberg, Nordufer Passader-See, südlich und westlich um Probsteierhagen, südwestlich Lutterbek, entlang der Hagen Au zur Küste bei Neustein und an ihr zurück nach Haffberg. Neustadt war vom Sperrgebiet durch einen Kreis ausgeschlossen, der mit der Stadt als Mittelpunkt die See, Menkendorf und Altenkrempe berührt. Am 5. Juli teilte die Reichspostdirektion den Ämtern mit, daß die Abgrenzung ziwschen der Neustädter Bucht und Malente geändert worden ist: von der Neustädter Bucht östlich Neustadt zwischen Lotsenhaus und Leuchtfeuer Pelzerhaken, weiter in nördlicher Richtung westlich Merkendorf vorbei, um die Hospital Mühle nördlich herum, in westlicher Richtung zur Ziegelei Jarkau (südwestlich Sierhagen), um diese nördlich herum in südlicher Richtung weiter zur Landstraße Süseler Baum-Neustadt, an dieser an der Nordseite der Straße (Straße selbst außerhalb des Sperrgebietes) in südwestlicher Richtung weiter zum Süseler Baum, weiter in nordwestlicher Richtung an der Nordseite der Landstraße Süseler Baum-Eutin bis etwa 200 Meter östlich der Kreuzung der Landstraße mit der Eutin-Lübecker Eisenbahn, weiter in nördlicher Richtung westlich am Gehölz vorbei bis zur Bahn Eutin-Neustadt, weiter in westlicher Richtung hart nördlich der Bahn bis zur Höhe 49 (etwa ein Kilometer östlich Eutin), weiter in nördlicher Richtung durch Großen-Eutiner-See bis östlich Fissau, nördlich um Fissau herum in nordwestlicher Richtung weiter durch den Keller See bis zur Landstraße Malente-Sieversdorf hart nördlich Malente. Neustadt bildete also keine Insel im Sperrgebiet mehr, sondern war durch einen Landstreifen, in dem die Hauptlandstraße verläuft, mit dem nicht gesperrten Gebiet verbunden. – Eine sehr genaue Karte des Gebietes F enthält die Akte BA-MA RW 54/v. 73.
557 Weimann S. 208 und S. 221.
558 Obermeier.
559 BA-MA RH 53-10.
560 Jeß.
561 Das Gut und Forsthaus Weißenhaus ist in der zweiten Hälfte des 16. Jahrhunderts von Henning Pogwisch zu Farve nach der Niederlegung des Dorfes Wanderoh gegründet und nach dem Aussehen des Herrenhauses benannt worden (Laur S. 684).
562 Menschenmoser S. 21.
563 Der Spiegel 41/1978, S. 49ff.
564 Manstein S. 215–218.
565 Leutnant a.D. Friedrich Legler nennt fünf Korpsabschnitte (das ist wohl ohne Fehmarn) in seinem Erlebnisbericht (KA Plön F 11.1.1).
566 Menschenmoser S. 21 und Kaiser S. 120 und 163.
567 KA Plön F 11.1.1.
568 KA Plön F 11.1.1.
569 KA Plön F 11.1.1. Siehe dazu auch Steinhaus S. 70.
570 Bröcker.
571 Ansat S. 220.
572 Ansat S. 223.
573 Niko Rickert: Schnaps, dat weer sien letztes Wort. In: Ohlsen-Kunze S. 141–144, hier S. 142.
574 Niko Rickert: Schnaps, dat weer sien letztes Wort. In: Ohlsen-Kunze S. 141–144, hier S. 143.
575 Zum Kriegsende auf Fehmarn vgl. den anschaulichen Beitrag von Wilken.
576 Weimann S. 209.
577 KA Plön F 11.1.1.
578 Weimann S. 208.
579 Prühs S. 103.
580 LAS Abt. 320 Eiderstedt Nr. 1883 (Beschlagnahmungen 1943–1948).
581 Schreiben Stockhausen-Stab vom 20.5.1945 (LAS Abt. 320 Eiderstedt Nr. 156 [Internierung 1945–1946]).
582 Krüger S. 192.
583 Jeß S. 249.

584 KA Plön F 11.1.1.
585 KA Plön F 11.1.1.
586 Zitiert nach Menschenmoser S. 22.
587 Werner Boeck: De Kraal oder dat Kriegsgefangenenloger. In: Ohlsen-Kunze S. 26–31.
588 o.V. Was war.
589 Zitiert nach Menschenmoser S. 20.
590 Menschenmoser S. 20.
591 KA Plön 11.1.1.
592 Wagner. Und: Quadflieg S. 136f.
593 KA Plön 11.1.1.
594 Weimann S. 223.
595 Mitteilung von Witthöfts Tochter Erika Stamer.
596 BA-MA RW 54/v. 33.
597 Zitiert nach Smith S. 121 und 191.
598 PRO FO 1038/140.
599 PRO FO 371/46775.
600 Menschenmoser S. 23.
601 Vgl. dazu Wiggershaus: Potsdam S. 13.
602 Jürgensen 1989 S. 37.
603 Jürgensen 1989 S. 38.
604 Jürgensen 1989 S. 37.
605 Das 8. britische Corps hatte im Dezember die Sammlung aller freigewordenen Geräte vom Gebiet F in Putlos befohlen (BA-MA RW 54/v. 35).
606 BA-MA RW 54/v. 75.
607 Ansat S. 218.
608 BA-MA RW 54/v. 75.
609 BA-MA RW 54/v. 39.
610 BA-MA RW 54/v. 39.
611 Schätzung des 8. britischen Corps vom 18.7.1945 (BA-MA RH 53–10/38).
612 Britische Angabe gegenüber dem Alliierten Kontrollrat.
613 PRO FO 1038/140.
614 Jürgensen 1989 S. 37f.
615 Jürgensen 1989 S. 37f.
616 BA-MA RW 54/v. 75 u.a. Akten.
617 Im Januar waren noch 30 Offiziere, ein Beamter, 178 Unteroffiziere und Mannschaftsdienstgrade sowie neun Stabshelferinnen im Stab des Hauptquartiers F gewesen (BA-MA RW 54/v.75). Es wurden also bis Februar Offiziere zuversetzt, niedrigere Dienstgrade entlassen und Beamte eingestellt.
618 Mitteilung von Witthöfts Tochter Erika Stamer vom 14.10.1994.
619 Erika Stamer.
620 Seifert S. 232.
621 BA-MA RW 54/v. 75.
622 Menschenmoser S. 24.
623 Davon künden viele Akten im LAS, zum Beispiel in der Abteilung 320 Eiderstedt die Nummern 1879 (Kriegsbeitrag der Gemeinden 1941–1948), 1883 (Beschlagnahmungen 1943–1948), 1888 (ehemalige Wehrmacht 1945–1950), 1895 (Klagen über Internierung und vieles mehr 1945–1946), 1897 (Unterbringungskosten 1945–1946) und 1898–1900 (Besatzungskosten 1945–1952).
624 o.V Was war.

7.1 Der Hunger

625 Weimann S. 209.
626 Ansat S. 220.
627 Weimann S. 211.
628 Seifert S. 233.
629 Seifert S. 240.
630 Weimann S. 212.
631 BA-MA RW 54/v. 39.
632 BA-MA RW 54/v. 39.

633 BA-MA RW 54/v. 39.
634 Jeß S. 247.
635 Weimann S. 218–221.
636 BA-MA RW 54/v. 39.
637 BA-MA RW 54/v. 39.
638 BA-MA RW 54/v. 39.
639 BA-MA RW 54/v. 39.
640 BA-MA RW 54/v. 39.
641 Mitteilung von Zeitzeuge Wolfram Worms, Koldenbüttel. Siehe auch Jürgensen 1989 S. 35.

7.2 Die Kälte

642 BA-MA RW 54/v. 39.
643 BA-MA RH 53-10/38.
644 BA-MA RW 54/v. 32.
645 BA-MA RW 54/v. 32.
646 Kaiser S. 164f.
647 Im Sperrgebiet G wurden keinerlei Baracken zur Wintervorbereitung gebaut, da sich dessen Auflösung schon abzeichnete (BA-MA RW 54/v. 39).
648 Jürgensen 1989 S.35.
649 Weimann S. 218.

7.3 Probleme mit Fremdarbeitern (Displaced Persons)

650 Harding. Von 200 000 spricht Lieutenant-General Barker am 28. Juli 1945 im Kieler Kurier. Damals konnte die Lage aber noch nicht genau übersehen werden.
651 Stüber S. 68. Und: Harding. Und: PRO WO 171/7992.
652 Lange: Katastrophe S. 65.
653 Meyn S. 40; vgl. dazu auch Prühs S. 102.
654 Kaiser S. 196. Siehe auch Stolz: Geschichte der Polizei S. 275 und LAS Abt. 320 Norderdithmarschen Nr. 2517.
655 Jastrow S. 176f. Vgl. dazu Kaul.
656 Rehn S. 182. Vgl. dazu Dittrich S. 82 und Lübbe 22.4.1987.
657 Petersen.
658 Petersen.
659 BA-MA RW 54/v. 32 vom 6.9.1945.
660 Overesch 1945–47 S. 67.
661 Harding.
662 Harding.
663 BA-MA RW 54/v. 39.
664 Kaiser S. 203.
665 Rosenfeldt S. 37.
666 Harding.

7.4 Die Postversorgung

667 Mitteilung von Philatelie-Autor Werner Boddenberg, Berlin, der selbst Wehrmachtssendungen und Feldpost aus der Korpsgruppe von Stockhausen besitzt.
668 BA-MA RW 54/v. 75.
669 Menschenmoser S. 41.
670 Menschenmoser S. 53.
671 Menschenmoser S. 78. Gegen diese Praxis stand die britische Bekanntmachung vom 30. Oktober 1945 zur Aufnahme des Interzonenpostverkehrs, wo es noch hieß: „Innerhalb der britischen Zone sind von und an Wehrmachtsangehörige nur Postkarten zugelassen. Briefe, eingeschriebene Sendungen und Päckchen dürfen nicht verschickt werden. Mit den anderen Zonen findet kein Postverkehr statt." Beide Verfügungen wurden offenbar leger gehandhabt.

7.5 Chronik des Sperrgebietes F

672 BA-MA RW 54/v. 26.
673 PRO FO 371/46933.
674 BA-MA RW 54/v. 33.
675 BA-MA RW 54/v. 33. Zu Fett siehe auch RW 54/v. 73 und RW 54/v. 75.
676 Meyer S. 589.
677 Stüber S. 70 und S. 458.
678 Stüber S. 458f.
679 Hoffmann S. 273.
680 Stüber S. 463.
681 BA-MA RH 53–10/59.
682 Ansat S. 218.
683 BA-MA RW 54/v. 33.
684 BA-MA RW 54/v. 33.
685 BA-MA RW 54/v. 32 vom 3.12.1945.
686 BA-MA RW 54/v. 27.
687 Amtsarchiv Burg/Fehmarn: A 39 1-7 vom 31.5.1945.
688 BA-MA RW 54/v. 27.
689 KA Plön F 11.1.1.
690 Menschenmoser S. 23.
691 BA-MA RW 54/v. 75.
692 Meyer S. 609.
693 BA-MA RW 54/v. 75.
694 BA-MA RW 54/v. 75.
695 Menschenmoser S. 14.
696 Jürgensen 1989 S. 38.
697 Ansat S. 223. Zu diesem Zeitpunkt war noch kein General aus anglo-amerikanischer Gefangenschaft entlassen worden (Handakte Oberst Völckers BA-MA 152/77).

8 Die Armeegruppe Müller (übriges Schleswig-Holstein)

698 Schramm (Band 8) S. 1492.
699 Paul S. 506.
700 Kaiser S. 159.
701 Menschenmoser S. 14.
702 Stärke geschätzt nach den zugeteilten Versorgungsgütern (BA-MA RW 54/v. 39).
703 Menschenmoser S. 12.
704 Kaiser S. 145 und 147f.
705 Meyer S. 600.
706 BA-MA RW 54/v.33.
707 BA-MA RW 54/v.19.

8.1 Deutsche Dienstgruppen (1945–1946)

708 Jürgensen 1989 S. 38.
709 BA-MA RW 54/v. 19.
710 Times 26.2.1946.
711 Jürgensen 1989 S. 38.
712 PRO FO 1038/140.
713 Stand November 1945. Vgl. Kaiser S. 152.
714 Menschenmoser S. 15.
715 Overesch 1945–47 S. 113.
716 Mitteilung von Amtsrat Wittig von der Kreisverwaltung Plön.
717 Overesch 1948–49 S. 429.
718 Overesch 1948–49 S. 473.
719 Jürgensen 1989 S. 38.

720 Kaiser S. 153.
721 Werner Boeck: De Kraal oder dat Kriegsgefangenenloger. In: Ohlsen-Kunze S. 26–31, hier S. 30.
722 Maschke, Band XI/1.
723 PRO FO 1006 Nr. 87 und 1050 Nr. 1507. Hierüber bereitet der Verfasser eine Veröffentlichung vor .
724 Brockhaus, Band 5, Mannheim 1988, S. 477.

9 „Schwarze Reichswehr" oder „Geisterarmee"?

725 Stolper S. 311f.
726 Kaiser S. 269.
727 Schramm S. 1661.
728 Zitiert nach Smith S. 55.
729 Guingand S. 460.
730 Birke: Akten.
731 Siehe dazu PRO FO 1038/23.
732 Die Einwohnerzahl in der britischen Zone stieg vom Mai 1939 bis zum Oktober 1946 um über zwei Millionen Menschen (Rohrbach S. 295).
733 Jürgensen 1989 S. 26.
734 Blumentritt war als Oberbefehlshaber der Armee im Mai 1945 die Arbeit der Zivilverwaltung im Gebiet Schleswig-Holstein übertragen worden, vgl. Schreiben von Stockhausens vom 23.5.1945 (LAS Abt. 320 Eiderstedt Nr. 1883 [Beschlagnahmungen 1943–1948]). Er war später stark engagiert in der Diskussion um den Verteidigungsbeitrag der jungen Bundesrepublik Deutschland (Meyer S. 589).
735 Hannemann S. 93.
736 Menschenmoser S. 11.
737 Vgl. dazu Wiggershaus: Potsdam S. 13.
738 Der Spiegel 41/1978, S. 49–57.
739 Montgomery: Memoiren S. 373f.
740 Smith S. 112.
741 Smith S. 65.
742 PRO FO 1038/5.
743 Paul S. 530.
744 Meyer S. 579f.
745 Meyer S. 601.
746 Schultz-Naumann S. 231f.
747 Rundfunkansprache Krosigks vom 5.5.1945.
748 Schultz-Naumann S. 231.

Ortsregister

Schleswig-Holstein ist aufgrund der häufigen Nennung nicht ins Verzeichnis aufgenommen worden.

Personenregister

Verzeichnis der militärischen Einheiten

Die größte Einheit in einem Heer ist die Armee. Sie besteht aus mehreren Korps. Dieses ist aus mehreren Divisionen aufgebaut. Divisionen werden in Regimenter oder Brigaden und diese in Bataillone und Kompanien unterteilt.

Das Oberkommando der Wehrmacht (OKW) ist wegen der häufigen Nennung nicht mit aufgenommen.

Deutsche Teileinheiten und Verbände:

Alliierte Verbände: